U0936387

全 世 界 无 产 者，联 合 起 来！

陈云文选

第二卷

人民出版社

第二版出版说明

《陈云文选(一九四九——一九五六年)》于一九八四年出版。现经作者同意，出版第二版，改称《陈云文选》第二卷。

本卷第二版对少数几篇正文和题解作了个别文字和标点的订正，并订正了一些注释。

中共中央文献编辑委员会

一九九五年二月

出 版 说 明

这本文选，收入了陈云同志自一九四九年八月至一九五六年七月的重要著作共五十二篇，多数没有公开发表过。

从一九四九年新中国成立到一九五六年，我们党领导全国各族人民有步骤地实现了从新民主主义到社会主义的伟大历史转变，各个方面的工作都取得了辉煌的胜利。陈云同志在这个历史时期的著作，反映了我国迅速恢复国民经济、开展有计划的经济建设和基本完成对生产资料私有制的社会主义改造的成功经验，以及他所做出的卓越贡献。

本书是由中央委托中共中央书记处研究室编辑的，中共中央文献研究室参加了审核、校阅等工作。本卷在时间上与已公开出版的第一卷（一九二六——一九四九年）是衔接的，编辑方法也是相同的。

本书所有文稿，都经作者校阅过。

中共中央文献编辑委员会

一九八四年四月

目　录

克服财政经济的严重困难*

（一九四九年八月八日）

目前全国财政经济在困难中，尤其是南线[1]更困难。这是胜利中的困难。从根本上解决这一困难，要靠军事上的彻底胜利。

解放战争还在广大地区进行。作战费和六百多万脱产人员的费用，很大部分是依靠发行钞票来解决的。到七月底，人民币的发行总额为二千八百亿元[2]。在支出中，占比重最大的是吃和穿。上海是个工业集中的大城市，目前困难很大。但是，应该看到，这种情况会逐渐改变。今冬明春如无特殊情况，全国除台湾、西藏、西康[3]、新疆及青海的一部分外，都可以解放[4]，解放区的人口将达到四亿四千多万。要预见到这种情况。我们不但要注意克服目前的困难，而且要从全国范围来考虑财经问题的解决。否则，就要影响到国计民生。

我先讲讲上海目前的困难及解决困难的意见。

---

* 一九四九年七月二十七日至八月十五日，由陈云同志主持，在上海召开了有华东、华北、华中、东北、西北五个地区的财经部门领导干部参加的会议。这是建国前夕一次重要的财经会议。本文是陈云同志在这次会议上的讲话。当时陈云同志是中共中央政治局委员、中央书记处候补书记，主持中央财政经济委员会的工作。

一、敌人封锁问题。我们要准备帝国主义的长期封锁，不仅是目前的军舰、飞机、水雷的封锁，在经济上也要准备他们不买我国出口的货物，不卖给我们需要的东西。当然，他们不可能把我们完全封锁死。从香港多少可以进出一些。广州解放后，南边即可有一条通路。帝国主义之间有矛盾，我们可以利用，你不做生意，他还要做生意。北方也有通路，天津可以出，大连可以出，满洲里也可以出。有些东西可以让外商代销一下。我们要准备赔些钱。为什么要赔钱呢？因为出口货物的价格决定于国外市场，而不决定于国内的生产成本。在财力许可的条件下，要从农村收购主要的出口物资，以便维持农村经济，这对农民有很大好处。

二、工厂搬家问题。这件事情要慎重。应将解决目前困难与全国长期建设看成两回事，分开来处理。不能因为目前有困难，就把许多工厂搬走了事。要完全具备搬厂的经济条件并不容易。例如，从原料的供应来说，纺织厂可以搬到棉花产地，但工厂生产需要有适当的厂房，还需要有电力、机械等有关的企业与之相配合，这些条件棉花产地就不一定具备。估计上海工业的主要部分不能搬，目前应力争维持生产。

三、粮食问题。现在粮食价格的上涨幅度，超过一般商品的一倍或一倍以上，如大米比纱布[5]、猪肉、鸡蛋、胶鞋等的上涨指数平均超过一倍。粮食价格上涨，影响工业生产的成本，也影响其他商品的价格。维持上海的大米供应，每天至少需四百万斤（五百五十万人，每人每月平均二十一斤半）。现在面粉比大米便宜，吃面的人较过去增加了一倍，市场上每天销出的面粉，估计可抵八十万斤大米。另外，近来每天上市的大米约八十万斤。还有我们每月配售及卖出的大米有三千万斤，每天一百万斤。三者合计，每天约二百六十万斤，尚差一百四十万斤。不足部分，是靠上海市民在国民党占领时储备的“应变米”[6]补充的。当然，市民自己储备的米并不多。将来粮食调剂得好，可以补救“应变米”的不足。上海米价最高时为七月十八日，现在低些了。估计今年米价的最高点可能已经过去，但我们仍应作万全的准备。常州至嘉兴一带的早稻较江南一般地区迟四十天登场，但常州以西、芜湖以及皖北的早稻已经下来了，价格比上海低。如这些地区的早稻能运来，再隔四十天，常州至嘉兴一带的早稻接上，粮食的供应就可以解决了。退一步讲，即使上述地区的粮食运不来，也有办法。现在准备从东北、华中、华东三个地区调来一亿二千万斤粮食，九、十两个月各六千万斤。根据两个月来的配售与市场情况，每月六千万斤可以够用。华东地区不要禁止粮食运到上海来。听说皖北、常熟、无锡等地禁运粮食，如果确有这种情况，应该改变。华中对华东也不能封锁。各地一定要开放粮运，让它自由流通，以维持上海的供应。明年计划在常州、嘉兴一带集中六至八亿斤大米，随时应付上海之需。如果明年水灾严重，则以东北的粮食为后盾。

四、棉花问题。这几个月纱厂生产能维持现状，每周开工三昼夜到四昼夜，就是好的。八至十一月，每周按四天生产计，共需棉七十九万担。其中，中纺[7]三十六万担，上海私纺[8]四十万担，青岛私纺三万担。棉花的来源：中纺在上海现有二十三万担，在香港存有二万担；私纺在香港存有十万担，还可在那里买五万担；上海贸易处[9]存一万四千担，前经济合作总署[10]存七万二千担;华东可以买十八万担,华北可以买十万担,西北可以买三万担。以上合计为七十九万六千担。新棉收购计划即将布置下去,希望十一月底能开始拿到手。明年准备把农村妇女手工纺线缩小些,以机器纺纱来代替,用降低布价的办法来补偿农民的损失。预计明年在华北、华中、西北三地共可购棉三百万担,华东自己再收购一百八十万担,共计四百八十万担。如果能够买到这些数目,则明年纱厂的开工情况不会比今年坏。收购数量由中财委[11]摊派,各地公营企业[12]要联合私营企业共同采购。组织购棉这件事情,担子很重,但只要大家齐心合力,是可以办好的。各地应大力援助华东。有了棉花,还要估计到明年纱布可能外销不了,内销也可能成问题,此事以后再作研究。

五、运输问题。运来上海的东西(主要是煤、粮、棉)多,从上海运出去的东西(主要是纱布、纸烟等)少。最大宗的,是煤炭的运输。从铁路运输看,困难大大超过东北。浦口轮渡[13]有困难。蚌埠至浦口一段,现在只能开十四五对列车,要争取开十六至十八对,保持煤七,粮三,军用二,余为其他货运和客运。现在徐行及错车距离长,行车速度慢,调度不灵,通讯设备不够。今后应缩短徐行和错车距离,加添车站的错车点,放长支线,增加通讯设备,加快装车卸车,使列车停留的时间尽量缩短。铁路调度人员要很能干,因为货物来自各地,管理系统又不统一,调度十分困难。华东财委要把运输看成一个重要问题,好好组织,设一个专门机构来管理这一工作。华东局要专门讨论这个问题。此外,防空也很重要,一方面要配备防空武器,另一方面要适当疏散,避免列车过分集中。总之,运输是一件大事，这个问题不解决，上海煤、粮、棉的供应都会很困难。

六、工业生产问题。力争上海主要行业（纺织、印染、纸烟等）的开工率维持到三分之二。华东的纸烟可到全国各地去销，使上海的卷烟厂尽量恢复生产，以增加税收。面粉厂可以继续生产。五金机器工厂多，但也只有一万多工人，修铁路、造船可以利用这些工厂。这些设想，不一定都行得通，但可以做做看。旧上海那种公务人员与商人勾结起来，贪污舞弊，投机倒把的局面，不能再让它存在了。改造旧上海，主要的是使生产事业得到恢复和稳步发展。

七、金融问题。现在关内的钞票统一了〔14〕，在处理金融问题时，必须有全局观点。一个地方物价上涨，必然会影响其他地方，抱怨是没有用的。个别地方采取“自卫”办法，即用提高价格来限制物资外流的办法，是用不得的。只有让物资自由流通，物价保持平稳才行。在财政上，一定时期内还有比较大的地方性，但地方如果都各自打算，分散使用力量，就不能应付目前这个局面。现在把所有后备力量统统集中也不可能，但主要的后备力量，必须有步骤地合理地统一使用。有人提出，两广、西南可以另发票子，说这是为了照顾后方，对后方有好处。但是，如果这样做，前方是否受得了呢？这种票子与人民币的比价假如不变，等于是一种票子；假如常常变动，则对前方的物资供应会发生很大问题。现在决定一切的是部队打胜仗，我们所有的工作都必须是为了战争的胜利。现在是大兵团作战，需要发的票子很多，不是抗战时期的那种小局面了。所以，像抗战时期那样，发几种票子，既可照顾后方，又可照顾前方的办法，已经不再适用。

下面我再讲讲在全国范围内如何克服今年秋季的财经困难，力争明年财经状况好转的问题。

为了保证今年秋季的支出，八至十月每月需发行一千六百三十三亿元人民币，以七月底二千八百亿元为基数，每月发行指数增加百分之五十八。假定其他情况不变〔15〕，则物价也将上涨百分之五十八。这些发行，主要是解决军费开支及修复现有铁路的费用，还没有考虑到工业的投资和农产品的收购。十一、十二月除军费外，要收购棉花和出口物资，两项合计每月需发行一千六百九十二亿元，还须另外筹划。物价上涨指数是否可能降低？到冬季，由于解放地区扩大，农产品上市，工业生产的恢复和纱布的推销等等因素，物价上涨率有可能降低。按保守的估计，可能降低百分之二十左右。这样，物价上涨可能只有百分之四十左右。开支能否少一些呢？不能。首先，军费不能减，减少了就不能保证部队的需要。其次，为收购棉花和出口物资而发行的票子也不能减，减少了农工业生产都会有困难。当然，提倡节约，可以省一些，但数目不会大。

面对这种情况，怎么办？无非是两条：一是继续发票子，二是发行公债。在北平时，曾有此议，中央让我们开会商量决定。华中已提出发公债，而且数目还很大〔16〕。现在各大区〔17〕负责同志已赞成发一点公债，请到会同志再考虑考虑。假如只走前一条路，继续多发票子，通货膨胀，什么人都要吃亏。实际上有钱的人，并不保存很多的现钞，吃亏最大的首先是城市里靠薪资为生的人，其次是军队，以及党政机关的人员。少发票子就得发公债。

公债发多少呢？预计一亿二千万银元〔18〕或二千亿元人

民币。有的同志主张多发些，我倾向于发二千四百亿元人民币[19]（包括收购一部分黄金外汇）。发行公债主要是在城市，新区的农村市镇也发一些，以便帮助推行人民币。中国地方如此之广，发一亿二千万银元的公债，数目并不算多。蒋介石剩下那么一点地方，还要发行二亿银元的公债。他在历史上每逢到了没有办法时，就搞这么一下。东北四千万人口，私营经济所占比例较关内低得多，两期发一千二百万银元的公债[20]，第一期已经按期完成了。关内私营经济占的比重比东北要大得多，公债数目可以定大一些。

当然，发行公债也是有困难的。目前工商业还不能正常生产和经营，公债派下去会“叫”的。发了公债，城市工商业是否会垮？我看不会，因为每月发行的钞票超过公债收回的钞票。现在我们每月发行现钞一千六百三十三亿元，而发公债收回的只有六百亿到七百亿元，这是有限度的收缩，不要顾虑筹码[21]会少。我们到时候看情况，如果紧得不行，就后退一点。现在拟了一个发行办法[22]，请大家研究一下。发公债各地区动作要一致，否则此宽彼紧，有人会钻空子。公债要折实[23]，以牌价为准，有借有还。偿还期限，初发公债时短些，三年分期还清，每年还三分之一。能不能今年不发，明年再发？看来不行[24]。等明年发，目前的困难不好解决。当然发公债也不能解决全部问题，还要努力搞好整顿税收、精简节约、调剂物资等方面的工作。

关于明年的收支计划，按解放区人口将增加到四亿四千五百万计算，初步的设想是：

收入方面。公粮[25]共一百九十三亿斤（大米一百零五亿斤，小米八十八亿斤)。各区分配数字如下：华东六十五亿斤(大米四十五亿斤，小米二十亿斤)，华北小米三十亿斤，华中四十五亿斤(大米三十亿斤，小米十五亿斤)，两广大米十亿斤，西南三十亿斤(大米二十亿斤，小米十亿斤)，西北小米十三亿斤。

税收按七月底物价计算，共收一万七千五百零二亿元。几个地区的情况如下：华东七千一百亿元(其中上海三千五百亿元，一个上海顶五个天津)，华北一千八百亿元，华中二千二百亿元，西南一千八百亿元，西北四百八十亿元，两广一千八百亿元。

这一计算，是根据天津的税收及各地人口的比例而拟定的。东北因为实行另一种货币[26]，不好统一计算。计划明年从东北调进关内的物资，计有二十万吨大米，十万吨大豆，五十万吨杂粮，二十万吨钢，一百五十万立方米枕木。

支出方面。按九百万脱产人员每人每年的需要折合三千斤米计算，其中三分之一用粮食供给，共需九十亿斤；三分之二用货币支付(大米按每斤一百五十元，小米每斤六十元)，共合二万三千一百六十亿元。另外，事业费支出计七千四百六十亿元。

上述公粮收支相抵，剩余一百零三亿斤，合人民币一万零二百三十亿元。经费开支货币部分共三万零六百二十亿元，用税收和剩余粮食抵补以后，还有赤字二千八百八十八亿元。

大家会说，这个预算还有问题，就是有赤字，而且没有把预备费打上。是的，有这些问题。但是，努一把力，这些问题是可以解决的。目前最要紧的有两件事：一是公粮要征得好，二是税收要整顿好。老区过去公粮负担很重，老百姓希望减轻一些。新区工作无基础，还不能按老区的标准征收。因此，老区今年还松不得。老区松了，新区又接不上，就成了问题。

现在定的这个税收数目，有可能完成。根据在哪里？过去大城市多数不在我们手里，农业税占总收入的四分之三，现在我们有了大城市，情况有了改变。东北地区，税收以及公营企业和对外贸易收入，占整个收入的四分之三，而公粮仅占四分之一。华北地区，税收已达总收入的百分之三十八，今后要争取达到百分之五十。由此可见，有了大城市，和没有大城市是不同的。过去说敌占城市我占乡村，在经济上是敌强我弱，道理就在于城市的收入优于乡村。我们应该逐渐增加税收的比重。努力收税，是解决财政赤字的一种办法，靠发行票子来弥补财政赤字也是一种办法。这两种办法不同，结果也不一样。原则是，应该发行的就发，而且要早发。例如东北，随着物价由不稳定达到相对稳定，许多商业投资转到了生产领域，同时钞票的储藏性能增加了，这样，货币的周转减缓了，市场上感到筹码不足，需要增发票子。发行的结果，物价并未上涨。抗战前，全国的货币流通量（包括地方币）为二十多亿银元。经过了十二年战争〔27〕之后，生产与货币流通不正常，发行量应该少一些，假定打两个对折，还应有五亿多银元。可是，现在我们发行的人民币，只相当于一亿至一亿二千万银元，数目还是很小的。我们的税收数也不大。特别是在一个发展的环境中，加一点税不会出大问题。如果赤字不大，可以用增加税收的方法，努力求得收支大体平衡，以便使经济走上健全发展的道路。到那时，货币比较稳定，发了票子物价不上涨，就大有文章可做。

银根[28]松动了，会促进生产发展，同时就增加了税收。这样，预备费也有了，工业投资也有了。

最后提一下剿匪和发动农民的问题。

剿匪和发动农民，对完成财政经济任务作用很大，党、政、军都要抓好这两件事。当然，贸易工作和税收工作也要抓紧。对于干部下乡，我很赞成。还要注意物资下乡。现在农村多以米计价并作为交换手段，我们把土匪打掉，农民发动起来了，农村的经济阵地就可以展开，人民币就可以占领市场。一是政治，一是经济，两者需要很好配合。

明年我们有了四亿几千万人口的统一的地区，这是民国以来任何时候都没有过的。军事形势发展很快，我们一定要有充分的精神准备，否则，各项工作就会落后于形势，处于被动。

目前财经工作中应注意的问题*

（一九四九年八月十五日）

这次会议开的时间很久，到今天已经有二十天了。我现在把会议以前和会议中间所讨论过的问题，特别是做财经工作的同志应注意的问题，再讲一下。

一、发行公债问题。中央一再考虑，如果因发行公债引起银根〔28〕紧，因而对工商业的恢复和发展不利，怎么办？可以采取这样三个手段：

第一，调剂通货。在发公债时，要把票子放出去，必要时再收回来，有吞有吐。要善于使用这个手段。什么时候吐出多少，收回多少，要好好研究。还要研究工农业产品的比价，使之达到比较合理的程度。如在银根紧时，可以多投放一些票子来收购物资，同时调整工农业产品的比价。

第二，调剂公债发放数量。公债各月的发放数量，应该根据情况灵活掌握，在时间上可长可短，在数量上可多可少。例如，新粮上市，票子下乡〔29〕，银根会紧，就要注意到城乡公债各发行多少。

---

* 这是陈云同志在上海财经会议上所作的总结。

第三，调剂黄金、美钞收进的数量。黄金、美钞收多收少，应视具体情况而定。这也是一个手段。如果物价平稳，银根较紧，即可多收进些。

我们要善于运用这三个手段，使其服从一个目的，即达到我们所预期的金融、物价保持良好的状态，保证粮食和其他重要物资的供应。

二、纱厂生产问题。上海纱厂搬不搬，这个问题应该决定下来。如果工厂搬家，那里需要有厂房、动力以及辅助工业等。搬了，这里工人失了业，那里半年也开不了工。因此，我们决定不搬了，要全力维持生产。现在维持生产虽有困难，但尚有维持的条件。可以设想，把现有纱锭数打八五折（这是正常状况），然后再打个八折，即每周开工五天五夜。究竟能维持到什么程度，今天还不能定，要等棉花下来后再说。假使纱布〔5〕卖不出去怎么办？准备两手：第一，赔本出售，有意识地组织出口，目的是为了换回东西；第二，假使美帝国主义封锁，不能出口，就多发些票子把纱布囤积起来。这两条路走不通，才考虑停工问题。当然，还可以看看有无别的出路。现在心要定下来，就按这个方针布置工作。

三、收购土产及资金问题。首先要求各地财委和贸易公司的同志，对资金的运用不要搞得太死。该收购的要及时收购，该抛售的要尽快抛售。只要有东西，该抛的就抛。过去，大多数同志是物资拿到手就不愿抛，这是历年物价不稳所造成的。现在要注意，什么东西什么时候抛有利。如果该抛的不抛，物价涨了，又要多发票子，从局部看可能有利，但对全局不利。要准备从稳定物价这个全局出发而抛售。

组织统一的花纱布[30]公司，由中财委[11]直接领导。华东有纱厂，最好是以纱布去换棉花。华东的同志说，如不由中央统一管理，华东以纱布或钞票不一定能换来棉花，有的工厂也可能将纱布囤积起来不卖。他们要求把纱布交中央统一掌握，由中央统一供应棉花。这就需要设立一个由中财委直接领导的花纱布公司。有了这样一个公司，还可以保证顺利实现钞票回笼。

桐油、丝、茶等重要土产的出口，也要由中财委管起来，组织统一的土产公司。如果不这样做，资金就需要两套，收买要一套，组织出口又要一套，造成资金占用过多。另外，如果不统一经营土产出口，就不利于集中使用外汇，换回需要的东西。现在各方面都需要外汇，各部门有各部门的进货单。如果组织了统一的土产出口公司，就可以从全国着眼，有效地集中使用外汇。

四、开展国内汇兑，建立统一的发行库。西北地区人少而穷，兵又多，结果钞票发得多，如果让西北独立负担是支持不了的。这样负担很重，军民会叫苦。西北应有背上百分之九十的精神准备，华东、华中、华北三个地区则应支援西北。在货币还没有统一的情况下，支援的方法之一就是开展国内汇兑，让商人贩运东西。不仅对西北是这样，对南线[1]也应该这样。这是有钱地区支援无钱地区，后方支援前方的一个办法。汇兑畅通后就发生钞票管理问题，票子发行可能增多，因此必须建立统一的发行库。开展汇兑，应改变十二年来各区自己要发就发的状况[31]，使发行库与银行的业务库分开。为了照顾到新区财政情况，可以给予一定的机动数，使用时可“先斩后奏”。

五、税目、税率和食盐外销要统一管理。现在拟的税目、税率，可能很多地方不合理，但有总比没有好，先试行两三个月，然后加以总结并进行修改。不能为了追求十全十美而放弃统一的办法，可以先九全九美暂求统一。地方上个别的特殊情况可以例外，但主要的必须统一起来。

食盐大宗出口，在五万吨以上的，因关系到对外政策，必须由中财委统一办理。李烛尘[32]说，洗过的盐出口有利。能出那样的盐当然好。如果不能，粗盐只要价格合适就可以出。食盐出口，要由中财委统一规定价格，至于在什么地方出口，出什么盐，因路程远近不同，盐的质量不一，到时看具体情况再说。注意不要被商人钻空子。

六、实行内部贸易自由。据华东的同志说，常州的粮食不让运来上海，赣东北对杭州也是封锁的。有很多人还是共产党员，认为这是“为国为民”。他们说粮食运走了，农民会没有粮食吃。这样说是没有道理的。天下没有那样傻的农民，把粮食都卖光，自己等着饿死。农民不是傻瓜，知道票子会贬值，不到用钱时是不肯卖粮的。他们还说粮食运走了物价会涨，有害国计民生。事实上，凡禁止粮食自由贸易的地方，农民的粮食就不能卖到高的价钱，而城市因粮食贵，工业产品成本提高，引起工业品价格上涨，使工农业产品价格的剪刀差扩大。这对农民是有利还是有害呢？完全是有害无利。对大城市有利还是有害呢？几百万靠薪资生活的劳动人民所需要的粮食来不了，当然是有害的。可见，这种封锁，无论对农民，对城市的劳动人民，还是对国家经济建设，都是有害的，而仅仅对禁粮出卖区域之内的中小城市的居民有利，他们可以吃到便宜的粮食。这一部分人比之于广大的农民和城市的职工，显然是很少的。我们究竟是为大多数之民呢，还是为少数之民？当然首先要为大多数之民。至于说到为“国”，由于粮价高涨，城市工业生产不能维持，结果对国家也不利。对于这一点，党和政府要发布命令，报刊也要写文章，把道理说清楚。

七、接收旧人员问题。全部接收在旧政权下工作过的人员，财政上负担很大。但是，裁了这部分人，让他们失业，没有饭吃，问题更大。现在养着这部分人，从财政上看是个损失，但从另方面看，政治影响好。待解放地区的人看到，这些人生活都有保证，就不怕了，反抗的人少了，这样战争可以更快结束，少损失好多人力财力，整个支出可以大大减少。退一步讲，就是裁也不可能全部裁掉，大部分还要用，裁掉的只能是少数。对要裁掉的人，华东采取的办法是，集中训练，讲清道理，把财政困难情况告诉他们，让他们讨论。至于那些劣迹昭彰为群众所痛恨的，当然不能留用，但这只是极少数。那些靠裙带关系领干薪的，也要辞退，但这也是很少数。现在要注意到广大旧人员的心情，他们感到“天下定了”，“人民政府定了”，愿意受训，目的是为了了解人民政府的政策，将来好有饭吃。这和过去在东北的情况不同了。沈阳解放〔33〕时，有些人还要走，现在变了，不是要走而是要回来了。反动营垒中的一些头面人物，也要反正起义。现在是我们管理国家，人民有无饭吃就成了我们的责任。这个问题，一定要采取慎重的政策。对旧人员要训练、改造和使用，这个包袱不能不背，不能光从财政着想。

八、野战军〔34〕与原属地区的关系。每个野战军都愿意有个“家”，因为新区经济困难，不能完全解决物资供给问题，需要依靠原属地区。如四野[35]的棉衣，就是由东北供给的。采取这种做法，有浪费是不可免的。怎么办？各地区对原属野战军的支援物资，一般的要由中央统一调度。新区供给野战军的物资不足时，由中央给以补助。野战军如果需要原属地区的纸张、电讯器材等少数东西，这些地区也要尽可能地帮助解决。但是，大的数目，一定要经过中央。

九、各地区之间的关系。这个问题只讲以下三点：

第一，必要时各地区都在友区设一个办事处。各地区的工作人员与友区联系工作时，必须经过办事处，听从指挥，禁止横行霸道。中财委是否在各地设办事处？这个问题，值得慎重考虑。设立了麻烦多，会造成地区本来可以处理的事情，也去找办事处解决。所以还是不设为好。那末，不设办事处对开展工作是否有影响呢？我看不会有，因为现在各大区[17]的财委，实质上是中财委在各地的办事处。

第二，各地区大宗物资的调拨，要经过中财委。如东北给上海的二十万吨大米，就是经中财委调拨的。至于小的个别的交换，则由双方直接协商处理。

第三，各地区的工厂在上海存的主要材料，原则上由华东拨还各地。双方有争执时，由中财委裁定。各地到华东来接收东西，要“君子自重”，零星东西就别要了。

十、保证上海的供应问题。上海对运输特别是内河航运，要花很大力量去加以组织。招商局[36]的大轮船，都要准备拨出去供解放台湾用。民用运输的力量，主要是小轮船和苏州河的木船。这些船虽然运力小，速度慢，成本高，但是有总比没有好，要充分加以利用。而且，还要花些钱造这种船。这不仅当前急需，将来也会有用。现在上海的问题，是有无大米，有无棉花，而其关键是有无运力，把大米和棉花运进来。

今年秋天要在南京、杭州间集中六亿至八亿斤大米，以备上海所需。对大米供应问题不要悲观。据去年年底统计，上海共有五百零五万人，到今年五月底达到五百五十万人。这是把周围的农村人口包括在内的。如果只算市区，是四百四十万人，扣除解放后还乡的四十万人，现在实有不过四百万人。以每月每人平均供应二十二斤米计，则每天有三百万斤就够用了，这与现在可以供应的数量是相符合的。另外，我们还要看到，“应变米”〔6〕的数字是不小的。有了粮食，控制上海物价就有了相当的把握了。上海过去靠“踢皮球”、“抢帽子”〔37〕的投机者有二三十万人，他们搞投机，是官商勾结，狼狈为奸，坏事正是出在政府手里。现在我们不徇情受贿，发现了还要严办，投机者不能为所欲为了。我们掌握着粮食，一定会管得好的。

华北、华东、华中都要保证棉花收购计划的完成。

运输是全国经济的杠杆。我们要重视水路运输，支援铁路运输的恢复和发展。津浦线的修复，主要是靠山东的力量。修通平汉线〔38〕，十分重要，要不惜人力财力保证完成。

十一、充分利用电讯局。我们为了保守秘密，现在是只用自己的电台，对接收过来的电讯局则很少利用。今后一般的事务都可通过电讯局收发，秘密的仍由自己的电台收发。

十二、召开各系统的专门会议。这次上海会议后，要召开一些专门会议：金融会议，讨论外汇、公债问题；贸易会议，讨论棉花收购问题；物价会议，讨论价格政策，最重要的是工农业产品比价。工农业产品比价实质上是无产阶级领导的人民政权同农民的关系问题。过去在东北，我们有过教训。如前年规定十二斤粮等于一斤棉花，结果农民都不种棉花了。去年改为十三斤粮等于一斤棉花，还规定了种棉花免缴公粮〔25〕，农民便积极种棉花。这说明，价格政策很重要，必须注意研究掌握。

另外，还要召开会议讨论工业生产计划。上海有许多五金工厂，相当于机器工厂的修理车间，它的恢复和发展，是和整个工业的恢复和发展相联系的。上海五金工厂的特点，是技术熟练程度高，应从多方面去找出路。如生产钢丝就大有出路。大机器需要的零配件也可以生产。公私企业为了推销产品，可以到各地去开展销会，或者和外地工厂联系，互相参观。

十三、对各地财委与财经工作者的两点要求：

第一，眼光要放在发展经济上。要注意节省开支，但更要注意增加收入。节流很重要，开源更重要。所谓开源，就是发展经济。

第二，各大区财委机关要组织成为一个司令部。现在各地区财委只有几个人，这样不行。财委要设置专管各方面工作的组织，如金融、财贸等处。有些可以设秘书或委员，如工业秘书、计划委员等，负责看有关材料，动脑筋，考虑问题。这光靠下面的业务部门不行。现在工作范围很广，任务很重，没有专门的研究机构应付不了。人员从哪里来？由上面派不可能，要从业务机关抽。抽二三等的不行，要抽一等的。以前的机构，已完全不适应今天的需要，过去的那一套经验也应付不了现在的局面。现在我们不但要应付国内，还要在国际经济中周旋。这样，就需要党内外人士团结起来，根据地的、做地下工作的，外来的、本地的，没有哪一方面的也不行。总之，我们今天面临的是管理一个有几亿人口的大国的局面，必须吸收党内外各方面有知识的人来共同工作。

工人阶级要提高政治觉悟*

（一九四九年八月二十五日）

解放后上海工人阶级的政治地位是否起了变化呢？是起了变化。不是枝节的变化，而是本质上的变化，从被压迫阶级一变而为领导阶级。谁不弄清楚这个问题，谁就会犯错误。有人说："现在工人还不是做工拿钱吗？"但是，要知道，国营企业中已经没有了剥削，工人已经是主人；私营企业中的工人，一方面仍受资本家的剥削，另一方面又是新中国领导阶级的一分子。时代变了，工人阶级的地位变了，我们的斗争任务，也应由推翻帝国主义、封建主义、官僚资本主义的统治，转而为巩固自己的政权，努力生产，支援前线。这些变化虽然绝大多数工人都了解了，但也还有一部分人不了解，这就需要我们反复地给他们讲清楚。

目前还处于战争没有结束、敌人对我们进行封锁的时期。全国胜利是确定无疑的了，而且不会很久。敌人的封锁虽然给我们造成困难，但后果将是促使我们更快地达到自力更生。当然，我们要看到将来，也要看到现在。现在是敌人的残余势力

---

* 这是陈云同志在上海市总工会筹备委员会扩大会议上的讲话摘要。当时他兼任中华全国总工会主席。本文原载一九四九年八月三十日《人民日报》。

尚待肃清。敌人的封锁使我们的原料、销路、运输都有困难。棉花大部来自华中、华北，煤炭来自华北，粮食来自华中、东北。由于我们的火车不够，船舶只有小的，还要防空，晚上才能走，东西不能及时运来，加上市场没有打开，销路很少，因此，许多工厂不能全部开工，有的甚至要关门。

我们能否因此而灰心失望呢？不能。应该看到，现在我们所面临的困难，同过去二十多年奋斗中所碰到的困难相比，不过是一些小的困难。只要我们正视它，是可以很快克服的。问题是，我们要有克服困难的思想准备。比如，对工人来说，工资就有降低的可能性。上海一般的工资并不算高，刚解放时工人每月拿到五担米，觉得不错，说“革命成功了”。如果真是这样，那革命的目标就未免太低了。我们革命的最终目标是实现共产主义，“各尽所能，各取所需”。但是，同志们，当我们行军途中碰到一座大山时，是否要绕道前进呢?我们现在就碰到了这种情况，所以就要暂时绕道前进。比如，那些适应过去上海畸形发展的工厂，现在就很难维持了，这些工厂的工人有暂时失业的危险。有些工厂则是可扶可倒，我们就要力求把它扶起，使它不要倒。有人说：“倒就倒吧，迟倒不如早倒。”这是不负责任的态度。对工人来说，在业无论如何苦，总比失业好。对那些一定要倒的工厂，工人、工会、资本家要好好协商，如何协助失业工人渡过困难。做工会工作的同志，应该准备迎接这些困难，并且协助政府解决这些困难。哈尔滨解放的第一年〔39〕，工人工资每月不到二百斤粮食，还是玉米、小米、高粱米各三分之一。咬紧牙关打退敌人后，过了半年，才加到二百五十斤。去年解放沈阳〔33〕，重工业工人每月工资平均提高到一百五十分[40]（每分折合二斤半粮食），并开始举办劳动保险。这证明我们在克服困难后，工人的生活是会一年比一年好的。

困难时期有多长呢？时间的长短，决定于三个方面：第一，决定于解放全中国的快慢。解放战争结束得早，就能早减少我们的军费支出，把钱用到生产事业上来。但目前这个钱是一定要花的，战争不完全胜利，一切都谈不上。第二，决定于政府工作做得好不好。要在最困难的条件下设法维持生产，减少困难。我们的人民政府是会尽量努力这样做的。第三，决定于工人阶级的觉悟。广大的工人是和我们一起来想办法，还是在困难面前灰心埋怨呢？假如是后者，那就会使困难之上更增加困难。总工会的同志要发动工人来讨论，在目前条件下如何维持和增加生产，渡过困难。工友们要想想，国民党统治二十二年做了些什么？现在让我们来做它几年，看看究竟是谁使工人生活过好了。

我们应该如何认识和对待私营工厂呢？私营资本是中国新民主主义经济的不可缺少的部分。在私营工厂中的工人，应该提高生产效率，增加生产。这不是帮资本家赚钱吗？是的。但是从整个国家来讲，生产的东西是多好，还是少好呢？当然是多生产东西好。工人不能单从个人来看，要看整体利益。在私营工厂中的工人，有权利要求实行劳资两利，要求资本家尊重工人的民主权利，遵守人民政府的法令。但也有义务，这就是：完成生产计划，遵守劳资双方订立的契约，遵守政府保护私营企业的法令。我们不但要让工人充分享受自己的权利，同时也一定要教育工人尽自己应尽的义务。教育工人尽义务，要比教育工人享受权利困难，但我们一定要这样做。

工人阶级要提高政治觉悟。上海工人是有革命传统的，但也有少数特务分子隐藏在里面，他们别有用心地提出过高的经济要求，强调局部的暂时的利益，似乎他们最能代表工人的利益。我们要戳穿他们的诡计，告诉全体工友：代表工人利益，不是单靠讲，要拿出事实来看。特务是逃不出我们的手掌的，抓特务是比较容易的事，但更重要的是要更好地组织工人，教育那些认为张三说也对、李四说也对的觉悟程度不高的工人。要多办学习班，上大课，把敌人和朋友，正确和错误的界线划分清楚。

总之，我们要正视目前生产上的困难。只要工人阶级和政府一致起来想办法，困难是一定能够克服的。

建设人民的新海关*

（一九四九年九月）

一、把百年来帝国主义所把持的海关，变成为人民服务的、完全自主的、有利于新民主主义国计民生的海关，这是带根本性的大变革。在变革中，应该采取稳重审慎的步骤。应该把旧海关内对新民主主义有用的东西，如验证、查缉等业务技术和管理经验接受过来。

二、海关与对外贸易的关系是很密切的。人民政府在平等互利的原则下，愿与各国政府及人民恢复和发展通商关系。

三、海关管理上目前的不统一是暂时的现象，要逐渐走向统一。

四、从事海关工作的新老干部必须团结，共同为建设人民的新海关而努力。

---

* 这是陈云同志在全国海关工作人员代表座谈会上的讲话要点，原载一九四九年十月二十六日《人民日报》。

新老干部要团结*

（一九四九年十一月八日）

对于人力物力要有一个全局的调整。现在各大区[17]都想自己搞一个大摊子，这是不行的。我们必须从实际出发，钱和机器只有这么多，一定要选择条件好的，基础好的，从这里开始搞起。分别轻重缓急是非常重要的，不然就没有全面观点。关于这一点，大家经过考察之后，都有了一定的认识。另一方面，只顾重、急，不管轻、缓，也是不对的。机器的调拨，中财委[11]和重工业部[41]可以派人到各地考察，主持分配工作。人员的调整是大量的。南方的技术干部现在要向北调，东北的技术人才太缺乏了。

华东的同志到东北，觉得那里使用干部有问题；东北的同志到华东，也觉得那里使用干部有问题。问题主要是新老干部之间的关系。新干部怕老干部不信任，老干部唯恐新干部不可靠。

按照唯物论的观点，一件事的形成总是有它的原因的。不妨看一看我们与技术人员接触的过程。哈尔滨解放[42]以后

---

* 这是陈云同志在欢迎赴东北考察团归来会上讲话的一部分。当时他担任中央人民政府政务院副总理兼财政经济委员会主任。

为第一个阶段，当时不少人还是被盲目的正统观念统治着，对国民党有幻想，技术人员的情绪极为不安。我们的铁路、煤矿经常出毛病，那时只能依靠工人。第二个阶段，四平解放〔43〕了，军事上巩固了，加上我们对技术人员的正确政策，使他们改变了观望态度，愿意工作。等到沈阳一解放〔33〕，东北的人心都安定了，北满的人到沈阳接收〔44〕，成了老干部。东北的工作就是这样搞起来的。

天津解放，北平和平解决〔45〕，天下大势已定，工厂里除了少数领导人是由根据地来的之外，其他技术人员都未更动，这是与解放区迅速发展的情况相适应的。这个时期南边的许多技术人员代表纷纷北上商谈，所以解放军过江之后，有许多接收工作就由他们去做了，生产机构不但下层未动，上层也有他们参加。这就说明了人们的政治觉悟是和解放大势相联系的。

以上的情况说明，几年来随着解放事业的发展，技术人员是逐渐向我们靠拢的。这就是历史发展的过程，我们不能割断历史看问题。老同志不应用几年前东北的情况看华东，华东的同志也不应用过去的眼光看东北。

老同志对原在国民党区工作的技术人员应该采取信任的态度，如果这方面做得不够，就应该改变。现在是新的情况，应该按新的章程办事。要看到，绝大多数的技术人员是愿意为人民服务，愿意改造思想的，有许多人将来还可以成为共产党员。我们应该使用他们，不能搞关门主义。当然也有顽固的，但这是极少数人。

原来在国民党统治下工作的技术人员，也有他们的弱点，使他们认识这些弱点，对他们的思想改造是有好处的。

第一，绝大多数技术人员，过去受过英美资产阶级的教育，与共产党没有接触过，有些人对资本主义国家存在盲目崇拜和不切实际的幻想。应该让他们认识到，英美的技术固然高明，但是控制在少数人手里，而这些人是敌视我们的，不会帮我们的忙。现在唯有苏联才能帮助我们。

第二，过去不少技术人员，自鸣清高，认为政治是吹牛，只有技术才是为社会服务的。应该让他们了解，不能抽象地谈论为社会服务。在国民党统治下的旧中国，在资本主义国家，技术是为资本家的利润服务的，只有在我们的人民共和国里，技术才能为绝大多数人服务。当然，技术人员要真正做到很好地为人民服务，需要有一个思想改造的过程。在资本主义条件下，大多数技术人员为了吃饭，不得不把自己的劳动力出卖给资本家，受资本家的支配和剥削，个人的发展不能不受到很大的限制。我觉得，一个人最愉快的事，就是参加革命，为人民的利益而斗争。革命事业有了发展前途，个人的聪明才智才能得到充分发挥。

第三，过去许多技术人员看不起工人，这是不好的。新中国的建立，改变了人与人之间的关系。在旧社会，资本家剥削和压迫工人，而且造成了技术人员与工人之间的对立，虽然他们同处于被剥削的地位。现在不同了，工人和技术人员不是对立，而是协调。应该团结起来，共同把生产搞好。没有工人是不成的，但是离开了技术人员，生产同样搞不好。

以上所说的技术人员的三个弱点，如果我不指出来，就是对大家不负责。有一点个人主义是不奇怪的，我们共产党员中间不少人也有个人主义。问题是，个人主义必须在而且能够在长期的革命斗争中加以克服，虽然这是一个痛苦的过程。

总起来说，新干部和老干部是相对而言的。今天是新干部，明天就是老干部了。希望互相之间打破隔阂，多多了解，很好合作，在新中国的经济建设中，起更大的作用。老同志必须信任新同志，放手让他们工作，同时帮助他们克服弱点。新同志要尊重老同志，教老同志文化和技术。只有双方都明白了这个道理，认识靠拢了，才能更好地合作。

制止物价猛涨*

（一九四九年十一月十三日）

一、自十月十五日以来，沪津先导，华中、西北跟进，全国币值大跌，物价猛涨。到今天止，以七月底为基期，物价平均指数：京津已涨达一点八倍，上海涨达一倍半，华中、西北亦与此相近。此次物价上涨，除部分地区有特殊原因（如上海棉花贵、棉纱销售快，华北灾区及棉产区粮贵等）外，根本原因则在纸币发行的大量增加。七月底为二千八百亿元〔2〕，九月底为八千一百亿元，十月底为一万一千亿元，到今天止为一万六千亿元，发行增加近五倍，致使币值大跌，物价猛涨。

二、自七月底以后，由于我地区扩大，钞票下乡〔29〕，农产旺季，工商恢复等等因素，货币流通量是扩大了。七月底发行总数二千八百亿元，按当时的价格折算，等于布一千万匹或粮食二十亿斤（大、小米平均）。目前发行总数一万六千亿元，按现价折算，等于布二千万匹或粮食四十亿斤。七月底与目前的货币流通速度大体相同，都是很快的。估计我货币所占领地区已扩大了一倍。依此推算，全国平均物价比七月底上涨近两倍，按这一物价水平，则关内货币的全部需要量为一万六千亿

---

* 这是陈云同志为政务院财政经济委员会起草的指示。

元。因此，目前稳住物价已有可能，半月前希望把物价稳定在九月底的水平则是不可能的。因为十月初至今天止，共发行将近八千亿元，我们手内绝无回笼或抵销此巨大数量货币的物资。不估计到这一情况，想以少量物资，稳住物价，必然消耗了实力，物价仍不能稳住。在目前物价已经涨了两倍的情况下，稳住的可能已经存在，各地均应以全力稳住。为此决定如下：

（一）以沪津两地七月底物价平均指数为标准，力求只涨二倍或二点二倍。

（二）东北自十一月十五日至三十日，须每日运粮一千万至一千二百万斤入关，以应付京津需要。东北及京津贸易公司须全力保证装卸车，铁道部则应保证空车回拨。

（三）为保证汉口及湘粤纱布〔5〕供应，派钱之光〔46〕先到上海，后去汉口，适当调整两地纱布存量，以便行动。同时催促华中棉花东运。

（四）由西北财委派员将陇海路沿线积存之纱布，尽速运到西安。

（五）财政部须自十一月十六日至三十日于德石路北及平原省〔47〕，拨交贸易部〔48〕二亿一千万斤公粮〔25〕，以应付棉产区粮食销售。

（六）人民银行总行及各主要分行自电到日起，除中财委〔11〕及各大区〔17〕财委认为特殊需要而批准者外，其他贷款，一律暂停。在此期内，应按约收回贷款。何时解禁，听候命令。

（七）各大城市应将几种能起收缩银根〔28〕作用之税收，于十一月二十五日左右开征。

（八）工矿投资及收购资金，除中财委认可者外，由各大区财委负责，自此电到达日起一律暂停支付。

（九）中财委及各大区财委对各地军费（除去仓库建筑等）应全部拨付，不得扣压。但请当地党政军当局叮嘱部队后勤负责同志，不得投入商业活动。

（十）地方经费中，凡属可以迟发半月或二十天者，均应延缓半月或二十天。

（十一）目前各地贸易公司，除必须应付门售者外，暂时不宜将主要物资大量抛售，应从各方调集主要物资于主要地点，并力争于十一月二十五日（至迟三十日）完成；预定十一月底十二月初于全国各主要城市一齐抛售。为了解各地准备情况及避免抛售中此起彼落，各地需将准备情况报告中财委，以便大体上统一行动日期。

（十二）对于投机商人，应在此次行动中给以适当教训。为此：

（甲）目前抢购风盛时，我应乘机将冷货呆货〔49〕抛给投机商，但不要给其主要物资。

（乙）等到收缩银根、物价平稳，商人吐出主要物资时，我应乘机买进。

以上措施，请各地讨论并作准备。如有意见，请即电告。在准备中，所有布置，切勿登报外传。

控制市场物价的几点意见*

（一九四九年十一月十六日）

（一）上海七月底龙头布[50]每匹二万七千元[2]，二十支金城纱[51]每件六十万元，这在当时全国物价水准上看是过低的，不正常的，原因在银根[28]紧，存货多，销路少。在全国范围内估计今天物价上涨指数时，应该把七月底上海布价估为三万元，纱价估为七十万元。以此计算，十二日上海布价七万七千元，纱价一百八十五万元，则上涨不到两倍。此点中财委[11]十一月十三日致各大区[17]财委电[52]中已有说明。

（二）北京十二日、天津十三日市场极乱，个别粮商叫价有高出七月底指数四五倍者，但昨今两日均已恢复正常，粮布均在向预期的上涨两三倍的指数回缩。估计各地在此次涨风之最后一二天，均可发生远过两倍的不正常的现象，但这是暂时的，在一般情况下是会逐渐回缩的。某些物资也有可能在此次涨定之后不回缩，这是由于货币发行不平衡，以及这些物资在供求上的特殊原因。

（三）以后各地物价报告，特别在猛涨时期，均须指明我之

---

* 这是陈云同志起草的，以他和薄一波同志的名义给邓子恢同志并华东、西北、华南等大区财政经济委员会的电报。

抛售价（“官价”）与市场价（“黑价”），并估计在成交额中两者之比例。沪津两地必须这样做，以便华北各地和华中、华南以及将来西南在掌握当地价格上较有把握。

（四）各地在计算物价平均指数时，必须估计到当地若干种物资有余或不足，又须估计到沪津等地若干种物资价格的涨落对本地同一物资价格影响的有无与大小（例如沪纱布〔5〕对汉口纱布影响大，大米则影响小），以便各自规定既适合于全国又适合于当地的价格。

（五）估计沪汉也可能出现如十二、十三两日京津市场一度极乱的情况，但也可能不及京津之乱。如出现市场大乱的情况，只要我们确已紧缩货币发行，物价指数已涨达两倍，则不必恐惶。那时，粮、油、盐等照正常门售量售出是需要的，但过多的抛售则不必要。

（六）两日来，京津我贸易公司已卖不掉粮，粮价在回跌中，只要沪汉两地也出现这种情况，此次涨风即告一段落。估计各地紧缩通货及沪汉纱布涨足之后，在十一月二十五日前即可全国稳住。这种可能性是存在的。但为稳当起见，各地仍照十一月十三日电全力准备物资，勿稍松弛。

（七）汉口物价必须每日报告中财委及贸易部〔48〕。

（八）华东米、布、油、煤四种基本物资的价格，可能较七月底上涨二倍半至三倍。此点各地可作精神准备，但须视十一月二十一日左右沪市物价情况而定。

发行公债弥补财政赤字*

（一九四九年十二月二日）

从十月中旬开始的币值下跌和物价上涨，对全国人民，尤其是对几百万军队和依靠工资生活的劳动人民所造成的损失，是很大的。

这次币值下跌、物价上涨的主要原因，是政府的财政赤字庞大，因而钞票发行过多。

在大陆上，人民解放军把国民党残匪打得鸡飞狗散，广大地区已经获得解放。这是令人非常兴奋的。但是，随着这个胜利而来的，是政府财政支出大大增加。军政公教人员已经超过了七百万，明年还会更多。今年的财政收入，远赶不上支出的需要。经过长期战争的老解放区，直到今天还在以很大数量的粮食和其他物资支援前线和新解放城市。在新解放区，仅仅有一部分地方开始征收公粮。新解放区因为战争结束不久，土匪尚待肃清，铁路修复不易，城乡交流需要有一个恢复过程，所以城市的税收也是很少的。这样，就使政府的财政支出与收入之间，大不相符。为了弥补赤字，暂时不能不依靠发行钞票。这

---

* 这是陈云同志在中央人民政府委员会第四次会议上关于物价问题和发行公债的报告，原载一九四九年十二月四日《人民日报》。

就造成了币值下跌，物价大涨。

应该说，财经主管人员，因为经验不足，工作中也是有缺点的。举例来说，即使物价上涨难于避免，也应该尽力防止在几天之内飞涨。京津一带的粮食储运如果比原来多增加一些，投机奸商就无从捣乱，就可以免得市民在那几天中对粮食供应不足的恐惶不安。

一九五〇年快要到来，今年只有一个月了。明年度政府的财政收支情况如何？能否比今年好些？这是大家关心的问题。中财委〔11〕已提出了一九五〇年度财政收支概算草案，薄一波同志对此将有说明〔53〕。因为许多地方解放不久，许多地方尚待解放，我们还处在战争中，因此，概算所列的支出与收入，将来定有若干变动。大体说来，明年度政府的财政情况将是这样：一定比今年好得多，但赤字仍旧很大。放在我们面前的问题是，继续单一地依靠增发钞票来弥补赤字，还是寻找别的较好的出路？

现在，全国人民对于解放军的胜利，欢欣鼓舞，也理解到人民政府在解放战争中财政方面的困难。但是他们又希望，政府即使在困难中，也要设法使金融物价比较地稳定一些。这种希望是很可理解的，因为人民在日寇、汉奸、国民党反动统治之下，遭受了十多年恶性通货膨胀〔54〕的痛苦。考虑到人民的这种希望，在政府的财政措施上，不能单一依靠增发通货，应该在别的方面寻找出路。现在，政府正努力整理税收，增加收入，并且决定在政府机关和部队中厉行节约，增加生产。在增产节约的方针下，已经很苦的军政公教人员的待遇，还不能提高。后方的部队、机关、学校人员，应该尽可能进行生产，以自给一部分粮食和蔬菜。没有直接战斗任务的部队，在可能条件下，要进行农工业生产。一切可能节省的支出，要统统加以节省。

但是，所有上述这些，还不能大量减轻政府的财政负担，而且生产自给也不能立即生效。为此，政务院[55]向中央人民政府委员会提出了一个提案，提请中央人民政府发行一次公债。这种公债的购买与付还，都以折实计算[23]。五年之内，保证承购人分期得到可靠的本息。考虑到目前全国经济情况和人民的困难，公债的数量只定二万万分[56]。这种公债的作用，在于弥补一部分财政赤字。人民购买公债，在全国经济困难情况下，也是一种负担。但是这种负担，比起因增发钞票、币值下跌所受的损失来说，是比较小的。因为币值下跌的结果，其下跌部分是全部损失了的，而购买公债，在一时算来是负担，但是终究可以得到本息，不是损失。如果发行公债缩小赤字的结果，使明年的币值与物价情况比今年改善，则不但对全国靠工资生活的劳动人民和军政公教人员有好处，而且对于工商业的正常经营也是有益的。所以从全体人民的利益说来，发行公债比之多发钞票要好些。

还要向政府委员会报告：即使发行了公债，明年缩小了财政赤字，财政情况仍然是困难的。因为发了公债之后，并不能消灭赤字，而且赤字的数目仍旧不小。尤其因为解放战争进展很快，新解放地区的军政人员增加，支出会迅速大量增加，而财政收入的增加则是缓慢的，不多的。一般地说，新解放区各项工作走上正常的轨道，需要一个不短的过程。财政工作也是这样。许多财经主管人员还缺乏经验，要使财政收入达到预期的目标，是有许多困难的。

所有今年的和明年的政府财政困难，都必然成为人民的困难和负担。但是，这个困难是胜利中的困难，这个负担是有报偿的负担。只有解放了全国，全部肃清国民党反动军队，结束战争之后，这个负担才能开始解除，并且使全国人民的生活一天天地好起来。全国的解放，已经为时不远了。解放之后，虽然仍会有很多困难，还需要经过一个恢复和发展经济的艰难过程，但那是属于另一种性质的困难。那时，我们国家的经济和财政情况，将必然一年胜过一年。

公债和钞票的发行计划*

（一九四九年十二月十六日）

一　公债发行计划

（甲）据沪、汉、津、京及太原的材料，工农劳动者与公薪人员对发行公债一般反映是好的，工人并在积极准备购买。工商界方面，一般没有反对或不愿承购的表示。若干正当的工商业者认为，发行公债后币值和物价可相当稳定，便于正常经营。大部分工商业者有两怕：一怕部分资金搁死于公债，二怕银根[28]紧，物价大跌。也有少数人怕像国民党所发公债那样，有借无还。

（乙）第一期一万万分[56]公债的发行条例，十二月十六日业经政务院[55]通过。债券已付印。明年一月五日开始发行，估计大量收款约在三月份。依现在物价计算，每分之值约等于一万二千元[2]人民币。针对工商界的顾虑，我们的对策是：发行公债时适度增发新钞，使银根不过紧，以达到既推销公债，回笼货币，又避免物价下跌、工商受困的目的。在不准以公债券代替货币流通市面、不准向国家银行抵押、不准用作投机买

* 这是陈云同志起草的，以他和薄一波同志的名义向中共中央的报告。

卖的规定下，不禁止（也无法禁止）债券持有者私人间正当转让或向私营银行抵押。各大区[17]公债分配的比例如下：华东百分之四十五，中南百分之三十，华北百分之十五，西南百分之七，西北百分之三。老区限于城市，新区以城市为主，农村中亦向地主富农推销少数。方法是：经过各界人民代表会议，对各城各业，分配以适当数字，再由各业各户民主评定。多加说服，避免强迫。工人和公务人员中正在拟议特殊办法，如能一次付清承购债额的款项最好，否则亦允许一次承购、分月扣薪付款。

（丙）我们应注视银根松紧的不同情况，掌握三种工具。其一，银行收兑黄金美钞的数量依银根松紧而定，预定购债人可以百分之三十的黄金美钞向国家银行兑换人民币交纳公债。其二，银根紧时公债催收得松些，银根松时催收得紧些。其三，银根紧时贸易部[48]可以多收买些主要物资（花纱布[30]、粮食），银根松时则少收买些。但此项均以收购现货、订货为主，个别的也可定期折实[23]贷款。

二　钞票发行计划

十一月底止，连前共已发行一万八千九百亿元（十二月底将达二万六千七百亿元）。今年十二月和明年一、二两月，三个月支出共需三万一千四百余亿元，同期收入估计六千四百余亿元，赤字二万五千亿元。这一赤字，在此三月中需要而且可能全部用发行弥补之。其理由如下：

（甲）这三个月赤字大的原因有三。其一，为使各大行政区便于将公粮[25]、税收统上来,必先保障下级供应,满足下级需要,才能严令其将粮、税上缴到各大行政区,而不准省以下动用。因此,一二月中收少支多。十多年来根据地财政统一的过程就是这样。其二,军政人员所需夏衣款及农林、水利、交通投资,很大部分须于这三个月支付。其三,公粮不宜于此时卖出,因目前是农民卖粮季节,如政府与农民竞卖,则谷贱伤农,政府公粮亦必贱卖,公私两害。公粮不宜变卖,财政收入即少,赤字即大。

(乙)明年二月底发行总额将达四万四千亿元。三月收公债款一万二千亿元,扣去认购者交纳黄金美钞百分之三十,实收公债款八千四百亿元人民币,占四万四千亿元的百分之十九。这个回笼比例是不低的(东北今年五六月收公债回笼比例,只占当时发行额百分之十二),可能银根太紧。但如减少发行,又不易推销公债。因此,现在只能按照上列计划发行钞票。

(丙)从概算[57]所列明年度赤字近七十亿斤小米[58]来看,这些赤字须按月用发行新钞弥补。假定上半年赤字为三十五亿斤小米,依现价每斤七百元计算,则须发行二万四千五百亿元,以今年十二月底发行二万六千七百亿元为基数,发行额将达五万一千余亿元,增加近一倍。这样,物价也可能上涨一倍,小米每斤将为一千四百元。下半年赤字也是三十五亿斤小米,如以那时每斤小米一千四百元计算,则须发行四万九千亿元。到一九五〇年十二月底发行总数将达十万亿元。如以一九四九年十二月底发行总数二万六千七百亿元计算,则明年增发钞票将达三倍,因此,物价也有可能上涨三倍。由于明年地盘扩大、货币流速降低等因素,可以减轻物价涨度。但支出难保不超过,收入难保不减少,因粮食供应不足而来的涨价等因素充分存在,所以应该估计物价可能上涨三倍,而在工作上则应力争做得更好些,使之涨得少些。

考虑到明年物价有可能上涨三倍,那末,我们的任务就是避免一下子猛涨,而使之逐渐上涨。还要估计到,从现在起,有阳历年、阴历年、发公债收回货币这三个银根紧的关头,我们如不预加调度,则很有可能物价在上半年涨得很少甚至不涨,而挤到下半年一下子猛涨二三倍。因此,我们的办法,应在上半年涨一部分,以避免下半年短期内猛涨。应设法使明年一月起逐月上涨百分之十左右,至明年年底共涨二点一倍。为此,除财政发行之外,再以五千亿元作为准备,在银根紧、物价平稳时,收购花纱布和粮食。中财委〔11〕已拨给华东五百亿元,以满足资本家订货贷款的要求。

综上所述,明年上半年多发行一些钞票的好处有三:其一,使银根不紧,易销公债;其二,保持物价逐月分涨,避免挤在下半年短期猛涨;其三,在平价时购进主要物资,不但可贱买贵卖,且可援助工商界。

给马寅初[59]的电报*

（一九四九年十二月十七日）

一、关于原大华民航公司事[60]，与周总理再次交换意见，我们认为航空事业归国营这个原则是肯定的。但是，我国私人和华侨方面也确有愿意投资于民航事业者，中国航空公司[61]应吸收一部分本国私人的投资。私人投资的方式，不必先由私人筹设新公司后再投入中国航空公司，而可以将资本直接投入。如将来希望投资于民航者很多，则中国航空公司可于一定时间内专作一次征集私股的号召。考虑到航空所需的器材都购之国外，私人投入中国航空公司的股金，也应该是外币。

二、根据华北、华东的报告，因为今年先旱后涝，明年缺粮不少，政务院[55]昨日通过救灾指示[62]，中财委[11]正在开农业会议、粮食会议和城市供应会议。各地所报情况不一，但根据华北、华东最低限度的估算，华东缺粮十一亿斤，华北缺粮十八亿斤，共二十九亿斤。中财委决定，由东北调入十五亿斤，华中调来十一亿斤，共二十六亿斤，尚少三亿斤，正在电询四川的收成和明年可能下江的粮数。如果四川能下江三四亿斤，

---

* 这份电报是陈云同志起草的，以他和薄一波同志的名义发出的。

则明年克服粮荒的可能是存在的。我们的方针，力争不饿死人。广东粮食也很缺乏，准备以湘米济粤。此外，国内私商或留港人士愿以自己外汇购粮运回者，一律欢迎。救灾重点放在组织灾民生产自救和民间互助。中财委调度之粮食，将大力组织运输，使其及时到达需粮地点。总之，明年缺粮情况甚严重，必须全力以赴解决之。

三、公债条例[63]昨日政务院已通过，即可于报上发表。各方反映，目前经济虽有困难，但发行公债是较好之一着。沪杭反映如何，便中乞告。

四、中财委所管各部之专业会议，已开过者有：茶叶、鬃毛、油脂、海关、税务、盐务、水利、煤炭、航务、公路、铁路等。正在开者有：粮食、城市供应、钢铁、邮务等。即将召开者有：财政、机械、有色金属、电业、石油、纸张、电讯等。其中，最重要者为财政会议[64]。由于各大行政区[17]在中央人民政府通过概算之后，需集会讨论，故中财委所召集的各大行政区财经领导人会议，须于一月下旬召开[65]。届时您如能来京出席则最好。专业会议所定要点，当陆续奉告。

五、铁路修复进展较快。京汉线已于本月十五日修通。粤汉线二十五日接轨。同蒲路北起忻县南至运城已修通，年内可到风陵渡。衡阳至桂林亦可于年内修竣。上述各线均可于年底通车。赣江桥争取明年一月修好，上海至广州即可直达。铁路方面，今年修路成绩超过年初预计，此系员工共同努力及苏联专家协助之结果。明年铁路任务仍很大。目前抢修之路，明年均须补工，有二千余座临时桥，明年必须争取大部改建为永久工程。

上述均系您离京后财经工作的要事，希望您把对中财委工作的意见以及南方所反映的意见，随时告诉我们。

技术人员是实现国家工业化不可缺少的力量*

（一九四九年十二月二十五日）

这次钢铁会议[66]开得很成功，大家议决把钢铁建设的重心放在东北，而且规定全国在一九五〇年生产生铁八十八万吨。这是一件大事。虽然苏联专家还提出更高的指标，但是我认为现在的任务已经很重了。今后的工作，是要完成并超额完成这次会议规定的任务，希望大家努力。

当然，我们不是没有困难的。比如，如何集中使用全国有限的技术人才，动员专家到东北去从事新的经济建设工作，这里便有困难。困难来自以下三个方面：

首先，是华北、华中、华东等地区不大愿意把人送出来。这个问题，这次会议一定要解决。现在国家财政这样困难，下决心在东北建设钢铁工业，这是国家大事，只作本位打算，就是破坏全局，是要不得的。

其次，东北方面对于各地送去的人，能否妥善安排，也是一个问题。据我知道，中国的产业工人不过三百万，技术人员和管理人员大约三十万。这些技术人员和管理人员都是想在

---

* 这是陈云同志在全国钢铁会议上所作总结的一部分。

自己的岗位上工作的，只要领导正确，他们是可以做些事业的。这些人是我们的“国宝”，是实现国家工业化不可缺少的力量，要很好地使用他们。技术人员在思想政治上几年来有很大的变化，不应该再用老的眼光去看待他们。这次全国考察团的同志从东北回来，便和我谈过东北的技术人员不如上海那样被重视，这一问题值得注意。对技术人员要采取信任的态度，在物质上也应有必要的保证，不要使他们有家庭之累。

再次，是技术人员如何对待物质待遇和地位的问题。物质待遇，在今天的情况下不会好到哪里去，关内、关外相差不过一二百斤小米〔58〕，问题不大。至于地位，我想可以有两种态度。其一是到东北先不做厂长，帮着办事，将来能力使出来，再做厂长也不迟。其二是去了便想赶走别人，自己做厂长，不重视别人的成绩，自己又未必有把握，可能弄得焦头烂额，下台不好看。如果是我的话，宁愿采取前一种态度。

要建设好我们的国家，提高广大人民的生活水平，需要发展工业，这就需要技术。我们有勇敢战斗的精神，这很好，但还不够，还要掌握科学技术，并且发扬中国的优秀文化。我们主要依靠自己的力量，在现有的基础上大家共同努力。希望在这次会议以后，有大批的技术人员高高兴兴地去东北工作。

大概几个月以后，全国便要统一了。过去那些不能统一的因素已经不存在了，客观上要求我们实行统一领导。现在全国已经基本上连成片，铁路交通也在恢复，钞票除东北以外也是一样的，情况还在不断地向前发展。解放战争全面结束后，币值一稳，东北票〔26〕与人民币也要统一起来。全面统一，只是一个时间的问题，而且为时不远，会很快实现的。中财委〔11〕

将召开一系列的会议，部署这一方面的工作，大家都要朝着统一的方向努力。

财政经济要统一管理*

（一九四九年十二月二十八日）

（一）目前许多地区是新解放区，实行财政、税收、公粮〔25〕、贸易及各主要经济部门管理的基本统一，在工作进度上是带跃进性的，一定有许多困难。但从客观情况看来，如不作基本统一，则困难程度、为害之烈将更大。其理由如下：

（甲）支出方面，五六百万主力部队与大行政区〔17〕直属部队是必须按月由中央（通过大行政区）开支的，其开支到今天为止主要靠货币发行。

（乙）收入方面，公粮、税收均在县、市、省的手里，收入的多寡迟早，中央无法确实掌握。而公粮变卖〔67〕及现金税收，又恰恰是今后按月按季回笼货币的主要手段。

（丙）关内币制已统一〔14〕，汇兑、交通已畅通，一遇金融、物价风潮，必然牵动全国，除东北外无一地区能自保。

根据上述分析，我们认为，实行统一所遇到的困难小，为害亦小；由不统一而来的金融、物价风潮的困难大，为害亦大。因此，应该克服统一中可能出现的小困难，避免由于不统一而

---

* 这是陈云同志起草的，以他和薄一波同志的名义复华东财政经济委员会的电报，并发中南、西南、西北等大区财政经济委员会。

产生的物价混乱等大困难。

（二）实行财政经济基本统一管理时，下级的同志可能产生一时不关心收入，只伸手向上要的情况，你们预见此点是完全正确的。但只要我们反复说明统一与分散的利害得失，说明革命者的责任，并保证下级的开支，那末，预防和克服下级消极情绪是完全可能的。我们迫切希望你们在这次华东财政会议上，说服各地同志，既交出权利，又勇于负责，以此精神共渡难局。

（三）在上述方针下，对于华东与所属地方的财政关系，我们主张对公粮不实行比例提成，地方税〔68〕不采取分成办法。具体意见如下：

（甲）税收中，除关税、盐税、货物税〔69〕、工商税〔70〕外，划一部分归地方收是好的，但地方征收的各项税款均要计算数字，规定任务，并与地方经费开支加以比较，多则上解若干，不足则由中央补助若干。超收部分，地方可提成百分之五十至七十。

（乙）公粮收入，除经中央或各大行政区批准之地方附加〔71〕归地方支配外，其余全由中央或大行政区支配。中央或大行政区根据省市全年或半年需要吃粮之预算，一年一次或半年一次分给地方管理使用。但吃粮以外，另拨粮食作财政开支时，大行政区须先与中央商定。粮食不能随便分散使用，必须集中使用于各大区之间，使用于各大城市的调剂，并且作为今后货币回笼的一个主要手段。属于中央掌握的粮食，由中央统一调度，地方负责保管。管理上坚持先大公后小公的原则。这样就不会在公粮管理上遭受不应有的损失。

（丙）军队供给是否由军委后勤部统一，现正由后勤会议研究。未确定前，主力部队与地方部队先统归军区后勤部，向大行政区报销。

（丁）大项目的投资（如铁路、工业、水利等）属于中央各部直接掌握者，由中央各部直接管理。属于大行政区掌握者，由大行政区管理。

上海工商界情况*

（一九五〇年一月一日）

十二月三十日电悉，报告如下：

（一）除奢侈品行业外，上海厂商[72]已比六七月大有转机，这是上海公私双方共认的。原因是内地原料去沪，华中、华南销路已开。西南解放[73]后，情况必更好。

（二）上海市委十二月三日电称，许多大、中厂负债多，难维持，要求贷款，否则有大批倒闭之险。这在当时也是确实的，但这是一时的情况，与六七月的困难本质上不同。

（三）上海厂商这次困难的原因，是他们在十月十五日到十一月二十五日的全国物价大波动[74]中，对波动程度估计过头，认为人民币会有更大下跌，利息赶不上物价涨的快，贪心太大。投机者举债买货，一般厂主宁肯举债开支（如发工资等），也不肯卖货，其利息重至每借一元[2]，月息二元。十一月二十五日起物价稳而且降，出乎他们意外，于是急于抛货还债，但愈抛则愈贱，愈不易脱手，急于举新债以还旧债者愈多。因此，物价虽跌，但银根[28]仍紧，利息仍高，许多厂商周转不灵，叫苦连天。上海十二月三日电正是此种情况之反映。

---

* 这是陈云同志复毛泽东同志的电报。

（四）我们于十二月八日先拨华东五百亿元，大部用作收购沪厂商品，小部用作贷款，并准备续拨一千亿元。这样，使我们在上海第二届各界人民代表会[75]上完全居于主动。十二月二十二日华东财委称，只用了二百亿元，已解救了沪工商界的危机。

（五）申新厂主荣毅仁[76]事后表示，中共此次不用政治力量，而能稳住物价，给上海工商界一个教训。他说：六月银元风潮[77]，中共是用政治力量压下去的，此次则仅用经济力量就能稳住，是上海工商界所料不到的。根据各方反映，上海商人在此次物价波动中，大多认为人民币将与金圆券[78]一样暴跌，故投机冒险的胃口特别大。相反地，天津商人解放以来在物价风潮上经过了三波三稳[79]，经验多，不敢过分冒险，能适可而止，结果无大损失。

（六）十二月初上海工商界的叫喊，也带有哭穷和少买公债的企图，但当时银根紧，周转不灵，确是主要的。他们对公债认为不可抵制，表面上是拥护的，但抱有两个希望：一是少购，二是以合理价格收兑黄金。我们决定满足其第二个希望，并严重注意不使银根太紧，力求保持适度。

财经旬报二则*

（一九五〇年一月二十二日、二月一日）

一

兹将一旬财经要事报告如下：

一、根据各方报告，现全国脱产人员已突破九百万而增至九百四十二万，计华东二百七十五万，华中二百四十万，西南一百九十万，西北一百零二万，华北八十万，东北五十五万。新增加人员，均需于一月份起付钱。后勤会议决定提高军费标准，每人每年需超过四千斤小米〔58〕，只此一项，全国每年即增加支出十一亿斤小米。估计解放台湾、海南岛、西藏之后，全国脱产人数将突破一千万。解放台湾、海南岛等渡海作战费，将不下二十亿斤小米。依此推算，今年预算中必须增加七十一亿斤小米（增加一百万人需四十亿斤，渡海作战费需二十亿斤，提高军费标准需十一亿斤）。目前人民十分贫困，如此浩大之费用，如完全靠银行透支，过量发行票子，必将造成严重后果。故须预筹收入，方能应付。我们的对策：

（甲）在税务、公粮〔25〕会议中已拟定力争增收五十亿斤，

---

* 这是陈云同志起草的，以他和薄一波同志的名义向中共中央的报告。

计西南公粮多收二十亿斤，全国税款多收三十亿斤。退一步言，至少需增收四十亿斤。

（乙）清理仓库增收十五亿斤，其中一部可出卖，一部可代替向外订货。据中财委〔11〕派赴上海清仓人员报告，现在仓存物资是很多的，如不及早清理，将被无计划调动、取用而浪费掉。

（丙）上述九百四十二万人系各方估计数字，其中必有相当大的人数属于多估或虚报。我们希望在核实人数中能核减（不是裁人）二三十万以至五十万人，即可少开支十亿以至二十亿斤小米。

（丁）提倡节约，减少办公杂支等费用，计五亿斤小米。此着很重要，数量虽不大，但可转移风气。

上述四项办法，必须党政军民，党内党外，大家共同努力。为了实现这些要求，拟于二月召开的全国财政会议〔64〕上，组织清理仓库及核实编制、厉行节约两个委员会，以陈云、薄一波〔53〕分任主任。

二、由于财政支出增大，钞票发行及物价情况如下：去年十一月底物价平稳时，发行总数近二万亿元〔2〕，十二月增发一万亿元；今年一月份已开出支票一万三四千亿元，至十九日实支近一万亿元。以此计算，五十天中，共增发钞票一倍多。截至目前止，发行累计数为四万一千亿元。因此，在物价上反映，十二月上涨百分之十；以十二月底为基期至一月十九日止，全国物价平均上涨百分之三十。上涨指数在地区上及物品种类上很不平衡。上海粮食涨百分之八十，纱布〔5〕仅涨百分之二十余。华中粮布随沪略涨。华北则粮布均稳，仅因上海涨得过多，故主动略提。华南、西南的物价远低于其他地区。此种情况说明，上海存粮太少，是目前一大弱点。估计十二月底上海存粮一亿五千万斤，一月十九日止除商粮上市出卖外，存粮卖出六千万斤，上海贸易公司现存粮九千万斤。由于苏南、浙江公粮尚未集中调运，游资〔80〕专向粮食冲击，居民见涨价而多买，我上海贸易公司因存粮少而心虚，不敢在市上大抛，因此粮价过分突出，粮贵纱贱，有去年七八月物价大波动〔74〕之势，不过差度较小。这一状况是不利于上海工厂生产的。为了对付粮贵纱贱及游资只集中冲击一点，我今年在纱布与粮食上必须同时增厚实力，因此除了购买外棉计划不变外，必须增购外米四亿斤，连原计划广东购外米二亿斤，共六亿斤。购米外汇之来源，一部分利用粤境存留之港币，其余则须中贸部〔48〕统筹。沪粮应急的办法，先调用沪宁、沪杭两线公粮，同时抓紧华中、东北向上海运粮，力争改变粮贵纱贱状况。

昨日止公债款只实收一千万分〔56〕，交款者职工居多，工商界尚属少数。京市公债已派到各业，津市月底亦可派到各业，沪市或更迟。全国工商界对认购公债一般是表面拥护，内心不舒服。职工是积极的，但个别工厂亦有少数先进分子强制落后分子的现象，已电各地注意防止和纠正。从上述情况看，一月下旬及旧历年关（二月十六日）前不会有大量公债现款收入，而二月上半月开支及发行将增加，以此估计，自今起至旧历年关，全国物价平均指数还有可能上涨百分之三十。

三、征收公粮情况。华南、西南仅开始布置，华北已完成，华中之豫鄂湘赣、华东之鲁皖苏亦可于一月底完成。公粮负担，华北、西北普遍比华东、华中重，但华东、华中地主普遍叫苦，要求提早土改，因为许多地方的农民实际上少缴甚至不缴租，而地主之公粮负担则不能减少。中央已令各地在公粮任务基本完成后，对若干确有困难的地主，可予补救。华东、华中均已复电准备如此做。放在眼前的大问题，是采取什么办法，克服因地权不定而来的春耕上的危机，即地主无兴趣，农民不下肥。此项大事，正会同有关部门收集意见，研究对策。

四、自一月九日以恩来同志名义令原国民党驻港机关保护资产、听候接收后，各该机关与我驻港人员及华南分局陆续在接洽中。华南分局已组成一专门委员会，以冀朝鼎〔81〕为主任，明日率有关人员去穗，找港有关机关主次管理人员到穗接洽，拟暂委原主次管理人员维持，视我与英方外交进展情况，听候中央命令再作安排。

五、各工商部门专业会议后，深感技术人员之数量不够与分布不当。鞍山、本溪钢铁产量占全国百分之八十，但技师只占全国百分之二十五；关内钢铁产量占百分之二十，但技师占全国百分之七十五。煤、电工业也以东北为多，但技师也是关内多东北少。为此，必须下令调整，打破本位主义。同时东北方面必须提高技师工资，适当安置技师的职务。伪满时代〔82〕，东北工业中绝大多数是日本技师，中国技师甚少。日本投降后，日籍技师大体上都撤退了，从今后恢复工业的远景看来，技术人员必大感不足。因此，中财委已组成专门委员会，计算出今后几年需要技术人员的数量，再与教育部商定今后各大学工科与文科的招生数字和比例。

二

兹将一旬财经要事报告如下：

一、各部门、各机关的高级干部对目前财政困难和解决办法不甚了解。例如，开的预算太大，在恢复经济和建设计划中，不分先后和轻重缓急，什么都想干。军队干部则因前线生活常难保证而埋怨，说“既很穷，为什么养九百多万人”。地方干部则说“公粮、税收任务太重”。个别余粮省份的干部说“公粮不宜调往大城市”，要求留在本省。所有这些，都有一面的道理，但从全局看来，是不可能的，也是不恰当的。他们不了解财经状况的重要原因，是我们未向他们作报告。因此，我们拟采取“通气”办法，以后每旬、每半月或一月，发通报一次，报道财经要闻，使军队和地方的领导人员知道财经情况，以便交换意见，统一看法，共同克服困难。

二、自人民币发行以来，到目前为止，共发四万一千亿元。每月发行的新钞票，依当时的物价计算，总值是二百一十四亿斤小米。这四万一千亿元钞票，因为贬值，现在只值四十九亿斤小米。即是说，通货贬值中，人民损失了一百六十五亿斤小米，等于抗战前银洋〔18〕八亿二千五百万元。为时只有一年即损失这么多，是一个极大的数字。这是人民生活水平降低的一个具体材料。这样下去，人民将很难支持。

三、去年夏秋冬，军政人员大增，但是征粮未到时间，新解放区税款又收得少而慢，加之自去年十二月全国财粮税收统一〔83〕后，到今年二月这三个月，因为要先保证下面开支，才能将粮、税统收上来，因而支出与发行更多。这样做是必要的，但只能限于这三个月，不能再延长。否则，粮、税都在省、县之手，中央只出不进，金融物价必然发生大乱。粮、税由中央统收（地方税〔68〕划归地方一部分），首先保证野战军〔34〕的供给。至于中央和各大行政区〔17〕的直属部队所需，省以下的地方经费，即令迟发半月一月，也决不致饿死人。三月份实行粮、税及财政基本统筹，在解放不久的地区，是有困难的。但提早实行的困难小，为害小；如继续不统一则困难大，为害大。为此，各大行政区于我军已经到达的一切县市，必须抽出人员于二月底以前建立国库，以后逐日或三五日将税款解库。人民银行为建库的主要负责机关。各库附于分行或县政府内，保证三月初以后税款入库。此事势在必行，已列为二月财政会议的主题，各大行政区须立即准备。

四、现在问题的中心是，多收税少发钞票，还是少收税多发钞票？路子只有这两条。少收必得多发，想少发必得多收，不是多收便要多发，此外别无出路。有人要求少收，而又要物价稳，这办不到。收税和发钞这两者比较，在可能限度内，多收一点税，比多发钞票，为害较小。这样做，工商业负担虽稍重，但物价平稳，对正当的工商业有好处。反之，物价波动大，任何人也不愿拿出钱去经营工业，资金都囤积在物资上，或放在家中不用，劳动者也跟着没有活干了。这样，势必造成资金和劳动力的浪费，使生产受到严重影响。有人说，“温和的”物价上涨，是可以刺激生产的，这种说法我们认为是不妥当的。物价的波动，只能打击生产，使经济停滞。这是后退的办法。少发行多收税，负担是重了一些，但物价平稳，经济逐渐发展，则不失为一种前进的办法。

五、粮食、纱布是市场的主要物资，我掌握多少，即是控制市场力量之大小。游资突击的重点，是沪京津三地，其突击的物种是粮、布。游资是狡猾的，常常先攻或仅攻一地一物（例如此次上海之米）。今年华东、华北缺粮三十亿斤，虽已规定各区调运，但应看到粮食危机比纱布更大。因此，沪京津须常有应付游资冲击的粮、布。为了应付春节后“红盘”[84]涨风和由农产品交易落冷而来的市场筹码[21]剩余现象，必须对粮、布两项预有措施。军政所需单衣布不能一次拨出，两套单衣只能分期缝制。目前京津存粗粮三亿五千万斤（需要四亿斤），细粮一亿余斤。上海存粮太少，不到一亿斤。据华东财委一月二十六日电，在旧历年前只能由苏皖浙公粮中运到一亿斤。华东是新区，公粮迟收，确有困难，但无论如何必须设法于旧历年关前后，力争上海粮食公司存米达到四亿斤。来路有二：一是苏皖浙的公粮，这是主力；二是东北、华中、西南拨华东的稻米。拨粮地区要不断加工赶运，华东则应派人接运。今后必须保证在秋粮上市前，上海、京津两点除日常出售外，各常囤四亿斤。其办法：（甲）华东公粮只能用作口粮，不能随便移作经费开支。（乙）由华东全年不断用大力从华中、西南接运粮食。（丙）中贸部购外米四亿斤济沪。

六、公债京津已经派到各业，上海、华中尚无报告。上海工商界似持观望。依目前金融状况看，除西南外，各大城市必须于二月十六日前将公债在各业各户派完，争取二月下旬将公债款收起一部分，三月基本收齐。

财经工作人员要提高自觉性*

（一九五〇年二月十三日）

我们现在仍然处在战争与经济困难的环境中。帝国主义和国民党反动派反对我们。他们是我们的敌人，希望我们垮台。去年对上海封锁，现在又进行轰炸，并喧嚷轰炸很有效，说什么“如长期轰炸，可以动摇中共的统治”。我们面临着严重的斗争。这个斗争不仅表现在军事上，而且越来越表现在经济上。

国内也有不满分子和观望分子。开明地主是少数，绝大多数地主对我们不满。资产阶级一部分在观望，他们将钱弄到香港或美国，又向政府要投资要借款；一部分则是反对我们。上海的资本家说：“共产党是军事一百分，政治八十分，财经打零分。”他们要在经济上同我们较量。

人民政府成立后，许多善意的人，包括工人、学生、民主人士，对我们的经济十分担心，说“你们是否可以搞得下去”。总之，他们很不安。

老百姓对我们是拥护的，对打倒国民党反动派，实行土地改革[85]，是赞成的。但老百姓不仅在军事上、政治上看我们，

---

* 这是陈云同志在全国财政会议上讲话的一部分。

他们还透过经济看我们，看物价能不能稳定，还饿死不饿死人。这些问题是老百姓关心的，也是对我们的考验。

今天我们的工作，已不是一个地区或一个部队的工作，而是四亿七千五百万人、地大物博的全国性的工作。我们胜利了，我们的各项工作是否搞得好，不仅关系到四亿七千五百万人的命运，而且对全世界人民的解放事业有着重要的影响。不看清楚这些，便不可能认识我们的责任。

为了战胜暂时的财政困难，在落后贫困的经济基础上前进，必须尽可能地集中物力财力，加以统一使用。我们是有困难的，但是我们是有希望的。只要我们把力量集中起来，用于必要的地方，就完全可以办成几件大事。决不应该把眼光放得很小，凌凌乱乱地去办若干无计划的事。

我们搞财经工作的同志，很容易陷于局部观点和本位主义之中，把某些重要问题忽略过去。我要提醒同志们，必须提高自觉性。首先，要把自己的工作放在全国大范围来看，如果发现自己的做法与全国的任务不相符，应该立刻觉悟，立刻纠正，否则几年后是要在人民面前检讨的。我们不应该做后悔的事。其次，比较富裕地区的同志要特别注意，自己的条件好，任务重，再困难也要努力去做。再次，财经部门的领导同志，应该首先觉悟，并要教育做财经工作的同志，认识局部服从全体、目前服从长远的原则，树立整体思想，避免陷入局部观念和本位主义。不这样做，既坏事又害人。各地财经领导同志都不应该打埋伏，不应该以多报少，否则我们的帐便没法子算清楚，在资金使用上便会发生极大的浪费。浪费是严重的错误。我们对财经工作人员的要求，不应该只是不贪污的问题，那是旧社会的标准。我们的标准，不但是不能贪污，而且是不能浪费，就是说，国家的物力财力一定要用得恰当。所谓恰当，就是迟用、早用，多用、少用，先用、后用，缓用、急用的问题解决得好。这就需要有全局观念。

财经工作的领导人员，可能犯错误，而且一定会犯错误的。国家这样大，情况如此复杂，我们又如此不熟悉，不可能不犯错误。因此，我们要小心谨慎，力求少犯错误，不犯大的错误。只有这样，才能顺利地克服目前的困难。

统一财政经济工作*

（一九五〇年三月三日）

目前我们的财政经济情况，有以下一些特点：(一)根据各大区〔17〕报告，全国军政公教人员实有近九百万人。(二)去年秋季规定征收的公粮〔25〕，虽已大部征齐，但在若干地区尚未征齐，且在征收工作中发生某些偏向；税款的实收数字与预定计划亦有距离。(三)过去国家支出的大部由中央人民政府负责和依靠增发通货，现在则公粮和税收大多尚由各区、省、市、县人民政府管理。此种财政上的不统一和收支机关之间的脱节现象，如果任其继续下去，则势必额外增加通货的发行。(四)除西藏外，中国大陆已全部解放，由通货膨胀而来的金融物价波动，已不能限于一地，而势必影响全国。但是全国人民经过了十二年战争〔27〕和通货膨胀之后，生活已极困难，需要我们努力制止通货膨胀。

上述的财政收支不平衡和收支机关脱节的现象，如不速求克服，则不但一九五〇年的财政概算有被冲破的危险，而且由此而来的金融物价波动，将大大增加全国人民的困难。但

---

* 这是陈云同志为政务院起草的《关于统一国家财政经济工作的决定》，经第二十二次政务会议通过，原载一九五〇年三月四日《人民日报》。

是必须指出，目前财政情况比之去年已有改善，进一步缩小财政收支之间不平衡和防止金融物价大波动的可能性已经存在。其关键在于节约支出，整顿收入，统一财政收支的管理。为了达到这个目的，中央人民政府政务院[55]特作如下各项决定：

（一）成立全国编制委员会。以薄一波[53]为主任，由人民革命军事委员会派聂荣臻[86]为副主任。各大行政区、省、大市均分设编制委员会，制订并颁布各级军政机关人员、马匹、车辆等编制。各部队各机关的首长必须亲自负责，核实现有人员、马匹，消灭虚报数字。立即制止各机关不经批准自行添招人员及招人开训练班的现象。政府及企业部门编外及多余的人员，不得擅自遣散，均由全国和各地编制委员会统一调配使用。各部门各企业如需增添人员，在经过一定机关批准之后，必先向全国编制委员会请求调配，只有调配不足又经一定机关批准时，才能另外招收。把所有旧军队旧人员包下来的政策不变，但在我军解放前已跑散的人员，不必继续召回。自己要求回家的人员，不必强留。包下来的人员，亦不应采取消极的包饭态度，应该有步骤地加以改造和合理使用。

（二）成立全国仓库物资清理调配委员会。以陈云为主任，杨立三[87]为副主任。各大行政区、省、市、县，各后勤部，各工商企业，均分设仓库物资清理调配委员会。各级首长应亲自负责，指导清查仓库，在本年六月底前查明所有仓库存货，无隐瞒地逐级转报全国仓库物资清理调配委员会，不得打埋伏，不得擅自转移。所有库存物资，由政务院财政经济委员会[11]统一调度，合理使用，以便减少今年的财政支出及向国外订货。

（三）厉行节约。所有机关和公立学校，必须规定工作人员的数量及每个人员的工作任务。所有国家工厂和企业，除规定职工人数及生产的质与量外，必须实行原料消耗的定额制度，铲除囤积材料的浪费行为。一切国营经济部门，均须提高资金的周转率，保护机器资材，建立保管制度，严惩贪污浪费人员。全国均应节省一切可能节省的开支，缓办应该缓办的事项，以便集中财力于军事上消灭残敌，经济上重点恢复。

（四）全国各地所收公粮，除地方附加〔71〕粮外，全部归中央人民政府财政部统一调度使用。各省、市、县、区人民政府，非依粮食局支付命令，不得支取公粮。同时，省、市、县、区人民政府负有保管公粮不使损失腐烂以及协助运输的责任。由于若干地区去年歉收和大城市需粮数目浩大，必须由政务院财政经济委员会拟定全国范围的公粮调拨计划，以便达到合理使用的目的。除人马口粮和集中起来的残废军人优待、救济、婴儿保育粮外，不经批准，各地不得以公粮拨作经费。在中央人民政府财政部审慎计算其可能，发出调拨命令之后，各省不得拒绝以本省公粮运济外省或其他地区。凡属拨给外地的粮食，均应拨给近地的好粮。责成中央人民政府财政部制定关于公粮支付、保管、运输的各项规定。

（五）除批准征收的地方税〔68〕外，所有关税、盐税、货物税〔69〕、工商税〔70〕的一切收入，均归中央人民政府财政部统一调度使用。全国各大城市及各县如在二月底尚未建立国库者，统限于三月中建立好，并代理地方库业务。三月份起所有税款逐日入库。离库较远之镇市，则由各地财政经济委员会规定时间按期入库，禁止延期缴库及挪借行为。税收是国家财政的主要收入之一，是全国财政开支、经济恢复所需现金的最大来源。为了完成征税工作，全国各大城市及各县的人民政府必须委任最好的干部担任税务局长。

前述四、五两项的公粮征收额，包括地方附加公粮征收额在内，以及税则、税目、税率，统由中央人民政府财政部报请中央人民政府政务院决定施行，不经批准，各地人民政府不得增减和变动。

（六）为了调节国内供求，组织对外贸易，有计划地供售物资和回笼货币，各地国营贸易机构业务范围的规定和物资的调动，均由中央人民政府贸易部〔48〕统一负责。各地人民政府及其财政经济委员会，负有监督和协助本地贸易机构执行中央人民政府贸易部统一计划的任务。非经中央人民政府贸易部批准，各地贸易机构不得改变中央人民政府贸易部规定的业务计划。贸易机构与各工商企业、各合作社的营业往来，均须依照经营业务的正常经济核算制度，不得以财政经费不足为理由，拖欠贸易机构的货款。一切经济单位之间的营业往来，必须严守信用，凡遇对方失信时，得向法庭控告。凡属中央人民政府贸易部所属国营贸易机构每日售得的现金，必须逐日解缴国库，不得挪用延缴。各地贸易机构除经中央人民政府贸易部批准者外，不得向国库支取贸易金款。一切部队机关，必须严遵毛主席命令，不得经营商业〔88〕。

（七）国家所有的企业，分为三种：一是属于中央人民政府各部直接管理者；二是属于中央人民政府所有〔89〕，暂时委托地方人民政府或军事机关管理者；三是划归地方人民政府或军事机关管理者。依此标准，责成政务院财政经济委员会划清现有各类国有企业的管理责任，并制定对这些企业投资贷款的条例[90]。一切公营企业[12]及合作社，均须依照中央人民政府财政部的规定，按时纳税。所有中央政府或地方政府经管的企业，均须将折旧金和利润的一部分，按期解缴中央人民政府财政部或地方政府，其解缴总数及按期缴出的数量，由政务院财政经济委员会及地方政府根据情况分别规定之。

（八）指定人民银行为国家现金调度的总机构。国家银行应增设分支机构，代理国库。外汇牌价和外汇调度由人民银行统一管理。各公营经济部门及各机关请求外汇，统由政务院财政经济委员会审核。私人请求外汇办法[91]仍旧。一切军政机关和公营企业的现金，除留若干近期使用者外，一律存入国家银行，不得对私人放贷，不得存入私人行庄，违者处罚。国家银行应尽量吸收公私存款，但国家银行本身业务上使用这些存款的限度，亦不能超过政务院财政经济委员会的规定。

（九）中央人民政府财政部必须保证军队与地方人民政府的开支及恢复人民经济所必需的投资。对军队及地方经费的现金支付办法，应按照编制的确有人数，根据供给标准和全国概算所列的现金部分，按月按季地批准各部队各部门的预算，按期支付现金。其原则是先前方、后后方，先军队、后地方。对地方经费的支付，照供给标准应发经费数额，扣除其地方税收及企业收入中归地方的部分。国营企业的投资，文教社会事业费的支付，依照全国概算及政务院财政经济委员会批准的各期支付数量支付之。国营企业请领投资款项前，必先有经过批准的工程预算。为确保军政费、事业费及企业投资的币值，国家银行对一切军政部门及公营企业举办短期无息的或一定数量低息的折实[23]存款。中央人民政府财政部为保证上述各项经费的支出，必须严格管理税款、公粮支拨、公粮实物变款[67]、公债收入、国营企业上缴利润、折旧金等等，以保证这些收入按时入库。

（十）中央人民政府政务院认为，严格地实行上述九项规定，国家的财政经济困难就可能克服，军政费用的开支就可以保证，金融物价的大波动就可能防止，因此，必须严格地完全地予以执行。凡不实行、不遵守上述各项规定者，即属破坏人民利益，违犯国家法纪，中央人民政府将制订适当的法律，给予这些分子以必要的制裁，来保障上述各项规定的严格实行。

由于全国财政经济困难，收支机关脱节，金融物价不稳，要求我们必须有进一步的统一管理。但是，因为许多地方是新解放区，实行统一管理会有若干困难。同时，在公粮、税收划归中央人民政府统一支配以后，地方经费开支，比以前更困难的情况是可能发生的。这种困难，比之全国财政经济的管理继续不统一和金融物价大乱而来的困难，其范围、程度和后果都要小得多。因此，必须强调部分服从全体，地方服从中央，宁愿忍受若干较小的困难，以避免发生更大的困难。在粮、税归中央人民政府统一支配之后，一切地方工作同志不但不应有消极的不负责任的态度，而且对今后财政经济工作，应更加积极负责。这是我们的要求，也是地方工作同志的责任。

为什么要统一财政经济工作*

（一九五〇年三月十日）

中央人民政府政务院[55]三月三日作了统一国家财政经济工作的决定。这个决定，对搞好财政经济的管理是一个极其重要的措施。不早不迟，现在作出这个决定是有原因的。

我们战时的财经工作，从抗日战争开始直至一九四九年的十二年间，都是分散经营的。其中又分两个段落：一九三七年至一九四八年这十一年是一个段落，一九四九年又是一个段落。目前正开始新的时期。头十一年各解放区的财经工作，完全分散经营，各有货币，各管收支，统一的方面只有一项，即政策统一。仅仅最后一两年，在各解放区之间才有可能作少数军用品和物资的调拨。这种完全分散经营的政策，是适应当时解放区被分割的情况的，因此获得了极大成绩。去年，解放战争的胜利迅速扩大，一年之间，除西藏外，全国大陆全部解放，都成了解放区。适应这种情况，财经工作统一的范围和程度也随之增加。首先是货币的统一，除东北外，人民币已成为通货。在上海、武汉解放之后，像第一阶段那样仅限于政策上的统一，已经不够。全国各地财经机关一致要求对下列各项问题作

---

* 这是陈云同志为《人民日报》写的社论。

出统一的规定、计划和管理。这些项目是:税则、税目、税率;国营工厂的生产计划、原料来源、产品推销;外销物资的采购,外汇使用的分配;内地贸易物资的调拨,物价管理;铁道、轮船的合理使用,邮电的管理等等。所有这些,都需要统一,而且都陆续地统一了。但就财经工作的全部来说,基本上仍是分散经营的,因为财政的收入并未规定统一管理的办法,只统一支出,未统一收入。这种情况在当时是不可避免的。一方面,因为解放区的扩大极其迅速,新解放地区的财政收支,又只能由各地接管机关自行处理;另一方面,作为国家财政收入主要部分的秋征公粮〔25〕,大部新区只在今年一二月才收起,不少地方尚未收齐,新解放区的税收整理也不是很快的。所以去年一年的情况是,继续分散经营,但分散经营中的统一程度迅速提高。目前到了新的时期。公粮大部已征收起;统一的税则、税目、税率已经公布;因为大陆已解放,税收也比去年多。放在面前的问题是,继续停留在去年那个阶段上,还是前进呢?全国财政会议〔64〕讨论的结果,中央人民政府政务院的决定〔92〕和中共中央的号召〔93〕答复说:要前进,不能停留。就是说,财经工作要从基本上分散经营,前进到基本上统一管理。也就是说,虽然分散经营的成分仍然有,但主要的将是统一管理。这种改变,是适应目前在地域、交通、物资交流、关内币制等等方面已经统一的情况的。

究竟统一管理哪几件事?这在政务院决定中已经具体规定。主要内容是统一财政收支,重点在财政收入,即国家的主要收入,如公粮、税收及仓库物资的全部,公营企业〔12〕的利润和折旧金的一部分,统归国库。没有中央人民政府财政部的支付命令，不能动支。这样，就保证了国家收入的统一使用。在财政支出方面，则规定：军队供给统一于人民解放军总司令部的后勤部；政府机关、学校、团体则规定编制，规定供给标准，编外和编余人员由全国编制委员会统一调配，不经批准，不得自招新的人员。机关、学校和工厂企业，按照工作和生产情况，均须规定工作人员的数量和每个人员的工作额，一切可省和应该缓办者，统统节省和缓办，反对百废俱兴。要集中财力于军事上消灭残敌，经济上重点恢复。此外，全国国营贸易机构资金、物资的运用调拨，集中于中央人民政府贸易部[48]。一切军政机关、学校、团体和公营企业的现金，除留若干近期使用者外，一律存入国家银行。所有这些，是统一管理的主要内容。这些统一在今天已经必不可少。如果国家收入不作统一使用，如果国家支出不按统一制度并遵守节省原则，如果现有资金不加集中使用，则后果必然是浪费财力，加剧通货膨胀。这样，不但有害于对战争和军政人员的供应，而且有害于国家经济和人民生活。

毫无疑问，上述内容的统一管理，比之去年的基本上分散经营有根本的区别。如果问：在统一管理之后，哪些是仍然存在的分散经营？回答是：还很不少。例如，农业生产，在中央人民政府农业部规定了总的方针之后，必须由地方政府担任具体的组织和领导；国家工厂的一部分完全划归地方和军事机关管理，另一部分属于中央人民政府所有[89]的，也暂时委托地方政府或军事机关管理；财政收入上，地方附加[71]粮和纯属地方税[68]，仍归地方支配；依据税则、税目、税率，国家规定了征收公粮、税收数字后，地方政府在严遵法令之下努力工作，严查漏税得来的款项，则以分成办法，大部归地方。同时，国家财政经济工作的统一管理，绝不是说，公粮、税收归了国库之后，征收、保管、运输工作，以及在各地的中央人民政府各部所属的企业，地方政府不必或不应过问。相反地，地方政府对粮、税的征收、保管、运输，负有全部责任。地方政府对当地的中央所属企业完成主管各部所给的计划任务，负有指导、协助、监督的责任。没有地方政府这方面的工作，这些企业完成计划任务将是不可能的。此外，为使东北行政区能更好地在财政经济上支援全国起见，中央人民政府决定东北的货币[26]暂时维持现状，在财政上对东北也暂时只采取抽调物资的办法。

像我们这样地区广大、许多地方又解放不久的国家，实行统一管理，是否太早，是否困难?比之过去解放区被分割时期，一个解放区内部财经工作由分散进到统一的那种进度来看，在目前实行财经工作的统一管理，确是提早了。但是由此而来的困难并不算大。因为除边疆交通十分不便的省份，如新疆和西藏，仍应另作处理外，全国各地的电报、电话已经畅通，几小时内可以电报往复，几分钟内可以电话问答；铁路已经全部恢复，航空运输也将开始。现在中央人民政府各部，已经可能做到逐日收到各地业务情况和收支数字的报告。这就是说，现在不是被分割的农村解放区，全国已经统一了，一切进步的交通、通讯工具已由人民掌握，过去那样的困难，今天已经不存在了。因此，提早统一，已有可能。我们不应偏顾统一管理工作方面的小困难，而造成国家经济和人民生活的大困难。应该克服小困难，以避免大困难。

这样程度的统一，地方机动性是否太少？是的，地方机动性比以前大大减少了。但是我们知道，目前国家的财政收支不但不富裕，而且有赤字，可以机动使用的现金和物资本来很少。这微小的机动力量，如果不放在中央人民政府手里，而分散给全国各级地方政府，其后果必然是把这微小的机动力量丧失无余，必然是全局不机动，大家不机动。这正像作战一样，把机动兵力分散了，不是大吃败仗，就是难获全胜。

统一管理是否会降低下级组织的积极性？可能的，但是应该避免。财经工作统一管理之后，下级工作人员降低积极性的原因，大体是出于误解，即以为上面统一管理了，下级可以不必负责。因此，领导机关要告诉这些同志，统一管理后中下级机关仍负有极大的责任，国家任何事情，办得好、办得坏，都与自己有密切关系。“事不关已，高高挂起”，是完全错误的。

把公粮提走，每个月发的经费是人民币，如果货币贬了值，下级经费怎样维持？不必担心。第一，统一国家财政经济工作的直接效果之一，就在制止通货膨胀。第二，对于若干地方，今天仍发一部分公粮作为经费。第三，即令货币贬了值，政务院决定中也规定了，国家银行对一切军政部门及公营企业举办折实〔23〕存款。这样，就基本上保证了各种经费款项的币值。

下级的经费总是要发的，何必将税收先归国库再发经费？如果先让下面在税款中把经费支用了，多余的上缴不一样吗？经验回答我们，这两种办法，结果是不一样的。在实行“多余上缴”的办法时，地方财政机关常常要首先照顾“当地需要”，近水楼台，便于挪用，结果是上缴无几，甚至不缴。“当地需要”的许多项目，在当地看来是首要的，但从全局看来，常是次要的，可以缓办的。全国如果都按各个局部需要来开支经费，那末，哪有钱来办全国性的大事？一个家庭收入的支配，还要分轻重缓急，何况国家？在人民政府中，公务人员在处理财经问题上合格与否的标准，不单是贪污或廉洁。贪污是犯罪，廉洁是必须的。主要的标准，还在于是否浪费。浪费也不单指铺张滥用的那种浪费，而特别是指办事用钱不分轻重缓急，不分全体、局部的那种浪费。即是说，不是把经费最适当地使用在一些最重要的事情上，而是不适当地使用在一些不重要的事情上。地方把公粮、税收交出之后，中央对地方经费是必须保证的。但应该说，偶然迟发十天半月的情况，难于完全避免。目前仍在战时，先前方、后后方，先军队、后地方，仍旧是我们财政支付的基本原则。即使经费迟发了十天半月，下级政府的人员也不会挨饿。日夜作战的游击战争时期熬过去了，敌人统治下衣食无着的秘密工作时期熬过去了，现在全国解放，保证了吃粮，偶然迟发十天半月的经费，并不是什么大的困难。

统一管理的初期，下级是有困难的。但是，这种困难，比之因全国财经管理继续不统一而致金融物价大乱所产生的困难，其程度要小得多，其后果要轻得多。我们必须忍受小困难，避免大困难。我们必须遵守这样的原则：部分服从全体，地方服从中央。

只要严格实行政务院关于统一国家财政经济工作的决定，熬过几个月的困难，我们很有理由希望财政情况逐渐好转。财政情况的好坏，直接关联到国家经济和人民生活。统一国家财经工作，将不仅有利于克服今天的财政困难，也将为今后不失时机地进行经济建设创造必要的前提。

财政状况和粮食状况*

（一九五〇年四月十三日）

我要向此次政府委员会报告的第一个问题，是目前财政状况和改进财经工作的意见。

去年十二月二日第四次中央人民政府委员会会议通过一九五〇年国家财政概算之后，四个月来，国家的财政情况已有好转。秋征公粮〔25〕百分之七十多已经入库。除西南地区因解放较迟〔73〕正在征收外，其余各地绝大部分已经征起。去年解放较早的地区，税收亦在逐步增加。今年第一期公债〔56〕款，已实收百分之七十二。公教人员的编制正在制定，全国军政公教人员的总数，尚未超过概算所列的数字，并且还可能酌量减少。在此期间，中央人民政府财经各部门开过许多专业会议，进一步规定了今年度的业务和财务计划。国家的财政收入一部分已经确实收到，而且因为西南已经解放，比去年十二月财政概算岁入所列有了增加；支出方面，经过核算，已经比通过概算时更加确实。收支相较，虽然仍有赤字，但比一九五〇年概算所列已经缩小五分之二。今年一、二两月，是统一财经管

* 这是陈云同志在中央人民政府委员会第七次会议上的报告，原载一九五〇年四月十五日《人民日报》。

理的准备时期，国家财政赤字仍然不小。但如从今年三月份起计算，此后十个月的财政赤字将大为缩小。平均算来，收支可以接近平衡。如果今后税收及公债能按照原定计划完成，公粮的出售部分和国营企业产品能按期脱售，从而使货币回笼；如果收支方面没有重大的改变，财政支出所需的增发钞票可以减到极小限度，那末，全国金融物价状况就可以开始好转。我国人民已经饱受通货膨胀之苦，如果能停止通货膨胀，使金融物价稳定下来，这是符合于人民的希望和国家恢复经济的需要的。努力实现这一点，是人民政府的责任。

在战争还未完全结束的时候，国家财政收支已接近平衡，这应该感谢人民解放军英勇作战，迅速解放了中国大陆；感谢全国军政公教职工努力工作，而过着艰苦的生活；还要感谢全国人民踊跃缴纳公粮、税收和购买公债。没有这种共同努力，要达到财政收支接近平衡，金融物价比较稳定，是不可能的。我们希望全国人民和全体军政公教职工，继续奋斗，克服困难，实现大家所希望的财政经济、金融物价状况的进一步好转。

应该说，这种希望并不是空想，只要全国人民与政府共同努力，是完全可能实现的。最主要的根据是，照现行计划，财政收支已经接近平衡，这是与去年根本不同之点。去年金融物价经过三次大波动，今年一二月也有相当的波动[74]，这是因为去年国家财政赤字占全部支出的三分之二。去年每次物价大波动之后，短时期中虽也有过金融物价比较稳定的状态，但那种稳定是暂时的，并不是因为财政赤字缩小了。相反地，由于军政费用逐月增加，使得财政赤字逐月增大，造成了金融物价的不稳定状态。去年的某些暂时性的稳定，或者由于解放地区的扩大使人民币流通地区随之扩大，或者由于若干种商品适逢上市季节而价格未升。因为那时短期的稳定是建立在上述的条件上面，不是建立在财政收支的平衡上面，继之而来的波动，就是不可避免的。目前则不同，收支接近平衡，财政赤字极小，为了调剂军民需要和市场价格而必须掌握的几种主要物资，政府已有必要的准备。如果今后每月还可能增发少许钞票的话，主要也不是为了填补财政预算上的赤字。这一点，是与去年根本不同的。

全国人民及工商界过去十二年是处在通货膨胀〔54〕的环境中，他们的生活及经营方法不能不适应这种环境。但是，必须看到，这种状况已经开始转变，并将进一步转变。当然，实现这种转变，也有一定的困难。因为经过十二年战争〔27〕之后，人民的购买力大大降低，有些工商业长期走着投机取巧的道路。因此，希望全国工商界看到这种转变，预作必要的准备，与政府共同努力，克服转变中的困难，争取更好的局面。那些依靠通货膨胀投机取巧的人，要改变过去的行为，转入正当的经营，以避免对国家和自己的不利。我们还希望全国人民忍受目前某种程度的困难，努力恢复和发展生产。总之，我们的经济情况正在由坏转好，困难只是暂时的。

整理收支，缩小赤字，仅仅是财经工作的一部分，还有许多重大问题亟待解决。已经做的工作，还有不少缺点。征收公粮中的畸轻畸重现象，应加改正；现行税则在执行中还须根据实际情况加以审查，其中不合适者应予修改；税款负担和公债推销，应该达到合理和适当的程度；一部分工作人员在征收工作中的不良作风必须整顿；对税务人员要进行整训，防止贪污偷漏；国营企业和私营企业之间的关系需要调整，使公私兼顾的原则在实际政策和具体办法上体现出来；私营企业中的劳资关系应该改进；公营工厂[12]的管理有待于改善；公私企业的生产和经营应减少盲目性，逐渐增加计划性；如此等等。中央人民政府成立以来的六个月中，政务院财经委员会[11]的工作重心是放在财政方面，达到了平衡收支、稳定物价的目的，这是完全必要的。今后数月的工作，除坚持财政工作方面一切正确的方针和政策，并克服工作中发生的缺点以外，将召开若干必要的会议，拟订若干必要的法令，把工作重心转到调整工商业[94]方面去，并做出成绩。

我要向此次政府委员会报告的第二个问题，是去年的灾情，今年的粮食准备工作和救灾工作。

去年，整个说来，我国的农业收成还不算坏，但灾情是严重的。之所以严重，从根本上说，是日本帝国主义进行侵略战争和美帝国主义所支持的国民党反动派进行反革命战争，对生产和水利长期破坏的结果。去年的灾害，除极小部分是旱灾外，都是水灾。华东的皖北、苏北、山东，华北的河北、平原[47]，这五个省区的不少地方受灾很重。华中、西南、东北、西北各省的个别地方，也有灾情。全国合计，受灾程度不同的农田一亿二千七百九十五万亩，灾民共约四千万人。其中集中的大块的重灾区，共二千八百余万亩，最需要救济的重灾民约有七百万人。中央人民政府和各级地方人民政府，自去冬以来，用各种方法救济灾民，帮助他们克服困难。现在的问题有两个：一是今年全国的粮食供应够不够，会不会发生大困难？

二是灾民能否度过当前的春荒？

在这里，我想把去年的灾情同一九三一年全国大水灾的情况作个比较。根据伪国民政府救济水灾委员会一九三二年的报告，一九三一年八个省的受灾农田共一亿五千七百八十七万亩，计：江苏四千一百七十八万亩，安徽三千二百八十二万亩，湖北一千七百二十八万亩，湖南一千零七十九万亩，河南二千九百三十二万亩，山东一千七百一十六万亩，江西五百四十七万亩，浙江三百二十五万亩。灾民共有五千二百七十一万人。这就是说，一九四九年的灾田比一九三一年约少三千万亩，灾民少一千二百余万人。

再来看看一九三一年那次水灾之后的粮食供应情况，并把它同今年中央人民政府在这方面的准备工作作个比较。一九三一年大水灾的次年，即一九三二年，粮食进口，加上东北进关粮食，共二百二十四万吨。这个数字应该作为去年水灾之后计算今年粮食供应的一种重要的参考材料。我们今年的粮食准备是：东北入关一百零三万吨，四川运出二十万吨，浙赣、粤汉两铁路沿途若干地区可运出约三十万吨。如有必要，东北进关粮食还可增加。同时，我们还准备在必要时，购进若干外国粮食。即拿前述三项计算，已经与一九三二年的救灾粮食数字相差不很远。如东北增加入关粮食，外粮进口又不受阻挠，则相差更少。这是粮食准备方面的比较。如果计算到去年灾田比一九三一年约少三千万亩，多收获粮食约三百多万吨，则今年粮食供应绝不会比一九三二年差。

应该估计到，十二年战争之后，全国农田产量降低了，民间粮食的存底也薄了。但又要估计到，由于十二年来的通货膨胀，城市人民为了减少货币贬值的损失，大多购存了一定数量的粮食。就粮食的消费说，因为长期战争造成的贫困，人民吃粮的数量是有弹性的，在粮贵的情况下，一般可以吃得粗一点，稀一点。

为了保证全国的民食，政府正在进行粮食调运。一方面，从交通不便但有余粮的地区，用各种方法运出相当数量的公粮到交通线上。同时，从去年收成较好历来又有余粮出境的省区，在不超过历年出境粮食的限度内，运出若干公粮接济灾区和大城市。

调运费用是很大的，平均计算，运费等于粮价，有些地方甚至超过粮价。运费虽大，但不少都被灾民和农村的剩余劳动力取得了。这样的调运，对全国有必要，对余粮区的农民也有利。如果余粮区的公粮不运到灾区和大城市，而就地与农民竞卖，则粮价将大跌，造成谷贱伤农的情况。另一方面，大城市如果粮食不足，必使工业品成本提高，其结果不仅大城市人民生活会发生困难，余粮区的农民也必然因粮食贱、工业品贵而受到损失。政府调运粮食的目的，是把偏僻地区的余粮调到可以机动的交通线上，既可以进，又可以退。只有这样的调度和部署，才能供应全国的粮食需要。

像上海、天津、广州这样的沿海大城市，曾经长期依赖进口粮食，今年则将以国内粮食来供应。许多人因为海口被封锁，担心大城市发生粮食恐慌。我们认为，除因内地交通十分不便而暂时又被封锁的个别海口城市，今年可能感到一时的粮食困难外，北京、天津、上海、广州、武汉、南京等大城市及各省城市，均将得到必需的粮食供应。今年单是国家的公粮，包括麦征之后的公粮在内，可以在市场上出售的数量，除东北外，就有九十亿斤，即四百五十万吨。全国大小城镇的人口不超过九千万，四百五十万吨粮食，即可供应三分之一左右的城镇人口的全年食用。国家以如此大量的粮食供应城市，这在中国历史上还是第一次。

关于救济灾民。东北的辽西、热河[95]两省灾田一千二百万亩，灾民二百六十万人，东北人民政府正在救济。今年中央人民政府以各种方法用于救济关内灾民的粮食数量如下：救济粮三亿四千零四十万斤，水利工赈粮[96]三亿四千五百六十四万斤，农贷粮九千四百八十万斤，合作投资粮[97]一亿二千万斤，灾民运输的运价粮二亿斤，收买灾民土布粮一亿二千六百三十五万斤，借给农民粗粮（待麦收后归还）一亿四千五百万斤，地方救济粮一亿六千万斤。以上八项，共计十五亿三千二百余万斤，即七十六万六千吨。如有必要，还可酌量增加。据《中国经济年鉴》所载伪国民政府救济水灾委员会的报告，一九三二年的救济粮三亿二千零四十万斤，工赈粮六亿斤，农贷种子等一亿斤，共计十亿二千零四十万斤，即五十一万零二百吨。根据同一材料，其中至少有三亿斤，即十五万吨，并未运到灾区。今年灾民比一九三二年少一千二百余万人，用于救济的粮食则多二十五万五千八百吨，并将全部运到灾区。国民党反动统治时期，在救灾方面还有贪污中饱，而人民政府是绝不允许的。

我们救济灾民，重点是组织灾民生产自救。政府的救济粮食是用在协助灾民进行各种生产上面，而不是只管发放不管生产的单纯救济办法。只要工作做得好，是完全可以协助灾民战胜春荒的。

灾民生活是很苦的，一般人民的生活也还很困难。这是帝国主义侵略和国民党反动统治的结果。正因为如此，全国人民决心在战胜日本帝国主义之后，迅速推翻国民党反动统治，建立人民自己的政府。人民解放战争的胜利，中央以及各级人民政府的成立，已为改造国家经济创立了前提。全国人民是懂得这一点的。全国人民正和政府站在一起，同心协力，消灭残敌，恢复经济，战胜困难。

帝国主义者正在幸灾乐祸，逃亡在海岛上的一小群反动分子也在梦想大陆上发生什么粮食危机。让他们去做梦吧！东北、华北及河南、山东（除胶东区），已经普降春雨，麦收有望。全国农民正在进入春耕。那些幸灾乐祸，幻想我们发生粮食危机的人们，是注定要失望的。与他们的预料相反，我们将不但能战胜灾荒，而且在我们面前出现的，将是多年未有过的粮价平稳的局面。

继续稳定金融物价*

（一九五〇年五月五日）

三四月份物价平定之后，货币流速大为降低，贸易回笼大为减少（三月只完成原计划的百分之四十，四月只完成百分之二十），银行存款则大为增加，计五万亿元[2]左右，其中私人存款占百分之二十。用这些存款收兑了相当数量的美元，并大部贷给贸易公司。三、四两个月金融活动的特点之一，是银行存款对财政贸易周转起了大作用。银行存款增多，这很可能是好现象，但由于我们对这一方面历来没有经验，不能不从坏的方面着想，预先防止可能发生的危险性。这种危险性在于，物价如有幅度较大的上涨，则存户立即提存。由于银行已将这些存款贷给贸易公司或收兑了美元，为了支付存户提款，就只能大量增加发行，以应急需。因存户提款增加发行，市场抢购物资，其结果，物价又可能发生更大的波动。对此危险，必须预筹对策，力争物价平稳。这不仅关联到大多数群众的利益，而且关联到中央人民政府的信誉。我们必须预先防止这种危险性的另一原因，是目前人民币阵地尚未有很大的扩展（虽然华北赶集农民已要人民币了），多数人对物价平稳尚未相信。经过

---

* 这是陈云同志起草的，以他和薄一波同志的名义发的一份财经简报。

十二年通货膨胀[54]之后，也决不能希望两三个月人心即变。为了预防危险，我们拟行下列办法：

一、掌握足够数量的纱布[5]。现在，纱布依然是我们物资中的弱点。公粮[25]是一两次就征起的，因此我们手内存粮多。纱布则全年虽够，但那是逐月纺织为成品的，应付门售后，余纱余布也是逐月积累的。如我纱布尚未积到较大数量而发生金融物价风潮，游资[80]又集中攻击纱布，则纱布防线有被冲破之险。因此决定对内对外适当增购棉花，扩大委托上海私营纱厂代纺的数量，力求在短时期内增加纱布实力。现中贸部[48]、纺织部手内共有四百万匹布，十一万件纱，价值一万四千多亿元，拟将成品增至二万亿至二万五千亿元。究竟能购多少棉花，增加多少代纺，待计算后通知华东、上海。如能实现，对国家，对上海私营纱厂的劳资双方，都是有利的。

二、扩大人民币的流通面积。目前货币流通市场虽在扩大，但事实证明流通面积仍是不大的。除国家银行库存以外，实际上市场周转的货币在四万亿元左右。四月份从财政和收购放出去的货币，又迅速转为国家银行的存款。这就证明，流通面积的扩大还很有限，人民币主要浮在若干大中城市。设法扩大货币流通面积，是预防金融物价发生风潮的办法之一。因此，请求新区各省党政领导同志，指导并协助国营贸易机构，在若干县内，各选择其重要市镇，利用已有的合作社，或找寻代理店，或设立国营商店，售货照贸易公司的统一牌价专收人民币。只要在许多市镇上有了按统一牌价专收人民币的合作社或商店，则扩大货币阵地和稳定物价，就能迅速而有保证。

三、吸收定期存款。现时定期存款只占全部存款额的七分之一。人民银行总行正在研究利息和其他方面的办法，以便多吸收两三个月及更长时间的定期存款。只要这种定期存款占了相当的比重，则金融物价波动的风潮即令到来时，定期存款者不能随时提取，就可减少一部分压力。因为今后金融物价波动的时间不会拖得太久，估计只要有一两个回合应付过去，风波即可平息。

四、如果金融物价风潮来势猛烈，单靠上述办法还有危险时，我们最后一着，就是把军政经费迟发半月二十天，同时限制一切机关、国营企业及合作社在银行存款的提取数量，把大部存款作短期冻结（那时公营企业〔12〕可以向职工请求迟发半月或二十天的工资）。这是一种力量最大的短期通货紧缩的方法。这一点非到危机时决不轻用。当采用时也要分别轻重缓急，而决不能千篇一律。这是一种预想的办法，照现状看来，最近一两月内，还不会有危机，因此也不必采取这一着。但请求中央和各地同志，在万一危机到来时，允许我们行此最后一着。

只要在税收方面纠正存在着的某些错误偏向，而又能逐渐制止贪污偷漏，继续保持财政收支接近平衡，加上上述各项办法能够实行，虽然我们还没有经验，必须继续兢兢业业地前进，但大体说来，危险是可能避免的。

我们估计了金融物价波动的危险，预筹了防备的办法，同时还必须注视在物价继续平衡之下可能产生的另一方面的情况，即物价猛跌。我们定于五月八日召开以大城市为主的工商局长会议〔98〕，稍后还要召集各省工商厅长会议，研究办法，调整公私关系。同时还在准备扩大国家对私营企业的加工和定购数量，并适当地放出货币，收购农产品和上海私商的纱布。依靠我们的收购，目前全国范围内的物价跌势，基本上已停止。但今年麦子如果丰收，麦价下跌将难避免。我们可以放出一部分粗粮、百货，换回麦子。也可少量收买一些麦子，不使麦价过低。估计麦子上市量大，收购力小，因此难于保持麦价不下降。如果国家大量增发钞票，收买麦子，虽然粮食方面的准备是充足的，但钞票大量增多的结果，游资对我们的进攻之点，很可能是纱布而不是粮食。增发钞票后，纱布的准备就相对减少，成为我们的弱点。我们应该密切注意这方面的情况。

扭转商品滞销*

（一九五〇年五月二十五日）

现在工商界主要的困难，是商品滞销，由此而引起工厂关门，商店歇业，失业增加。这种现象带有普遍性，不仅发生在上海、天津等大城市，而且遍及许多中小城市。

根据全国总工会的估计，今年三四月间全国新增加的失业职工约十万人，其中上海五万，武汉二万五，天津一万四。实际上不止此数。全国各大城市的失业人口约三十八万至四十万人。全国失业人口总数已达一百一十七万人（包括东北的十二万五千人）。

根据这次工商局长会议〔98〕统计，今年一至四月，在十四个城市中有二千九百四十五家工厂关门，在十六个城市中有九千三百四十七家商店歇业。困难的程度是：大城市重于小城市，上海重于其他城市，工业重于商业。工厂越大困难越重。从行业来说，以粮食、布匹等批发业及高级消费品行业最重。

商品滞销和生产过剩的原因很多，主要是十二年来通货膨胀〔54〕所造成的虚假购买力的迅速消失。也有其他原因，如

---

* 这是陈云同志在以上海、天津、武汉、广州、北京、重庆、西安七大城市为主的工商局长会议上所作总结的一部分。

人民购买力的降低，季节的影响，公债的发行等，但这些都是次要的。

另外，中国十二年来均处在战时的分割状态，为了适应军事上的需要，各自设立了许多工厂。如西北，由于胡宗南[99]几十万军队集中在那里，因而开了大量面粉厂。抗战时日本在沿海也建立了很多适合自己需要的工业。我们在解放区，如太行山也有四千锭子，在延安设有火柴厂。现在全国统一，分割状态已消除，便出现某些行业生产能力过剩。从消费来说，现在的生产品，无论在数量上和质量上都不完全适合于今天的社会需要。新旧政府的更迭反映到消费上也有很大变化。现在政府干部有二百四十万人，军队干部一百二十万人，共三百六十万人，他们的消费水平较之国民党时代的公务员低很多。上海市长陈毅每月能够自由支配的款仅合五十斤小米[58]，较之国民党上海市长吴国桢相差至巨。其次，中国的地主约一千多万人，估计其中过去消费大而现在降低的至少有二百万人。此外，城市小学、中学教员和大学教员约五十万人。搞投机倒把的约五十万人。以上合计，共六百六十万人。假定每人每月生活水平平均降低三百斤小米，则每月降低的总数为十九亿八千万斤小米，全年就是二百三十亿到二百四十亿斤小米。解放以前城市居民的实际购买力估计每年合一千四百亿斤小米，现降低到约一千一百多亿斤，下降了百分之二十。这种降低是事实，而且不可能一下子恢复，有些也不应该恢复。

目前的不正常的滞销状态一定会过去，原因是货物的囤积量并不多。社会上棉纱存量估计有五十万件，而社会需要量约为一百二十万至一百五十万件。估计今后一二年内，购买力会高于今年。农民购买力肯定会提高，究竟能高到多少，尚无具体材料，我们作了如下的估计：旧中国地主的土地约占百分之四十，假定农民以其收入的一半缴地租，又假定全国粮食总产量为二千四百亿斤，土改[85]后农民不再缴地租，扣除公粮[25]全归农民所有。根据这样的推算，全国农民增加的购买力，约合二百八十亿斤小米。如果加上选种、施肥、水利等方面的改良，农业增产，估计还可增加购买力合三百四十亿斤小米。这样，共可增加购买力六百二十亿斤小米，将比现在农民的购买力四百亿斤提高一倍半。不过，要做到这一点，还需要一定时间。

解决目前工商业困难的办法是：

一、重点维持生产。在华东，最重要的是纺织工业，拟采取国家拨给原料、私营工厂加工的方式。部分工业，如机器制造工业、橡胶工业及一部分造纸厂，拟采取国家对私营工厂订货的办法。现华东规定，私营工厂为国家加工棉纱的锭子共一百六十二万枚，上海占一百三十六万枚。机器订货约合九亿斤小米，范围包括公、私，地区远及西安、重庆等。机器的订货不是为今年之用，而是为维持生产。橡胶行业（如胶鞋等）的订货，将由中央贸易部[48]做出大体计算，然后由各地具体分配。

二、开导工业品的销路。分两方面：一是以收购农产品来增加农民购买力；二是政府给予优惠条件，组织目前暂时难于出口的工业品出口。

三、联合公私力量，组织资金周转。

四、帮助私营工厂改善经营管理。

五、重点举办失业救济。

上述办法，均须与稳定金融的政策相辅而行。现在政府挑的是“两筐鸡蛋”，不要碰破一头。金融稳定对工商界和绝大部分人民是有利的。

要用适当方法公告全国，工业生产哪些已过剩，哪些已达饱和点，避免再向这些方面盲目投资。

调整公私关系和整顿税收*

（一九五〇年六月六日）

首先讲调整公私关系。

这个问题，就是毛泽东同志讲的五种经济成分统筹兼顾[100]。也就是说，要按照《共同纲领》第二十六条[101]办事。这一条是我们全体干部都必须注意的。现在党外人士把这一条都背得很熟，但是我们党内的一些同志却把它忘记了。现在财经机关里，每个干部都发了一本《共同纲领》，不但要读熟，还要照着做。

五种经济成分是兼顾好，还是不兼顾好？当然是兼顾好。因为私营工厂可以帮助增加生产，私营商业可以帮助商品流通，同时可以帮助解决失业问题，对人民有好处。国家政权、骨干厂矿、铁路运输、金融贸易机关都掌握在我们手里，我们力量强大，资本家碰不起我们。当然“磨擦”[102]是很厉害的，尤其今年特别多。去年上海解放时，我们手里没有多少东西，只有两千万斤粮食。现在上海由国家掌握的粮食有多少呢？最

---

* 这是陈云同志在中国共产党第七届中央委员会第三次全体会议上发言的一部分。这次会议决定，陈云同志在任弼时同志因病休养期间参加中央书记处工作。一九五〇年十月，陈云同志正式担任中央书记处书记。

高的数目为十七亿斤，够一年半周转。现在不怕没有粮食了。棉花去年我们只有一万担，现在手里掌握的也多了。在这种情况下，我们更应该注意统筹兼顾，既照顾到我们这一边，也要照顾到他们那一边。否则资本家的企业就会垮台，职工失了业就会埋怨我们。我们要搞经济计划，如果只计划公营〔12〕，而不把许多私营的生产计划在里头，全国的经济计划也无法进行。只有在五种经济成分统筹兼顾、各得其所的办法下面，才可以大家夹着走，搞新民主主义，将来进到社会主义。但五种经济成分的地位有所不同，是在国营经济领导下的统筹兼顾。对于资本家，凡是妨害国计民生、投机操纵、偷税破坏等行为，都要反对，不能含糊，公开也这样讲。应该警告我们自己，要防止吃亏。他们总是要贪一点便宜，搞一点乱子的，因为我们现在还是外行，只好让他贪去。但是我们应该从中学会本领。如去年上海资本家听说要造船，就大批收买原料，结果公家吃了亏。他们只讲个人利益，开会提什么提案，都与他们的私利有关系。这一条要特别注意。

对待私营工厂的办法是什么呢？就是通过加工订货，有步骤地组织私营工厂的生产和销售。现在我们想一年分两次，把全国军队、政府等方面的订货单子集中起来，然后分配到各地。过去社会上的生产是无计划的，我们来一个有计划，能集中的东西统统集中，以便于组织订货。这是逐步消灭无政府状态的手段。通过这种办法，把他们夹到社会主义。这一件工作很麻烦，但是必须做。我们对公私工厂分配订货，要有一个适当的比例，大体照顾到公私双方。这是工业方面。

商业方面的公私关系包括：第一，价格政策。我们和私人商业关系搞好搞不好，能不能协调，很重要的一个方面，是价格政策问题。批发和零售的差价要适当，使私商有利可图。如果零售和批发价格一样，比如批发价是十万元〔2〕，零售价也是十万元，私人生意就没有办法做了。我们百货公司的主要任务是稳定市场物价，而不是回笼货币。第二，农产品和农业副产品的收购要有分工。都由我们收行不行？不行。这样会拖长收购时间，仓库也没有那么多。同时，农村是很分散的，我们的国家又这样大，生产方式是零零碎碎的小生产，东西是在一家一户的，城乡的物资交流都靠我们的贸易公司不行，这样做会害了农民。（毛泽东同志插话：也害了共产党，害了人民政府。）农民要求农产品的价格高一点，这一条很难。卖价必须照顾到消费者的接受能力。如广东的香蕉很好，但太贵人家就不买，就会烂掉。此外，还必须照顾到商人有利可图。只要做到这两条，就有了销路。许多农业副产品是很花费劳动的。农民用毛驴子运输，如果算运费，就不得了。农民自己养牲畜，不搞副业也得喂，自己运东西，可以多得一部分收入，就能得到便宜。第三，进口什么东西，要严加管制；出口的东西要放宽尺度，凡是能够出去的东西，不管鸡毛蒜皮都可以出。这样我们就主动了。

国家银行要领导私人银行和钱庄。私人银行吸收的存款很少，我们要想办法把它利用起来，使其能够转动。黄金和白洋〔18〕，现在是处于相当的冻结中，要加以使用。什么时候使用，这要看人民币稳定的程度。我看今年大概还不行，要等力量大的时候，再有步骤地收美钞、黄金和白洋。先收美钞，再收黄金，最后才是白洋。黄金的数目不会太少，据说社会上有五百万两，就算一百五十万两，也可折合一亿多美元。今年我们如果又收美钞，又收黄金，又收白洋，没有这个力量。

其次，讲税收以及粮食、公债等问题。

这些方面工作中的毛病很多。（毛泽东同志插话：第一条是功劳很大。）从各级财经领导机关的同志来说，毛病在什么地方呢？一个是政治不强，一个是业务不通。过去在税收工作中，对税率的大小是否超过人民的负担能力，也就是说轻重是否适度，没有过细考虑。大宗的货物，如纱布〔5〕、烟草等要收税，鸡毛蒜皮就不一定要收，由于没有注意这一点，就闹出了鸡蛋要贴印花税票的笑话。收税要有税率和税目，税率发表了，但税目没有发表。收税时，人家问这个东西收不收税，那个东西收不收税，下边同志没有把握回答，去看条例，条例上写的是什么什么"等均属之"，所以只好这个也收，那个也收。收税不但要有税率和税目，还要有细则和办法。可是我们连计税和征税的办法都没有，只是喊"要收税啊"，完全是外行办事。

财经干部经常注意政治是必要的。做财经工作的人，一天脑子里就是数目字，经常转财经工作本身的问题，其他方面考虑的就很少。要经常在政治上提醒他们，如果没有群众观点，没有政治观点，就很容易出毛病。

毛泽东同志提出，今年夏征要减少，秋征也要减少一点。至于税率，我看在三五年内，一般的不提高，一部分还可能略为降低一点。这样的方针是对的，是应该采取的。因为中国经过了十二年的战争〔27〕，人民很苦，这是第一。第二，照老规矩，开国的时候，对老百姓总应该好一点。（笑声）我们现在是开特别的国，这一个国不同于大清帝国，也不同于北洋军阀〔103〕、蒋介石那个国，对人民当然更应该好一些。第三，在全国进行经济调整，要解决很多问题，如工人失业、商店关门等。调整就需要时间，因此在几年内，一部分商品的税率可以减低一些。估计明年的税收额，不会比今年少，因为生产恢复了，收税面宽了，又减少了偷漏。生产逐步恢复，岁入就可慢慢增长。中国这样的农业国家，在政治上和经济上有几年的稳定，大家必定好好生产，国家收入肯定会增加。

但是，在目前的财政收支情况下，有两点是不可避免的。第一，要大量裁减国家机构的经费。现在军费占百分之四十多，政费占百分之二十三。百分之十的预备费，大部分也是用在军政费上的。这三项合计达到四分之三左右。第二，今后几年的工业投资规模，不能希望太大，因为无法支出那么多钱。将来收入增多了，机构也减少了，才能多投资。现在工业投资只能有重点地进行。

公粮〔25〕今年度计划是二百五十亿斤，实收二百二十亿斤。明年度大体上只能收二百亿斤。因为今年年景不好，压得厉害了，群众会不满意。我们在农村要实行单一的定额农业税，棉花、黄豆、小米等合起来按年计算税额，增产不再增税〔104〕。养鸡、养羊，卖几个鸡蛋，都不收税。这样就可以鼓励农民从事多种生产。

最复杂的是工商税〔70〕。其中，营业税是征百分之一到百分之三，所得税是征百分之五到百分之三十。另外，交易税〔105〕是征百分之一点五到百分之六。昨天印度大使问我，你们的税率最高是多少？我说是百分之三十。他说他们的最高税率是百分之八十。我们的税收工作手册，请同志们放在口袋里，因为人家要问你哪一条怎样讲的。当然这个东西还要修改、调整、补充。困难最多最麻烦的是营业税，这种税带间接税的性质，帐是很难算的。收税一定要按照税率办事，税额要符合于税率。现在我们的任务巨大，税收也要有一定的计划。过去是无计划，像大海里边捞针。根据税率收税，哪里能收多少，大体的数目字要不要呢？也是要的。但必须估计出两点：一是营业额，二是目前的平均利润。这就需要调查研究，使估计有根据。税目不宜太多，手续不宜太繁。税目多、手续繁，有一种危险，就是抓住小的放了大的。在税工人员中，也要整风，纠正偏向。现在新人员很多，占百分之九十到九十五。贪污的人是有的，但是比例不大。原因就是现在吃穿难，穿上政府的衣服，挂上那么个牌牌，名誉、前途是要紧的，如果贪污被赶走，就不能在政府里边工作了。在整风中首先要向他们说明：你们收税是对的，是有功劳的，但错误一定要改正。总之，要提高他们的工作责任心。

今年发了一万万分〔56〕公债，对回笼货币、稳定物价，起了很好的作用。但是，这一次搞得太多了，如果分几次搞，可能好一点。一下发这么多，而且和税收等挤在一起，这种办法不妥。根据现在的通货情况，这样集中的大量的回笼货币也不适宜。对于尾欠，能交者就收，不能交者就停。二期公债，今年不发。

中国是个农业国，工业化的投资不能不从农业上打主意。搞工业要投资，必须拿出一批资金来，不从农业打主意，这批资金转不过来。但是，也决不能不照顾农业，把占国民经济将近百分之九十的农业放下来不管，专门去搞工业。

将来是粮食出口，还是棉花出口？这要看国际市场需要什么。如果不需要粮食，粮食出不了口，棉花能出口，那末华北地区就多种棉花，其他地区多种粮食。这也要统筹兼顾，好好计算一下。否则不摸底，种了棉花就卖不了。搞经济工作，一定要多方考虑，统筹兼顾。现在我们是在粮食、棉花上打算盘。中国从大清帝国开始，就从外国买棉花、粮食、石油，现在我们如果还把外汇都用来买这些东西，哪里有钱买机器搞工业建设？所以，要先解决棉花、粮食的问题。

在目前情况下，只能有重点地进行工业投资，先解决石油的问题，将来还要解决发电的问题，铁路的问题，等等。搞工业要有战略眼光。选择地点要注意资源条件，摆在什么地方，不能不慎重。搞工业也不可能今年搞今年的，明年搞明年的，或者是今年搞工业，明年把工业停下来去搞农业。东北跟关内有很大不同。东北工厂有了，机器有了，工人有了，再加上资金，生产就恢复了。关内就不是这样，开一个工厂需要相当时间，一般说，从开始订机器到安装好机器，没有三年五年的时间是不行的。如果希望一年就办好，那能办一个什么样的工厂呢？像延安挖个窑洞还差不多。搞工业要求当年投资，当年见效，一般是不可能的。经济建设要今年就做明年的准备工作，今年投资数量多少，明年投资数量多少，要有个计划，同时还要照顾到将来的投资计划。现在正在召开各种会议，讨论这件事。但是，中国的统计数字很缺乏，去年十二月编造概算的时候就讲，只能估一估。除此以外，有什么办法？今后编预算，可能会比较确实些。

目前经济形势和调整工商业、调整税收的措施*

（一九五〇年六月十五日）

自从中央人民政府成立到现在，时间过了八个月。在这个时期中，政务院[55]和财政经济委员会[11]在财政经济方面做了一些工作。其中，有几项是有关整个国家和广大人民的。这就是：统一国家财政经济工作的管理和领导[106]；征收公粮[25]、税款，发行公债，以平衡国家财政收支、稳定通货和物价；接管、建立和着手恢复各项国营工商企业和金融业；投资运输事业、水利事业、农业和若干工业；调整公私关系和劳资关系；调运粮食供应大城市需要；拨出粮款救济灾民和失业工人，等等。这些工作，有些有了显著的成绩，有些才开始看见成绩。各项工作成绩，都是有赖于全国广大人民群众、各级政府工作人员和各界民主人士的支持、协助和努力工作，方才取得的。各项工作中都有缺点，有些则犯了若干错误，大都由于不明情况和缺乏经验而来，正在加以改进。今后任务是坚持和发

* 这是陈云同志在中国人民政治协商会议第一届全国委员会第二次会议上关于经济形势、调整工商业和调整税收诸问题的报告，原载一九五〇年六月十九日《人民日报》。

扬已经取得的胜利和成绩，巩固这些胜利和成绩，总结经验，分析情况，教育干部，谨慎从事，努力以赴，逐步实现《共同纲领》[101]上所规定的各项财经任务，以副全国人民的期望，为争取整个财政经济状况的根本好转而斗争。现在我要向政协全国委员会第二次会议报告的，是关于目前经济战线上的一般形势、关于调整工商业和关于调整税收这三个问题，因为这些问题是大家所关心的。

关于目前经济战线上的一般形势

我们国家的经济，目前正处在一个重大的历史转折点。这就是在全国范围内改造半殖民地半封建经济而为独立自主的新民主主义经济的历史转折点，由落后到进步的历史转折点，由坏情况到好情况的历史转折点。

帝国主义和国民党反动派的统治所造成的长期的通货膨胀和商业投机，这是落后的，是坏情况。不改变这种坏情况，我们就不可能稳定经济和市场秩序，并使社会的生产和流通沿着正当的轨道前进。这是我们在全国范围内建立新民主主义的经济秩序和改造国民经济的一个非常重要的开端。现在可以说，我们在这个问题上开始取得了胜利。当然，我们丝毫不能自满，因为我们的伟大事业还在将来，我们在经济战线上的任务是很多、很重大的。帝国主义和国民党反动派的统治留给人民的许多灾难，还待我们一步一步地消除，战争的创伤还待我们去医治，人民生活还有很多的困难。而且，我们在经济工作方面还缺乏经验，只能在工作中逐步积累。但是，应该承认：

我们已经取得了一批胜利，即财经工作业已实行统一，财政收支业已接近平衡，通货和物价业已趋于稳定。这些工作无疑是做得对的，是我们国家经济状况开始好转的表现。最广大的人民已经看到并开始得到通货稳定和物价稳定的利益。不少有远见的爱国的民族资本家，也已经开始领会到这种稳定对于他们将来的营业是会有好处的。

目前工商业界发生了许多困难，这是由于以下几种情况而来的。第一是通货和物价的稳定，暴露了同时又停止了过去社会上的虚假购买力。这就是说，人们在过去十余年的通货膨胀[54]时期，为了避免钞票跌价的损失，不愿存放钞票，宁愿竞购和囤积并不是为了消费的货物。现在这种情况已经起了变化，他们不但不再囤积货物，而且将过去囤积的货物吐到市场上来。这样就使市场上若干物资一时供过于求，生意不好，许多工商业者发生困难。这种情况是暂时的，原来囤积的货物一经销完，供求关系即将走向正常状态。第二是过去适合于半殖民地半封建经济发展起来的若干工商业，由于帝国主义的统治以及封建主义和官僚资本主义在中国的消灭，许多货物失去市场，另有许多货品也不合人民需求的规格。这种情况引起了一部分工商业的倒闭，从而发生一部分工人失业的现象，需要救济及转业。第三是许多私营企业机构臃肿，企业经营方法不合理，成本高，利润少，甚至还要亏本。这也引起许多工商业发生缩小营业，甚或停工歇店的现象。必须重新调整，才有出路。第四是经济中的盲目性，同一行业内部盲目竞争，地方与地方之间供求不协调，这也引起许多企业减产、停工和倒闭。至于因为长期战争，人民购买力大为降低，使得工商业不景气，则是人人共知的现象。

所有这些，都是历史遗留给我们的。这些问题现在之所以突出，是因为长期间存在的半殖民地半封建的经济情况现在发生了根本的变化。变化虽然有痛苦，但这种变化的性质，却并不是坏的，它将走向新生，走向重建，走向繁荣，走向健全的新民主主义经济的建立。这种变化是伟大的人民革命的结果。革命推翻了帝国主义、封建主义、官僚资本主义的统治，破坏了这个反动统治的经济秩序。正如毛主席所说："整个旧的社会经济结构在各种不同的程度上正在重新改组"〔107〕。这就是现在所发生的变化。这个变化在暂时说来确是一种痛苦，一种困难，但这是走向新生，走向重建，走向繁荣过程中的痛苦和困难。整个地说来，它是带暂时性的。毛主席分析了老解放区和新解放区两种情况，指出上述的痛苦和困难，现在只是新解放区的现象；在老解放区，则这种痛苦和困难的问题或者已经解决，或者接近于解决了。毛主席举出解决这种痛苦和困难的三个条件，即：（一）土地改革〔85〕的完成；（二）现有工商业的合理调整；（三）国家机构所需经费的大量节减〔108〕。这些条件，用三年左右的时间是可以在全国范围内争取实现的。在经济问题上的一切悲观论点都是毫无根据的。这就是我们对中国目前经济战线上的一般形势的简单分析。

关于调整工商业

在调整工商业这个题目中，问题很多。它包括调整公营〔12〕与私营之间的关系问题，调整公营与公营之间的关系问题，调整私营与私营之间的关系问题；还包括调整工业与商业之间的关系问题，调整金融业与工商业之间的关系问题，调整城乡之间的关系问题，调整国内各区域之间的关系问题，调整各企业内部关系问题，调整出入口关系问题，等等。在这里，我主要地说人民政府对于调整公私关系这个问题上的一些政策和办法。

人民政府是保护民族工商业的，这点大家早已知道。《共同纲领》承认了有益于国计民生而不是操纵国计民生的私人资本主义经济的存在和发展。在工业落后的中国，在一个时期内，民族资本家发展工业，向工业投资，是带进步性的，是对国家和人民都有利的。虽然中国商业资本在大城市中过于膨胀，但是，中国是散漫的小生产占优势的大国，私商的存在是不可免的。为着发展商品的交流，国家允许私人资本经营商业，这也是对于国家和人民都有利的。人民政府保护一切有利于国计民生的资本家的利益，但同时反对一切有害于国计民生而从事投机捣乱的人们的行为。国营经济是一切社会经济成分的领导力量。以上这些，是我们今天进行调整公私经济关系的诸项工作的基本出发点。

关于人民政府对公私经济关系的基本政策，《共同纲领》第二十六条写得很明白，很妥切。即："国家应在经营范围、原料供给、销售市场、劳动条件、技术设备、财政政策、金融政策等方面，调剂国营经济、合作社经济、农民和手工业者的个体经济、私人资本主义经济和国家资本主义经济。使各种社会经济成分在国营经济领导之下，分工合作，各得其所，以促进整个社会经济的发展。"由此可见，所谓公私关系是包括五种社会经济成分之间的关系而言的。今天我不准备详细说明这些关系的一切问题，只说明现在必须而且可能解决的一些问题。

我们认为，为使公私关系取得一定的协调，减轻目前在我国经济的历史转折点所发生的困难，人民政府应该采取如下的各项措施。

（甲）在工业方面

一、只要有可能，即由政府和国营企业委托私营工厂加工及向私营工厂订货。政务院财政经济委员会将统一组织各国营企业和机关部队所需要的加工订货的订单，希望做到一年分两次把这些订单分配给公私工厂，订立合同，以便公私工厂能够有计划地组织生产。

二、政府收购一部分农产品，并给目前还难出口但是可能争取出口的工业品以便利条件，借以扩大工业品在国内外的市场。

三、联合公私力量，组织工业资金的周转。

四、号召私营企业改善经营方法，改善劳资关系，共同克服企业中的困难。

五、为了调整公私企业的关系，政府准备有步骤地把国营企业以外各机关、各部队、各团体分散经营的生产事业统一起来，并加以调整，使之与私人企业、手工业和农民副业相协调而不相冲突。

六、随时公告全国，哪些产业部门的生产暂时已经过剩，或已达饱和点，使人们知所趋避，减少盲目从事的弊害。

七、有重点地举办失业救济，尽量把失业者组织起来参加国家公共工程，例如兴修水利、修建市政工程等。

（乙）在商业方面

一、《共同纲领》第三十七条规定：“国营贸易机关应负调剂供求、稳定物价和扶助人民合作事业的责任。”这里要求政府依照经济情况，随时规定一个适当的价格政策，即是要把批发价与零售价、地区与地区间的差价，保持一种适当距离。这种距离的限度，要使零售商人和远地商人有适当的利益可图，促使商业畅通，便利于恢复和发展生产。

二、国营贸易机关所设的零售店和百货公司，其数量以能够稳定零售市场价格、制止投机商人扰乱市场为限度。零售店只卖粮食、煤炭、纱布[5]、食油、食盐、石油六种人民日用必需品。国营批发公司的责任在于回笼货币，稳定批发价格。

三、农产品有无销路和销得快慢，是一件有关民生的大事。目前国营贸易机关的收购范围，还只能是主要农产品、外销物资及主要农业副产品的一部分。其余部分，必须鼓励合作社和私商收购。

四、必须维持农产品的适当价格，保护农民正当的生产利益，但又必须照顾销路和运销利润，以使农产品畅销，方于农民有利。

五、为了加速城乡物资交流，使农民与城市人民都受其益，地方人民政府对于私商的运销手续及运输条件，应给以充分的便利，并在税收政策和税收手续上给以适当的照顾。

（丙）在金融业方面

目前可以说的是这样一点，即国家银行继续赞助公私行庄联合贷款，并在现有基础上逐步扩大其业务。

（丁）在工商界组织方面

为了调整公私企业关系，随时协商有关问题，公营和私营工商业以合组同业公会〔109〕和工商业联合会〔110〕为适宜。

上述各方面措施，有些已开始实行，有些正准备实行。其中，关于工业方面的第一个措施，即由政府和国营企业委托私营工厂加工及向私营工厂订货，不论是对于整个国民经济或对于私营工业来说，都是比较重要的。关于此项措施，我们认为应该采取以下两项办法。

第一，委托私营工厂加工或向私营工厂订货时，加工费或货价的成本计算，不应该依照各个工厂生产技术的高低来计算，而应该依照同一地区一般工厂在合理经营条件之下的中等标准来计算。这种加工费或货价的标准，同样适用于公营工厂。对于某些产品的加工或订货，如果政府和国营企业方面并非为了自己的需要，只是为了维持私营工厂的生产不使停顿，在这种情况下，为了减轻政府和国营企业的负担，私营工厂的加工费和货价的计算，应该低于一般正常的加工费和货价。但是，所有加工订货的价格和交货条件，均需双方同意，成交与否，悉听自愿。

第二，为使加工订货的订单适当分配于各公私工厂，凡属政府和各国营企业的加工订货单，均需经过当地人民政府工商局的经管分配，并需由当地的工商联、总工会、同业公会、产业工会协助进行，保证履行合同，按时、按量、按质实行货款两清。

我们相信，上述各方面的措施如能顺利执行，对于全国工商业渡过目前的困难，是能有所帮助的。

此外，有些人提议由政府制订投资条例或公司法，我们认为有此必要，现正在起草中。

关于调整公私经济关系的问题，现在我要说的就是这些。

关于调整税收

从今年三月统一全国财经工作以来，国家财政出现了收支接近平衡的新局面。由于三、四、五这三个月的财政收支接近平衡，财政赤字不大，增发的钞票很少，也就取得了金融物价的稳定。但是，我们的工作也出现了一些偏差。在征收农业税、征收工商业税[70]和发行公债等项工作方面，都出现了一些偏差，发生了一些毛病。人民对于这些偏差和毛病，已经表示了他们的不满意。我们必须改正这些偏差和毛病，例如征收公粮的工作，在地区上和在负担面上有畸轻畸重的现象，负担面太窄，使得一部分人负担过重。城市税收方面，同样有畸轻畸重的情况，也有逃税漏税的情况。税目太多，有的重复，有的不明确。计税方法和估价不统一，许多手续繁杂。这些偏差，主要应由上面负责，即应由财经主管机关负责，而不应责备税务工作人员。

人民政府的税务人员一般地是尽了职的，他们受命要把应征税额全部征起以保证国家财政的需要，没有他们的努力，是不能完成这个艰巨任务的。这不应该叫他们为“贪功”，而应该说他们是尽职。但是偏差是存在的。由老区派往新区去的干部，人地生疏，一时不甚了解情况，经验又感不足，有些人作风生硬。原在旧政府工作由我们留用下来的人员占了税务人员的大多数，他们中许多人是好的，是尽职的，但有些人则还是沿袭过去的不良作风，同时也发现了少数贪污腐化分子。所有这些不良现象，主要地是由于我们对他们教育不足而来。一经实施充分的教育工作，整顿作风，这些不良现象便可以消除。

根据过去时期的工作，我们已取得了相当丰富的经验，有把握使我们的税收工作做好。为使我们的税收工作完全符合于《共同纲领》关于税收政策的规定，即“国家的税收政策，应以保障革命战争的供给、照顾生产的恢复和发展及国家建设的需要为原则，简化税制，实行合理负担”，人民政府应该有步骤地采取以下各项措施。

（甲）在农业税方面

一、只向主要农产品征税，凡有碍发展农业、农村副业和牲畜的杂税，概不征收。

二、为着照顾目前农村经济的情况，鼓励农民的生产积极性，适当地减轻农业税。并按照规定的标准征收，不许提高，也不许降低。

三、农业税应以通常产量为固定标准。对于农民群众由努力耕作而超过通常产量的部分不应加税，借以鼓励农民的生产积极性。

四、农村中的交易税〔105〕，应该规定一个恰当的起征点，只是对于比较大量的货物交易才征税，对于农民很小数量的交易则不应征税。

（乙）在工商税方面

一、继续执行工轻于商和日用必需品轻于奢侈品的征税政策。

二、征收不得超过应征的税率。

三、简化税目。准备减少的税目有二百余种，简化合并的有二百余种（例如各种棉织品统一于棉纱作一次征税，各种毛织品统一于毛纱作一次征税），两项共减去五百余种。

四、减轻盐税，以便利广大的消费者。

五、统一计税方法和估价方法，并按照实际情况作统一的解释。

六、根据各地工商业发展及会计制度的差别状况，工商税分为三种方法依照税率征收。即：（一）工商企业有健全的会计制度可作为征收确据的，采用自报实征、配合查帐的办法征税；（二）不合前项标准的，采用民主评议，但仍须根据税率去征税；（三）小工商业及小城镇，用查帐和民主评议两项办法都有困难的，采用定期定额的征税办法。

七、各大城市设立税务复议委员会，由税务局、工商局、工商业联合会三方面派员组成，复议有关税额及处罚事项。

（丙）在税务工作人员方面

为使税务工作人员具有必需的政策头脑，必需的税收知识和良好的工作作风，全体一致地做到严守政策，与人民合作而不要引起人民不满，不要有官僚主义和命令主义，堵塞偷漏，廉洁奉公，人民政府要加强对于税务人员的教育工作，并在今年的夏、秋、冬三季确实收到成效。

以上是我对于经济形势、调整工商业、调整税收这三项问题的意见，是否有当，请予审议。

最近三个月来，中央劳动部召集了一次各省、市的劳动局长会议，政务院财经委员会召集了一次各大城市的工商局长会议[98]，中央财政部召集了一次各大城市的税务局长会议，详尽地讨论了有关劳资关系、调整工商业和调整税收诸问题。这三次会议均有私人工商业代表参加。我现在报告的，大都是这些会议的共同意见和结论。

我们国家和人民目前还有许多困难。为了顺利地完成经济和财政方面的任务，我们希望全国军政公教职工，人人负责，厉行节约，节省一切可能节省的开支；妥善地整理军政机构的编制，一切受命调动工作地区的军政公教职工，踊跃赴调，减少国家在人力和资金上的浪费；彻底清理仓库；全力整理国营企业的经营，完成上缴国库的任务。同时，希望全国工商界，遵照税章踊跃纳税，消灭逃漏。希望各地工会、工商业联合会和同业公会及全体职工协助税务人员完成国家征税任务。我们的目的，是要达到恢复和发展人民经济，同时又要减少和消灭国家的财政赤字。我们相信，只要政府与人民共同努力，这个目的是可以达到的，我们的国家是有无限前途的。

抗美援朝[111]开始后财经工作的方针*

（一九五〇年十一月十五日、二十七日）

一

现在放在财政会议面前的有三个问题：第一，明年的财经工作方针；第二，明年度的财政概算；第三，财经工作中的若干具体问题，如纱布[5]的供销，农产品及土产的收购，工农业产品价格剪刀差的调整，财政制度和财经纪律的建立，以及贸易工作计划的制定，等等。

今天只讲第一个问题，即明年财经工作的方针。这个问题的性质，是属于财经工作中的政治，需要首先弄清楚。现在分下面几点来说明。

* 本文第一部分是陈云同志在第二次全国财政会议上的报告；第二部分是他在这次会议结束时的讲话。

明年财经工作的方针应该放在什么基础上

现在美帝侵朝战争扩大，估计时局的发展可能有三种不同的情况：(一)邻境战争，国内平安；(二)邻境战争，国内被炸；(三)邻境战争，敌人在我海口登陆，全国卷入战争。我们的对策，暂以第二种局势为基点。虽然炸有先后，有大小，其基本情况是一样的。如果时局只变到第一种情况，则我可应付裕如；如果时局变到第三种情况，则财经对策需要另行讨论。但目前先把基点放在第二种局势上，对将来另制第三种局势的对策，也不矛盾。简单地说，就是把明年的财经工作方针放在抗美援朝战争的基础之上，与今年放在和平的恢复经济的基础上完全不同，表现在财政上就是要增加军费及与军事有关的支出，同时各种收入也必然要减少。这就是应付第二种局势对策的主要点。

财政工作的部署应该分别先后

战争第一，这是无疑问的。一切服从战争，一切为了战争的胜利。没有战争的胜利，其他就无从说起。现在争执之点，在于何者是第二，何者是第三。这种争执，在过去各个时期未曾发生过，也不会发生。我以为第二应该是维持市场，求得金融物价不要大乱；第三才是其他各种带投资性的经济和文化的支出。

为什么要把市场列在第二，而且宁可削减经济和文化的支出以就市场呢？从政治上、经济上来说，我们现在已非过去的时代，既非延安、太行山、阜平时代，也非哈尔滨、张家口时代[112]。延安时代我们绝大部分是在农村中，只占有一部分小城市，财政来源主要是依靠公粮[25]，支出主要是军队及供给制[113]干部的生活。当时的经济，主要是分散的小农业和小手工业经济，大部分系自给自足，所以市场物价问题对生产和人民生活影响不大。即使城市物价波动，对农村也无大关系。在哈尔滨时代，虽占有大城市了，但当时还谈不上恢复经济，全部财政收入，支持战争还不足，也就无力支持市场，稳定物价。而且，城市工资劳动者数目不多，市场物价不稳，关系并不很大。在财政支出中最多能保证铁路通车，维持交通，还无法做其他的事。现在不同了，我们已占有全国大、中、小城市，全国交通已经恢复，财经已经基本上统一，而且城市经济已有了一些基础。半年来物价稳定，在政治上、经济上都起了好的作用。因此，凡是对于市场物价稳定有影响的，我们应该慎重地来考虑。

其次，我们的经济还无巩固的基础，还很脆弱，物资储存也很少。如果敌机来轰炸，可以随时引起物价风潮。我们手中无物资，平抑不了涨风，政治上很不利，而且会影响军事。这个弱点，如果被敌人看到、抓住，就会用此法欺侮我们。物价波动以后，税收便要减少，公营企业[12]收入也要降低，逼着财政增加发行。发行一千亿元[2]抵不上一亿斤小米[58]，结果还要不断追加。去年的物价波动[74]，使城市居民受到损失，城乡交流受到阻碍，财政、金融、贸易的周转失去正常，为害很大。今年三月，统一财政，收支接近平衡，金融稳定，工商业得到调整，加以秋后农业丰收，农民购买力提高，到今年九十月，各城市都热闹起来，工商业开始活跃，税收增加，一个钱顶一个钱用，市场物价稳定，工人不需要救济了，工商业家又喊“毛主席万岁”了。这说明，广大人民，大多数的工商业者，愿意市场物价稳定下来。从今年初财经统一〔106〕到调整工商业〔94〕，由调整到现在的初步好转，证明了在一个统一的国家之内，力争市场物价稳定，非常重要。这是财政问题，也是经济问题。我们所用的方法是求得收支平衡，削减以至消灭赤字，而不是用多发钞票弥补赤字。这样，才能真正实现市场物价的稳定。

在战争中是否能够保持市场物价平稳呢？我们还没有把握。因为即使财政上求得平衡，金融稳定了，而物资的供应发生问题，运输发生问题，市场物价还要波动。这是生产与需要之间的矛盾，时间迟早之间的矛盾，在战争时期是很容易发生的。但是，财政金融平稳了，市场物价的平稳便有了基础。如果金融和物资都发生问题，物价波动程度将更大，更难以控制。所以我们应该尽力避免物价波动中的金融因素，也就是力求在财政概算上，尽量多收，尽量少用，使其没有赤字。如果赤字削减不了，也只能是因为军事上的紧急需要。除了万不得已的情况，不应该允许有赤字。没有钱可以不办，可以缓办。在财政收支不平衡时，虽然可以向外借款，但数量少而且困难。发行公债，根据上半年经验，也搞不了多少，而且工商业家意见很大。因此，只有靠发行钞票。在战争中大量发钞票是很危险的事，其后果在物价上立刻可见。因此，我们这种对支出用“削萝卜”的办法，对收入用“挤牛奶”的办法，在财政和经济上都会有利。

带投资性的支出列在第三，就是说，要在照顾第一、第二之后，剩有多少钱，便办多少事。总之，以没有赤字为原则。如果为了战争，为了军事，维持不了市场物价稳定怎么办？那也无办法，因为战争是第一。做了第一才可以做第二，做了第一和第二才可以做第三，而不是想做什么就做什么。

财政上的各项支出，必须分清主次，不能面面俱到。如果面面俱到，便会一事无成。我们要集中力量，把财力使用在主要方面，解决主要问题，这和作战是一样的道理。今年二月财政会议〔64〕时提出的财政预算，赤字很大，以后决心缩减，困难克服了，也没有饿死人。最近决定冻结国营企业存款，大家决心去做，困难虽多，结果也做到了。现在我们国家的经济还很困难，干了二十多年革命，还要苦一段时间。农民的负担，不但不能减少，还要增加一点。这都是不得已的办法。

在这里还要重复说明一下，什么叫战争第一。过去在地方系统中做党的工作，做政府工作，主要是在做战争后勤工作。党委书记实际上是后勤部长。说高级干部没有战争第一的观点，这不合事实。现在所以要强调这一点，是因为有些同志可能注意得还不够。战争第一的观点表现在财政上，即是在预算上要尽可能满足战争的需要。但另一方面，从军事系统做后勤工作的同志来说，战争第一，不能采取有多少用多少的“包用”办法。如何用，用多用少，用迟用早，要详加审核，而不是“报销”完事。因此，一方面要做到战争第一，另一方面要做到有计划有步骤地使用，才能满足军事上的要求。

在财政上，经常存在着要多和要少、要早和要迟的矛盾，这是正常的现象。这是局部与全局的矛盾。最后的决定,要求局部必须服从全体。

削减经济建设和文化建设的投资

经济建设的投资,要规定这样一条原则:对直接与战争有关的军工投资,对财政收入直接有帮助的投资,对稳定市场有密切关系的投资,这三者应该予以满足。除此以外,应加以削减和收缩。

来日方长,经济建设推迟一下是可以的,也是不得已的。因为战争不由我们决定,美帝国主义不许我们建设,不是我们自己愿意如此。在任何一个国家的财政方针上,都不可能又战争又建设,不可能两者并列,两头兼顾。有些建设可以发展,应该发展,如军工,那是直接为了战争。等战争结束以后,才能集中力量搞经济建设。我们现在可以做各种准备工作,如资源调查、干部训练等等。是否有人不乐意呢?有的,但不能搞“情绪投资”,即以国家投资去照顾某些人的情绪,这是完全违背我们经济建设的目的的。

文教卫生、公用事业以及军政经常费用,也应大大减缩。在建设投资中,对投资数要有一个明确的概念。所谓投资一亿斤小米是表示什么呢?一亿斤小米即是七万两黄金,或五百万块光洋[18]。所谓一亿元人民币是表示什么呢?一亿元人民币折合抗战前五千块光洋,或七十两黄金。过去农民过年,梦想“黄金万两”,也不过是一千四百万斤小米。

增加财政收入

平衡收支要从各方面想办法。要向地方上打点主意。明年要求地方收入上解一部分，如地方公粮附加〔71〕及地方企业收入，要缴中央一部分。另外，这次扩大地方武装的开支，也要由各地自行解决。还要向农民求援。我们现在的统一战线有四大阶级：工人阶级，农民阶级，小资产阶级，民族资产阶级。工人现在还穷，文化人现在也不能再紧裤带，民族资产阶级今年上半年买了二十亿斤小米的公债，油水也不大了。农民人数最多，在土改〔85〕后或减租后，已得了好处，虽然他们的生活水平还低于工人，但只要国家收买其农产品和土产品，他们的购买力便可以提高。而且，东北农民在工农业产品价格剪刀差上所受的损失，现在较过去已大为减少。过去一吨粮食只换零点八匹布，以后提高到二匹布，今年初加到二点八匹布，现在调整到二点五匹布。而在关内，以天津为例，一吨粮可以换到六匹布，比关外好多了。这说明，向农民求援是可能的。

各级政府及税收机关要加紧收税。地方漏税百分之十五到三十，这个估计不算多。汉口市检查了一下，各月一般漏税在百分之三十。应该想办法堵塞这个漏洞。做好了，也是一笔很大的收入。因此要加强税收机关工作，提高税务人员的质量。

某些民用必需品，如纱布〔5〕，可以实行统购统销。只要保证资本家的一定利润，按照供销情况实行合理的统购与配售，增加统销税〔114〕，国家又可以增加一大笔收入。

二

这次会议讨论确定的明年财经工作的方针，中央已经基本上同意。为了贯彻这一方针，应该反复考虑这样两个问题：在农民那里多取几十亿斤粮食行不行，农民是否负担得起？国防第一，又要维持市场，使金融不大乱，能否做得到？

关于第一个问题。这次会议所确定的增收措施，如增加公粮附加〔115〕，征收契税〔116〕，酌增若干种货物税、进口出口税等等，共有几十亿斤小米。这些大部都落在农民头上，农民会不会不满意？这是必须考虑的。要农民拿得起，我们要做一件工作，就是实行近地交流、全国交流、内外交流，让农民销出农副土产品。只要能够把农副土产品销出去，农民就可以负担得起。比如，一户农民养一只母鸡，一年下二百个蛋，把它销出去，每个二百五十元（城市价五百元），就可以收入五万元，合五十斤小米。从五十斤中拿出十几斤，这是完全可以办得到的。帮助农民销出农副土产品，是国家取得税收的前提。

扩大农副土产品的购销，不仅是农村问题，而且也是目前活跃中国经济的关键。半年来的财经工作完全证明，城市的繁荣是农村经济转动的结果。农副土产品卖出去了，就增加了农民的购买力，促进城市工商业的发展，减少或消灭城市的失业现象，城市购买力也跟着提高。工商业繁荣，又增加了国家的税收，减少了财政上的困难，物价更趋稳定。这样，可以进一步促进正当工商业的发展，打击投机，使城乡交流更趋活跃。这是一连串的收获。因此我们说，扩大农副土产品的购销，是中国目前经济中的头等大事。

我们的弱点是资金不足和业务知识不足。过去我们进行这一工作，是依靠国家银行吸收的存款，这一来源到十月份已经达到停滞状态，因此我们不得不在十一月采取暂时缓收、少收农副土产品的办法（这对农民是有损失的），并冻结大公和小公的存款（各地行动一致，执行得很好）。为了更好地活跃农村经济，我们提议，各地区要加强对贸易部门和合作社的领导，并且发展农村信贷，向农民赊购，用农民的钱来给农民办事。只有这样，农民增加一些负担才会不出问题。在业务知识方面，我们要及时地总结经验，培养干部和提高干部。

关于第二个问题。现在我们不能讲物价绝对不涨，因为物价涨落的因素是很复杂的，有生产的多少，需求的状况，运输的条件，以及时局的、心理的因素等等。但是这些都不能最后决定金融能否稳定，起决定作用的是财政概算的平衡与否。我们今天就是要力争财政概算接近平衡，也就是说力争金融不乱。只要有了这一条，就可以不发或少发票子，物价虽可能因种种原因而发生波动，但可以波而后定，基本上维持市场。

人心乱不乱，在城市，中心是粮食；在农村，主要是纱布。这次会议，大家认为纱布有问题，因而在这方面提的意见、出的主意比较多。对于粮食，大家却认为没有问题，我认为这是必须提醒注意的。我们很多错误，往往是由于疏忽。为了把市场维持得好，必须密切注意粮食的供应。今天城市中的粮、盐、煤的供应，实质上是运输问题。现在运输很紧张，应该更有计划。今年夏天，在运输淡季中没有抓紧，是个教训。运输在军事上、经济上都很重要，要建立强有力的指挥机构。

纱布明年勉强够，采取统购的办法把它集中起来，再适当分配，是很需要的。在保证资本家适当利润的条件下也是可能做到的。这件事做得好，对保证纱布供应以及对全国经济的影响将是很大的。

在目前财政收入的情况下，既要充分地满足国防的需要，又要使市场金融不乱，这就要求我们在增收减支方面做更多的努力。从今年十月到明年一月这四个月，是税收的黄金时节，应该抓紧，并且要努力把百分之三十的偷漏收回来。只有经过上述一系列的努力，市场才可以维持，金融才不致大乱。

在这几天的会议上，大家认为暂时缩减经济和文化的投资是必要的。如果今天不主动削减，到明天金融乱了，势必被动削减。金融波动不仅影响收支，影响存款，而且在政治上会造成损失。被迫削减，不如主动削减。目前中国的财政经济要满足各个方面的需要还不可能。主动地把一些经济文化投资推迟一年半载，将来则可集中力量搞这方面的建设，三五年后算起总帐来，效果是不会小的。今年的经验证明，物价稳定，金融巩固，是促进工商业繁荣、活跃商品交流的重要条件。明年国家投资虽有减少，而购买力没有降低，工商业是不会萧条的。

加强财政、金融和投资的管理*

（一九五〇年十二月一日）

一、实行决算制度。自抗战后期以来，由于解放区的军政机关、学校、团体的经费，一部分是依靠军政人员的劳动生产自给的，故按季、按年向财政部门作决算报告的制度，有的久已停顿，有的执行得不经常。目前情况已经改变，军政机关、公立学校、团体的经费，全部或绝大部分已由国家发给。因此，依照《共同纲领》第四十条[117]的规定，特决定：所有军队、政府、公立学校及受国家经费补助的团体，均须每年分四个季度，向中央或各级人民政府的财政部门报会计决算报表，每年三月三十一日作上年度的全年决算报告，再由中央人民政府财政部将上年度总决算案报请中央人民政府核批。国营企业亦须定期作出决算报告。为着实现这一要求，加强各单位的财务工作和财务人员是必要的。决算之后，凡在预算中所余的款项，均须缴回国库。实行决算制度是国家的法令，不得违抗；除中央人民政府财政部批准者外，不得延迟。实行决算制度后，可

* 这是陈云同志为政务院起草的《关于决算制度、预算审核、投资的施工计划和货币管理的决定》，经第六十一次政务会议通过，原载一九五〇年十二月十四日《人民日报》。

能发生浪费预算中的余款的现象，责成各级军政机关、学校、团体的负责人员，切实防止。

二、实行预算审核。各部队、机关、学校、团体在中央人民政府批准的总预算范围以内，向财政部门提出经费的预算或国营企业的投资预算时，必须首先经过各该领款机关的首长切实亲自审核后，才能提出。各相当的人民政府财政部门对此有再加审查与核算的责任。各级财政部门审核预算的人员，必须忠实于国家制度，严守财政纪律；各该提出预算机关不得拒绝审核。审核时，财政部门与提出预算机关如有争执而不得解决者，报由上级财政部门会同领款部门的上级机关复核审定之。

三、加强投资的计划性。过去解放区在经济建设的投资方面，由于缺乏经验，有过一些浪费。只凭热情和愿望，在动工以前，缺乏切实的设计和必要的施工计划，因此个别兴建工程，或则中途改变，或则重建，使国家蒙受不少损失。这种现象，必须尽力避免。因此决定：中央人民政府或地方人民政府批准的一切企业投资或文化事业的投资，在请领款项以前，必须审慎设计，作出施工计划、施工图案和财务支拨计划，并须经过各该级人民政府或其财经、文教机关的批准。未经设计，未作施工计划、施工图案和财务支拨计划，或已作而未经批准者，财政部门应拒绝拨款。此项规定之所以必要，不仅为了使国家在现金运用的迟早上，力求合理，更主要的是为了减少国家在经济文化建设中的浪费。

四、加强货币管理。自今年三月实行货币管理〔106〕以来，由于各部队、机关、团体、国营企业、合作社的一致遵行，取得了良好的效果。根据已有的经验及工作基础，为了进一步合理使用现金，责成中国人民银行规定进一步的货币管理办法[118]。为了便利部队的货币管理，中国人民银行应逐步举办部队的随军银行。部队、机关、团体、国营企业、合作社的现金使用，必须编造收支计划，并经过适当机关的批准。各部队、机关、团体、国营企业、合作社间在本埠、埠际及国际间的一切交易往来，全部通过中国人民银行划拨清算。上述各单位间，不得发生赊欠和借贷，信贷集中于国家银行。各企业基本建设投资之拨款，逐步交由银行实行监督，按计划拨款。使国家银行成为部队、机关、团体、国营企业、合作社的总的帐务会计机关。

上述各项规定，是为了避免浪费，力求国家财力的合理使用。这是国家的财政纪律，必须执行。兹责成各有关财经部门，根据上述原则，制定各项实施办法。

实行棉纱棉布的统购*

（一九五〇年十二月七日）

（一）自本决定公布之日起，凡公私纱厂自纺的棉纱及自织的棉布，均由国营花纱布[30]公司统购。公私纱厂现存的棉纱、棉布，均须进行登记，由国营花纱布公司承购，停止自行在市场出售。

（二）国营花纱布公司，按前条规定实施统购时，其收购价格，须确切计算厂方的成本，并给以适当利润。

（三）公私纱厂为国营花纱布公司加工代纺、代织的棉纱、棉布，其工缴费[119]的规定，亦须适当。

（四）公私纱厂生产的棉纱、棉布，均需符合国营花纱布公司规定的成品标准，不得降低质量。

（五）为使统购价格、工缴费、成品标准等项的规定趋于合理，由当地政府的工商局主持，工商联[110]、总工会参加，召集国营花纱布公司及公私纱厂共同协商，提出具体方案，经中央人民政府贸易部[48]批准实施之。

（六）中央人民政府贸易部，应根据棉纱和各种棉织品的

---

* 这是陈云同志为政务院财政经济委员会起草的《关于统购棉纱的决定》，于一九五一年一月四日公布施行。

生产和需要情况，规定棉纱的分配、加工和销售办法。

（七）各地人民政府，对纱布[5]市场必须负责管理，取缔投机囤积，协助国营花纱布公司作有效的分配、销售。必要时，国营花纱布公司得增设零售店。

一九五一年财经工作要点*

（一九五一年四月四日）

现在，抗美援朝[111]战争还在继续进行。今年国家财政概算的方针是：国防第一，稳定市场第二，其他第三。“其他”里面包括的项目很多，如文教费用、行政开支和经济建设投资，等等。为什么这样确定呢？道理很明白，假如我们不把国防放在第一位，不把美帝国主义的侵略气焰打下去，一切经济建设都靠不住。其次是稳定市场。这是一件很好的事情，与全国人民的生活都有关系。如果美帝国主义一吓唬，票子就贬值，物价就波动，人民政府的声誉就不大好，人们就会怀疑，四万万五千万人口的中华人民共和国，如此容易被欺负，你抗美援朝能行吗？因此，物价稳定不仅有经济意义，而且有政治意义。我们是能够稳定市场的，因为我们有后备。我们的财政平衡是靠增产节约，不是靠发票子。今年还有不到九个月，如果战争照现在的情况打下去，打到十二月三十一日，市场稳定没有问题。因为国防支出不可少，市场物价不可乱，所以国家经济建设的投资也就不能像去年七八月想象的那么多，今年大约只有相当于四万万美元这个数目字。如果没有抗美援朝战争，则

---

* 这是陈云同志在中国共产党第一次全国组织工作会议上的讲话。

这方面的投资可以多得多。现在的投资虽不算多,也不算太少。说不算多,是同将来的大规模建设相比。说不算太少,是同过去相比。中央人民政府成立刚一年多,今年的投资超过历史上清朝、北洋军阀[103]、蒋介石三个时期任何一年的建设投资。今年投资的重点,集中在水利、铁路和纺织这几个主要部门。总之,国防开支,稳定市场,经济建设,都是重要的,但钱是有限的,钞票又不能滥发,所以钱的使用要妥善安排。如果次序排得不当,主次不分,就会犯错误。

下面,我想向同志们报告一下今年财政经济工作的要点。工作不抓住要点,乱钻,那是不会搞出什么名堂来的。今年财政经济工作的要点,共有以下六项。

第一,城乡交流。

为什么把城乡交流摆在第一位呢?因为我们接收过来的是一个破烂的旧中国,农业经济占主要地位。所谓城乡交流,一是将农产品、土产品收上来,一是将城市工业品销下去。城乡交流有利于农民,有利于城市工商业,也有利于国家。这件事情从去年提出后,华北各省以及河南、浙江都开了会,河北各县也都开了会。这是历史上没有一个政府提出过的,但却是关系全国人民经济生活的一件大事,我们如果不管,怎么能算人民的政府呢?现在,仅猪鬃、桐油、茶叶、鸡蛋、药材等项,平均约占农业收入的百分之十,有的地方占百分之二十,甚至更多。如去年全国产粮以二千四百亿斤计,土产收入即相当于二百四十亿斤粮食。去年公粮[25]大概是二百二十亿斤,如果帮助农民把土产推销出去,农民的收入就相当于交公粮的数量。土产推销不出去,还要交公粮,老百姓就会有困难。我们要想办法使农民把土产推销出去。

去年在经济战线上，我们是税收、公债、货币回笼、收购四路“进兵”，一下子把通货膨胀制止了。三月物价稳定，五月中旬全国各地工商业者都叫喊货卖不出去。于是我们发了两路“救兵”，一为加工订货，一为收购土产。起决定作用的是收购土产，因为收购土产，就发出了钞票，农民有了钱就可以买东西。到九月全国情况就改观了，霓虹灯都亮了。

过去帝国主义为了收购土产，倾销洋货，在青岛、大连、上海、广州等地建设码头，建发电厂，修仓库，筑铁路，办银行。经过这些城市，利用商业资本，收购土产，推销洋货，这叫“中外交流”。这种交流，反映了中国是一个被剥削的农业国。经过十二年的战争〔27〕，中国政治情况起了根本变化，原来的城乡交流关系基本上打乱了。如果不估计到这种情况，单去搞收支平衡，那么老百姓虽然也喊“万岁”，但因与他们的实际关系不大，就会喊得不起劲。中国现在有几万万农民，有几千万手工业者，有几百万产业工人，这就是中国经济的实际情况。我们每件工作都要对他们有利益。如果没有廉价的工业品供应农民，并且把他们的土产推销出去，那么工农联盟就不能巩固，农民就会说：“打倒帝国主义、封建主义、官僚资本主义都很好，但是鸡蛋卖不出去，桐油跌价，那就不好。”所以城乡交流是一件大事，要动员全党的力量去做。解决这些实际问题就是为人民服务，不解决实际问题谈为人民服务，则是空话一句。

推销土产，最重要的是运输。应该恢复从前的运输公司，通过这些公司使所有的零担土产〔120〕集中装卸。在目前条件下，运输应该充分利用落后工具。中国汽车太少，而且大部是木炭车，单靠汽车运输是不能完全解决城乡交流需要的。北方大车的总运量超过汽车的总运量，南方木船的总运量超过轮船的总运量，假使不注意这一点，就是没有抓住大头，没有抓住重点。当然这也不是说，不要重视发展轮船、汽车、火车的运输。贵州人民吃盐很困难，省政府费了很大力量，用落后工具组织盐的运输，现在盐价已经跌了，这就是帮老百姓办了一件大事。交通部应该花很大力量来组织落后工具的运输，把城乡物资交流搞好。我们应该随时随地根据客观情况解决问题。现在我国汽车还不能自造，而且也没有那么多的汽油供给。汽车工业的大发展，有待于钢铁、机械、石油工业的发展，这可能是在五至十年以后的事。在最近数年内，仍应重视并组织落后工具的运输。

去年五月有人说："工业品生产过剩了。"我看，根本说来，中国的工业生产力还很不发达，农民经过土地改革〔85〕，加上城乡交流，购买力必然会大大提高，只是这一点，工业生产也是不相适应的。所以摆在我们面前的问题不是工业品过剩，而是工业品不足。我们要大大提高工业品生产，以适应这种情况。所以推销土产，提高工业生产，使两方面能够平稳的交流，这是一件大事。

十二年的战争，把一切都打乱了。中央人民政府成立的第一年，就做了很多工作，生产恢复很快，物价稳定了，城乡交流适当整顿了，铁路修复了。我们的国家是伟大的，可爱的。如果再有两年平稳的交流，文章就好做了。所以我们把城乡交流放在第一位。

第二，农业增产。

我们在水利方面花了很多钱，这是应该的，因为人民的政府就应该使荒年比从前减少。从前水利没人管，中央人民政府成立的第二年，在水利方面花的钱折合粮食二十七亿斤，今后水灾应该也一定会比从前减少。前年水灾冲了一亿二千万亩，去年冲了七千万亩，如果再减到五千万亩，就等于增加一百亿斤粮食，约值五亿美元，这是一件了不起的大事。修整水利，力争丰收，这是农业工作中的第一个问题。

其次是增加经济作物面积。棉花、烟叶的种植面积要扩大。去年棉花收了一千四百二十万担，今年希望收二千一百万担。果能如此，我们就可以完全自给。中国是一个大国，又是一个农业国，但是奇怪得很，这个农业国过去还进口棉花和粮食。这个情况如果不改变，那就会卖出去的是猪鬃、桐油，买进来的是粮食而不是机器。如果棉花和粮食能够自给，买进来的就会是机器。我们的棉花要自给并争取出口。

粮食丰收以后，有些地方（东北、湖北、湖南、江西）粮食多了，怎么办呢？我想可以适当地把一部分粮食生产转变到经济作物生产上去，同时可以在靠近铁路的三亿农民中提倡积谷，如果每人积十七八斤，就是五十亿斤，贸易公司再控制五十亿斤，这一百亿斤粮食对于我们国家有极大的政治意义。粮食是战略物资，我们经常控制着一百亿斤粮食，什么杜鲁门〔121〕、李鲁门，统统不怕。假如碰到荒年，全国有几千万人口没有粮食吃，统统需要国家供给，也可渡过。

第三，经济核算。

我们的干部大多数过去长期在农村工作，经济知识很少。去年虽然实行了财政经济的统一〔106〕，稳定了市场，建立了贸易公司，办了合作社，但我们的经济干部，同一个普通资本家比较，还是外行。我们靠的是集体力量，有我们的党，有我们党领导下的一套经济机构，才有作用。如果一对一的和人家比，是比不赢人家的。

去年我们讲财经统一，要收税，要借款、存款。借款、存款、缴税，都要到银行里去，不像过去那样，军队打到那里，一个县委书记，一个县长，一个税务局长，收、付等等都是这几个人。我们现在银行的干部，过去是背干粮袋的，当勤务员、警卫员。比如管金库的，我们就告诉他："你就睡在那个钞票上边，不丢掉就行。"现在全国有两千多个县，财经工作很复杂，就不能再像过去那样办了。

贸易公司要搞经济核算，我们就告诉他们："要搞的是经济，不要搞'政治经济'。"譬如，货物从上海出厂，转到天津、北京再到保定，然后再到石家庄，这个路线不是按经济原则，是按着政治系统，像这样做买卖怎么能不赔帐呢？这叫货物旅行。翻毛大衣应摆在天津、上海或北京去卖，但却拿到西安去。再如，天下雪了，发去的货物却是汗衫。私人资本家是不会这样干的。我们是依靠国家机构，按真正的经济原则来讲，统统要赔钱。

在工业方面，一说办工厂，大家非常热心，但事先往往不设计。解放前，我们在太行山区修过铁路，事先没有勘察设计好，从两头修起，修到中间碰上一座大山，过不去，后来又拆掉了。有的地方开煤矿，上边的房子、机器都弄好了，但最后发现煤层很薄，只好停止开采。再如开运河，运河挖好后，放水的时候，中间的一个地方是沙底子，水漏掉了。解放后，天津盖仓库，和打仗一样，一看地形，说这个地方好，就在这里盖房子，一下雨，仓库塌下去了。像这样的冤枉钱不知花了多少。我们是政治家、军事家，还不是企业家。外行办事总是要吃亏的。偶然浪费少数钱尚可请人民原谅，老是浪费，年年如此，人民是不能原谅的。钱是老百姓的，我们不能拿老百姓的钱开玩笑。

搞基本建设，事前一定要设计。一般的工厂设计工作要一年以上，要看这个地方的地层怎么样，水够不够，水的化学成分对锅炉有什么损害，等等。我们是从乡村出来的，往往不大懂这一套。我们现在还不会，要从头学起。必须学会经济核算，算一算帐，力求省一点。要计算成本，出一个成品要多少工，市场上是什么价格，等等，都要计算好。以前我们的经济工作搞的是“供给制”〔122〕，不是经济核算制，现在要改变。过去打仗的时候，不能讲经济核算，现在是开工厂，要反对供给制思想。我们针对着供给制的思想，提出一个经济核算制。有很多同志不习惯这一点，他们说：“你还不信任我吗？你把钱给我，我负责就行了！”他们不懂得，过去我们在农村中搞一个纺纱厂，搞一个兵工厂，那是小规模的，是小手工业的办法。现在是办大工厂，不学会经济核算不行。

毛主席和周总理去年到莫斯科去〔123〕，订了合同，请苏联的专家来给我们设计一个汽车工厂。专家到了北京，对汽车工厂设在什么地方，争论很多，有的说设在北京，有的说设在石家庄，有的说设在太原，我说是不是可放远一点，设在西安。后来才知道，这些根本不对头。如果这个汽车厂全年的生产量是三万辆汽车，电力就需要二万四千千瓦，西安只有九千千瓦，光修电站就需要几年时间。还需要钢铁，一年要二十几万吨，而石景山钢铁厂生产这么多钢铁，要在五年或者六年以后。木材要二万立方米，在西北砍木头，山都要砍光。还有运输问题，每年的运输量是一百万吨，而西安到潼关铁路的运输量不超过二百万吨，光汽车工厂就够它运的了。讨论结果，中国的第一个汽车工厂只能够设在东北。苏联专家在北京住了两个月，才到东北去勘察。为这个问题一直讨论了三次。同志们，外行的事多了，要下决心学习。不学习，经济建设一窍不通，那就搞不成。

第四，统一管理下的因地制宜。

这是说，集中统一的管理还要保持，但从一年的经验来看，在集中统一的领导下，可以分一点工厂让地方上管一管。集中统一和因地制宜，这两方面要同时兼顾。去年的统一是必要的，不然这个财经仗就不好打。过去赤字很大，靠发票子。三月份来了一个统一，很有效果。我们的方针是巩固财政经济工作的统一管理和统一领导，巩固财政收支的平衡和物价的稳定。现在要分一点权给地方，这样做既无害于全局，又有利于地方。我们在二月开了一个会议〔124〕，划分了三级财政制度，中央一级，大行政区〔17〕一级，省一级。省以下的县，到明年可再分一级。他们有他们的税收、支出，重要的税收归中央，比如盐税、关税等。这当然要有相当的预算。如果超额完成了，地方上就把超额的部分，分一部分给中央，地方上也留一部分，这样使地方有一个机动的余地。

工业方面，中央和地方可以分管。将工厂分一部分给地方管，他们的临时费、特别费就不会用来买地毯、沙发，而把钱都用在工业上去了。这个办法好，是一个挤资金的办法。还有一个就是挤干部，工业归他们管了，他们一看工业方面的干部太弱，就会派干部去。再一个就是挤领导的注意力，工业归他们管了，要向他们报告工作，他们看到这里有浪费，那里也不合理，也就注意了。地方工业发展了，反正在中华人民共和国里头。这样做，大有好处。

在贸易方面也要划分一下。中央可以规定统一的价格，但地方可以按具体情况，在总的价格水平上作适当调整。我到汉口，李先念〔125〕同志提出湖北山地农民很苦，东西出不来，可在巴东开一个码头，轮船在那里停一下，对那里的人民有很大好处。这是应该做的。铁路运输和轮船运输，地方也可以有一定机动的权力。

在税收方面，有几种税收地方也可以作些调整。只要对全国的经济没有多大危害，税率可以降低一点。小的局部的调整，无害于全国的收入，也无害于全国商品的流通，这样的调整应该有，并把这个权力让给地方。

同志们，我们常常讲，有些经济工作人员眼光比较狭隘，只看到自己的部门，看不到地方党政机关的作用。全国这样大，没有很多地方干部，公粮就收不上来。收税、冻结资金、调干部等等，不仅仅是那个地方的业务部门在做，实际上是县政府、县委、省政府、省委都在管，他们讲一句话，比业务人员讲几百句话力量都大。我们在经济工作中一定要依靠地方。这是全党的工作。如果看不到这一点，就要跌筋斗。总之，要上下同心协力，把经济工作搞好。

第五，经济建设的准备工作。

毛主席讲，三年准备，十年建设。〔126〕三年准备是指一九五〇、一九五一、一九五二这三年，十年建设在这三年之后进行。经这十年建设以后，中国经济面貌可以发生变化，工业的比重会大大地增加。三年准备所剩不到二十一个月了，时间不长，而我们需要准备的事情多得很。土地改革、剿匪、镇压反革命〔127〕、抗美援朝这些工作，都是经济建设的准备。财经部门要计算一下财力，看到一九五三年我们能收入多少，支出多少？还要估计到那时国际情况如何变化，我们国防的情况如何，能不能在军事支出方面减少一点，增加到经济建设上去。这些都不能仅从财经方面来考虑，要从整个世界的形势，中国的形势来考虑。我们要考虑到，两个五年计划要建设什么东西，在国防、工业、农业、水利方面，大概一年投资多少。现在我们的水利只是防灾，水来了把堤修一修。今后搞水利，要既能防止水灾，又可灌溉，又利交通，又能发电。据专家估计，中国的水量还不够用。我们要建设，在这方面也要有充分的准备。在交通方面，也要有计划，要修多少铁路、公路，要计算出每公里花多少钱。工业方面，我们要开发石油，生产化肥，制造发电机，建设发电厂，等等，这样我们的国家就好办了。发电机要先造小的，以后再造像小丰满电站〔128〕那样大的。还要造飞机、坦克，建设大的汽车厂。每一个工厂都要计算好，要多少钱，每一笔钱怎么用，先办哪个后办哪个，都要报一个帐，准备迟了不行。造机器要定货，最快也得十八个月，甚至二三年，因此事先要有计划。老百姓需要什么东西，也要摸清楚。如果我们只办重工业工厂，不办轻工业工厂，老百姓等着要东西，没有东西供给他们，他们就不满意。我们工业品增加的速度是很小的，过去中国农民没有用多少工业品，将来如果每家买一块玻璃，三亿八千万农民，七千万到八千万家，要七八千万块玻璃，这个玻璃厂就没有。现在说纸烟生产多了，全国年产二百万箱，农民是抽旱烟，如果都抽纸烟，那就不得了。要估计到，中国的轻工业，有很大的前途，一定会有很大的发展。现在在轻工业中间，国营的比重是很小的，纱锭只占全国纱锭的百分之四十，私人的占百分之六十。现在有些资本家有这样的想法：政府搞重工业，他们搞轻工业，政府搞原料工业，他们搞制造工业，包袱都要你背，他们赚钱。我们当然不能这么办。

要看到，今后几年农民的购买力会大大地提高。现在工业品不够，就要注意发展，并且进行调查，看看老百姓需要什么东西。发展轻工业还要计划一下，国家占多少比重，私人占多少比重。公私两方面要同时发展，国家必须占一个相当的比重。五种经济成分〔100〕同时存在，但是要在国营经济领导之下。要使私人经济跟着走，有一个条件，就是国营经济有相当的力量。你有力量它就跟着你走，你没有力量它就不听你指挥。比如去年我们手里有力量，煤油、粮食、纱布〔5〕这些重要的东西都掌握住了，私商就听指挥了。工业也是如此。我们现在不是要把资本家搞掉，他们也可以发展，但我们也要发展，而且我们要有更大的发展，因为他们现在比重很大，我们比重很小。要改变这种情况，我们就要多办工厂，生产许多民用品。

我们还要在文化教育上投资。开一个工厂，就需要工程师、技师、工人、职员；各要多少，应有一定的比例。现在需要很多的熟练工人、职员，更需要技师。一般说一百个工人至少要有一个技师。中国的知识分子不多。毕业就是失业的时代已经过去了。现在全国的大学生才有十万多一点，每年毕业二万多人，可是各方面的需要很多。中学生一年只有四十万毕业的，党政军民机关都要，不够分。干部“赤字”很大。这两年教育经费很少，长此下去很难维持。熟练工人现在也不够用了。开个工厂，一定要有一些熟练工人，所以要进行训练。

要计算我们的财力，同时计算经济、文化、国防的需要，人民生活的需要。现在要组织一个计划委员会〔129〕，预先把各方面的建设规划一下。要有地质勘察的组织〔130〕，必须大体上知道金、银、铜、铁、锡在什么地方，现在这方面的准备材料还很少。解放前全国地质系毕业的只有二百多人，可是现在需要很多。中国没有勘察的地方多得很，以前有人说中国这样也没有，那样也没有，这是靠不住的，因为没有加以勘察，将来勘察以后，就能发现许多矿藏。

现在我们没有什么精确的统计，都是靠估计。没有统计的时候，估计也是重要的。我们现在统计工作还没有开始，搞一个表还填不来。苏联专家搞的表太复杂，不能完全照办，必须和我们的现状结合起来。中国是农业国，不可能把每家有几个鸡、几头猪都统计起来。中国开始建设时，计划的线条是粗的，将来由粗到细。

我们需要做的准备工作一大堆，背上压的东西很重，时间又很少，要紧张地工作，才能够适应这个情况。这个准备工作，不仅中央要做，而且各地区也要做。

第六，整顿财经队伍。

目前这个队伍，一部分是老干部，一部分是新发展的，一部分是留用人员。总的说来，工厂较好，机关复杂。在留用人员中，虽然有一些人不好，还是要用，但必须加以整顿。我们的方针，主要是教育，其次才是清洗，两者结合起来。先着重教育，发现了好人，依靠这些好人把队伍整顿一下，把少数坏人清洗出去，这样做比较稳当。在时间上，估计今年还整不完。

财经部门工作很忙，每天有很多公文、电报、会议，但是有一样很少，就是经验少。事情多，经验少，就容易忙乱，就不能很好思考问题，就容易出毛病，结果是辛辛苦苦的官僚主义。政府的事情很多，如果抓不住工作重点，那就如同在大海航行中把握不住方向。去年我们做了很多工作，只有两个重点，一是统一，二是调整。统一是统一财经管理〔106〕，调整是调整工商业〔94〕。统一财经之后，物价稳定了，但东西卖不出去，后来就调整工商业，才使工商业好转。六月以前是统一，六月以后是调整。只此两事，天下大定。

在经济工作人员中进行政治教育十分重要。经济干部一天到晚是打算盘搞数字，很少看到全局。为克服这个缺点，使他们不犯错误，每星期抽两三个钟头学政治是必要的。

一年来的工作是有成绩的。因此，经济工作干部可能产生骄傲自大的情绪，必须针对这个思想予以教育，向他们指出：成绩是全党努力的结果，没有土地改革、抗美援朝、镇压反革命，把经济工作做好是不可能的。土匪满地，你能收税？美帝国主义打进大门，工商业家能积极纳税？每个财经工作者，必须清楚这点。我们的任务还很重，我们的工作还有缺点，离内行还很远。三年准备还有不到二十一个月，还有很多任务等着，不能疏忽，要时刻小心，谨慎从事。人们常常容易在胜利时因疏忽、骄傲而犯错误。这要向所有财经工作人员讲清楚，不讲清楚就会害了他们。

从大局看来，财经部门的干部配备可以慢点，先把土地改革、抗美援朝、镇压反革命做好，再来也不迟。不怕外行，内行是外行变来的。因为从程度上、时间上来说，土地改革、剿匪等工作的重要性都不亚于财经工作。但是税务干部要保持，否则稳定市场就不可能。

财经干部的教育工作，要由地方来做，因为百分之九十的干部不在北京。教育内容主要是为人民服务。要批评和克服财经工作人员中存在的个人主义、本位主义以及片面性和单纯技术观点，建立起为人民服务的观点。把财经队伍整顿好了，对党有利。但这并不容易做好，没有全党努力是不行的。希望地方党组织帮助做好这件事。

假使今年我们能够再争取一个农业丰收，工业生产能适应农民的购买力，则城乡交流会比去年还要好，这样人民才会感到政府能够给他们办事，是人民很好的公仆。过去的“公仆”不做好事，欺压人民，拿高薪而且贪污。现在人民政府为解决老百姓的困难而努力，这才是真正为人民服务。人民是公允的，是拥护政府的。政府与人民团结在一起，我们的国家是不可战胜的，前途一定是光明的。

发展农业是头等大事*

（一九五一年五月十六日）

中国已经耕种的土地，据旧政府的统计，约为十四亿五千万亩。抗战前粮食的最高年产量，不包括豆类，是二千七百多亿斤。一九四九年粮食总产量下降到二千一百多亿斤，去年回升到二千四百多亿斤。我国的农业生产，总的说来还没有达到战前的水平。东北、华北的老解放区，因为进行了土地改革〔131〕，并鼓励农民组织合作互助，改良农业技术，提倡选种，兴办水利，恢复和发展农业生产，有少数地方已经超过了战前的水平，一部分地方已经达到了战前的水平，还有一部分地方也已接近战前的水平。在新解放区一般的都低于战前的水平，这是因为十二年的战争〔27〕，加上国民党的重重盘剥，把水利破坏了，牲口损失了很多。

现在提高农业产量的关键，就是在新解放区完成土地改革〔85〕。只有进行土地改革，才能大大鼓励农民的生产积极性。从这几年的经验来看，农民分得了土地以后，舍不得穿，舍不得吃，尽一切力量投资到生产里头去。农民有了牲口，有了水车，再加上劳动互助，生产就发展了。这是第一。

---

* 这是陈云同志在中国共产党第一次全国宣传工作会议上讲话的一部分。

第二，防止水旱灾害。要增加农业生产，必须做好这件事。去年全国被水淹了五千万亩到七千万亩地。如果每年只淹这么多，不发生其他灾害的话，一般说还算是丰年。像中国这样大的国家，水灾可能每年都会有，在预算里头每年都要列上一笔救灾经费。现在我们在水利上花的钱并不少，已经花了一亿五千万块光洋[18]，但还是治标的多，治本的少。对已有的水利设施每年都要修修补补，不修补就挡不住水灾。水在农业里头非常重要，现在我们指挥不了，以后要积极地做治本工作。当然不是一年两年就能够做好的，但是一定要做，非做不可，要长期地来做。因为如果每年淹掉五千万亩地，就至少要损失五千万石粮食，这是一个很大的数量。据估算，全国水量平均起来并不多，还缺水，有些地方就经常干旱。从总的看，从长远看，要以蓄为主，蓄泄兼顾。以后我们要重视蓄水，许多地方要修水库、筑塘堰，山区更要注意种树种草、保持水土，对水一定要好好利用。在华北、西北有些地方，还要多打水井，保证在发生旱灾时水量基本上够用。泄水防涝，蓄水防旱，这两件都是大事，在我们进行经济建设时，每一年都要有很大一批钱用在这方面。水利建设是治本的工作，是百年大计，现在正在勘察，正在计划。

为了应付水旱灾害，要注意储备粮食。去年丰收，到处叫粮食便宜。现在北边要雨没有雨，南边不要雨却天天下雨，又叫粮食不够了。我常常想，我们在粮食方面要做一点保险工作。那末，要存多少粮食呢？有一百亿斤粮食在手里就大体可以了。假使遇到一个灾年，有五千万农民颗粒不收，每一个农民每天发给半斤粮食，半年以后新粮就可以下来。每人每月十五斤，六个月就是九十斤，五千万农民就是四十五亿斤。城市里头再算一千五百万人口等着粮食吃，每人每月二十五斤，一年是三百斤，一千五百万人是四十五亿斤。两项合计，一共要九十亿斤。我们手里有一百亿斤粮食，就可以应付局面。当然最好是有二百亿斤，一百亿斤放在农民手里，一百亿斤放在我们手里，这样就可以战胜更大的灾荒。如果帝国主义要打仗的话，我们也不怕，那个时候粮食就是战略物资。储备粮食，最主要的是靠老百姓。年成好的时候，就号召大家多积谷。每个农民积十斤就是四十亿斤，积十五斤就是六十亿斤。

第三，为了发展农业生产，调整农业布局，要在西南和西北修铁路。现在西南的粮食很贱，成都的大米五百块钱一斤都没有人要，可是西南有的地方老百姓没有裤子穿。这是因为交通不便，农产品运不出来，工业品运不进去，就是进去一点也是背进去的。如果我们把西南、西北铁路修通了，就不会发生这样的问题。无论从经济来讲，还是从国防来讲，把那个地方的铁路搞起来，是一件大事情。

丰年积谷和修筑铁路这两条解决了，粮食就不会恐慌。等西南铁路通了以后，我们要把各种庄稼分一下类，调整一下，什么地方适于种棉花就种棉花，什么地方适于种粮食就种粮食。要多种一点麦子。现在北京、天津的居民是吃三分之二的面粉，三分之一的玉米面。主要原因是我们的麦子不够。大豆，今后东北要多种一点，南方要少种一点，腾出一点土地来种棉花。现在棉花的播种面积是五千七百万亩，将来要超过八千万亩。橡胶是战略物资，从朝鲜战争〔111〕以来就不能进口了。海南岛可以种橡胶，但是数量很小。中国别的地方也有宜于种橡胶的，产量虽然不像南洋群岛那样高，但是比没有强。我们是非常需要橡胶的，今后要尽可能多种。在西南铁路还没有修通以前，有很多粮食运不出来，那里农民的生活是不会太好的。当然，在土地改革以后是好一点了，有饭吃了，买布的比过去多了，女孩子有裤子穿了。如果我们把各种作物的耕种面积加以调整，农民的收入就会大大增加。中国是一个农业国，以前还要进口粮食、棉花等农产品。现在虽然比过去好多了，但是，发展农业仍然是头等大事。农业发展不起来，工业就很难发展。

响应国家号召
开展售棉储棉运动*

（一九五一年六月一日）

中央人民政府政务院〔55〕今日发出了关于购棉、储棉工作的指示，中共中央亦为此向各级党委发出了号召。这是关系国家经济和军民生活的大事，应该引起全国人民，尤其是产棉区人民的重视。

政务院的指示和中共中央的号召所要解决的问题，是如何使目前有存棉的棉农，在公私两利的条件下，把存棉售予或储存在国家委托的经济机构，以应纺织工业的急迫需要。

人民政府从来就是重视棉花增产和棉农的利益的。在实行土地改革〔85〕的同时，中央人民政府对棉农采取了种种保护政策，如最低棉价的规定，反对投机商人压价，国家保证以定价收购，棉田公粮〔25〕不高于粮田，适时大量供应肥料，预购棉花，等等。正是由于这些措施，使去年棉花增产丰收，今年棉田面积扩大，老解放区的棉农生活显著提高。

我国过去是一个长期依靠大量外棉入口的国家。中央人民政府成立一年多以来，虽然实行了各种扶助植棉的措施，去

* 这是陈云同志为《人民日报》写的社论。

年实现了棉花增产丰收，但是由于人民经济开始好转，纱布[5]消费增加，棉花增产运动又仅仅是第一年，因此，去年所产的棉花，除去絮棉、手纺，以之供应全国纱厂的全部需要，仍有少许不足。美帝国主义针对我原棉不足的情况，采取封锁政策，不让我国人民以自己的生产品去交换外棉，企图以此困扰我们。但是可以断言，帝国主义的封锁是一定要失败的。我们有完全的自信，像粮食一样，不需多久，将以自己的棉花供给全国的需要。

我们要告诉全国棉农，去年所产的棉花，除去絮棉、手纺以外，如能全部卖给国家，则全国纱厂所需的原料虽然还缺少许，但已相差不远。目前棉农手内是确有不少存棉的，但是近来国家购得的数量则日渐下降，如果棉农的存棉继续不卖或少卖，则纱厂就将减产，其结果将使全国军民的衣着发生困难，稳定物价的政策也可能受到损害。政务院号召全国棉农，将藏而未用的棉花，按照合理的牌价售给国家，或向国家所委托的经济机构作实物或折价存储。这样做，不但对国家有利，对全国人民有利，对棉农也是有利的。

“要发家，种棉花”，这已经成为许多农民的口号。目前种棉花确实可以发家，老解放区的产棉区农民生活的提高，就是事实。但历史上并不是种棉花的都能发家，相反地，像“谷贱伤农”一样，棉花丰收棉农赔本的情况，倒是反动统治时代的普遍现象。仅仅在人民政府时代，因为土地所有制度改革了，保护棉农的政策实施了，才能避免“丰收成灾”，真正做到种棉发家。有了人民的国家，棉农才能发家，这是一条真理。没有革命的胜利，没有人民政府的成立，没有土地改革，棉农绝难发家。所以,“要发家,种棉花”这句话,仅仅说了事情的一面,更重要的一面,则是保国才能发家。产棉区的党组织、人民政府和人民团体,应该向棉农解释这个真理,使他们在发家必须保国的认识下,自愿地将存棉以合理价格卖给国家,并且要在“爱国发家,多种棉花”的口号下,扩大棉田,精耕细作,增加棉花产量。

国家的贸易部门,合作社和人民银行,应该以合理的价格来收购棉花,并以有利于农民的存储办法来吸收棉农的棉花储蓄。国家贸易公司的历史短,工作还有很多缺点,棉农所需的货物还不能充分供应,今后必须以最大的努力来供应棉农的需要,使购棉任务顺利完成。

大部产棉区都经过了土地制度的改革,棉农存棉较多的正是老解放区,这些地区农民的觉悟是很高的。只要地方党组织、人民政府和人民团体一齐努力,购棉的任务是可以完成的。我们相信,全国棉农将以爱国主义的精神,响应中共中央和中央人民政府政务院的号召,开展售棉竞赛,并以扩大棉田,精耕细作,争取棉花丰收,来回答帝国主义的封锁。

做好工商联[110]工作*

（一九五一年七月二十日）

我今天讲四个问题。

一　工商业情况及我党的对策

目前全国工商业进一步好转，这表现在工业产品（包括手工业产品）和商业营业额都在增加。即使在工商业情况较差的地区，商业的总营业额也是增加的。但最好的证明是城市税收逐月增加。第二季度一般是工商业的淡季，但税收已达到十一万亿元[2]以上，超过了第一季度。估计工商业还会继续好转。在工业中，不仅机器工业品，而且手工业品也会继续增加，只是有早迟之分。杭州三种手工业品（雨伞、扇子、剪刀）就已全部卖完。

工商业好转的程度是不平衡的，而且发展与淘汰同时存在。一般地说，工业较商业好。工业之间也不平衡，有的好转程度大，有的好转程度小，个别也有缩小的。地区之间也不平衡，中南、西南较华北、华东差，因为华北是老解放区，华东则

---

* 这是陈云同志在中共中央统战部讨论工商联工作会议上所作的总结。

工业比重较大。

工商业中有发展有淘汰，发展程度和淘汰程度又各有不同，这是正常的，反映了中国经济改组的情况，用不着大惊小怪。经济改组是以新的经济轨道代替旧的经济轨道，即由帝国主义、封建主义和官僚资本主义的经济，改变为新民主主义的经济。中国的工业产品本来不够，不论是帝国主义的企业或者官僚资本主义的企业，只要改变领导就能照常生产，并且能够发展。商业方面的情况则有不同。土地改革〔85〕是经济的改革也是政治的改革，一经土地改革，由地主所有制转为农民所有制，整个农村经济发生了变动，其他经济相应地也发生了变动。国营商业代替了洋商、投机商及非必需的中间商。合作社在新区开始组织，也是改变旧轨道。旧轨道上的工业有一部分要转变，因为它们过去是依赖帝国主义的原料的，现在则需转而依靠国内原料。总之，中国经济的情况不可能是一好转就家家好转，而只能是多数好转，少数淘汰，否则就不叫革命，就不是经济改组。

经济改组的时间不会是很短的。好转的部分会继续好转，淘汰的现象也还会继续一阵。但也要看到，在好转的中间已经出现了一种新的情况。五种经济成分〔100〕都会发展，各得其所，这是肯定的。现在合作社还未得其所。有些中间商则不能保持原有之“所”，还要垮一部分，或需要换一个“所”。新的情况是，在好转的行业中出现了牟取暴利的思想。私营工业过去对政府的加工订货感恩不尽，现在有一部分人已经把加工订货看作负担，因为加工订货只能给他们以正常利润，不能给他们以暴利。现在这种现象还未泛滥起来，对此不能作过分估计，但应指出，这种趋势是在增加。

根据以上情况，我们的对策，简单讲来有三条：

一是欢迎发展。我们欢迎的，是有利于国计民生的私营工商业的发展。这种发展不但对新民主主义经济有利，对将来搞社会主义也有利。害怕这种发展是错误的。

二是指导转业。转业问题中有劳动力的转业及资金的转移。我以为较困难的是劳动力的转业，我们的努力主要应放在这方面。自从去年工商局长会议〔98〕以来，指导转业还未取得良好效果。这件事不要对外面讲，以免陷于被动。这是做而不讲。一般说，指导和协助转业要以地方为主。今后不论在大中城市或小城市，转业都是可能的，不要悲观失望。在大城市中，经济发展所需要的劳动力及知识分子的数量是很大的，转业有迟早，但一定会转过来。去年喊知识分子没出路，当时我就说过，知识分子不但不会没有出路，而且会嫌少。今年“七一”我做文章〔132〕，说大学生毕业即失业的现象已经消灭。其实，高中学生也是如此，只是为求稳当而未说出来罢了。现在北京小工的工钱高到三万元一天。没有饭吃的人，即使是搬砖头也会去干的。在小城市中，不要害怕淘汰的速度会很快，因为小城市以手工业为主，在土地改革后，他们的生意会兴旺一阵的。我过去在东北的调查就证明是这样。合作社的发展也不会很快代替私商的地位，因为合作社的力量有限，起初只能多注意收购。在小城市中，私营工商业也不会垮得很快，而且在土地改革后会有一阵好生意做。所以，不论在大中城市或在小城市中，转业都是可能的。

三是加强领导。加强领导就是加强国营经济和国家计划的领导。同志们注意，我过去只说国营经济的领导，现在第一次说到国家计划的领导。今后国家计划很可能是公私斗争中我们手里的一个重要武器。将来生产、价格、加工、订货都要根据国家计划办事。这是《共同纲领》〔101〕中已经规定了的。分别来说，在工业方面，我们要增加日用必需品工业中国营的比重，现在国营工业的比重还太小，不足以保证领导。要适当扩大国家资本主义的成分，即适当扩大加工订货的范围。在贸易方面，国营贸易要继续在生活必需品并有步骤地在其他若干种必需品上，保持足以稳定批发及零售价格的力量，即除了经营粮、布、油、盐、煤之外，还要增加一些东西。

合作社，我也把它和国营经济列在一起来说，因为它是半社会主义性质的经济。合作社必须发展，但发展的速度要符合于全国及各地经济发展和经济改组的进度。

总之，我们在工业和贸易方面，在经济成分上要掌握恰当的比重。这种比重，要足以保证国营经济领导，又能团结其他经济成分。至于具体的数目字，还要摸索一些时间才可能找出来。因为在相当长时期内，国营经济、合作社经济及私人经济互有发展的情况是必然存在的，今后经济发展的道路是很宽阔的。既然大家互有发展，就不至于“短兵相接”，当然，矛盾和斗争是不可免的。

二　工商联问题

现在的工商联已不同于旧中国的商会〔133〕。从工商联的组成成分来看，虽然私营企业占户数的绝大多数，但国营企业也参加了。从前的总商会是在旧政权领导之下，现在的工商联是在人民政府领导之下。工商联虽然是私营企业利益的主要代表组织，但它又必须服从《共同纲领》。就工商联的工作来说，主要是协助人民政府和指导工商业者，这也与过去商会不同。

关于工商联的组织问题，讲以下几点：

第一，摊贩和手工业作坊是否加入工商联?原则上应该加入。因为在中小城市中基本上没有工厂，大商店也很少，如果不要摊贩和手工业作坊加入，工商联的会员便没有多少。在大城市中，开始时侧重于一些大公司、大工厂是对的，要求大、中、小等量齐观是不可能的。因此，摊贩和手工业作坊加入工商联，可以稍为慢一点。这只是步骤的问题，不是说不要他们加入。实际上，把他们组织到工商联中，是有利无害的。“管”总比“散”好。让摊贩自己组织起来比由公安局管理好。全市统一组织又比分区组织好。以区为单位组织在开始时是必要的，但在适当时候要建立全市的摊贩联合会，并加入工商联。这样既有利于做摊贩的工作，也不妨碍做大户的工作。

第二，合作社是否加入工商联？一般说，加入是有利无害的。全国合作总社〔134〕的意见是先试一试，因为合作社本身还未组织好，还没有巩固，怕进去后吃亏。他们建议先以省联社及县联社为单位，在一两个地区试验一下。我认为这个办法是好的，是稳当的。

第三，现在工商联的会员有三种：同业公会〔109〕团体会员，企业单位会员，特邀人士。这三种都是可以的。同业公会这种组织不是会员入会的必须形式，在小城市甚至一部分中等城市中，常常是先加入工商联，然后按行业划分小组，这种小组并不等于大城市的同业公会。但在大、中城市中，一般不要采取打乱原有的同业公会而完全采取以企业为单位入会的做法。有些同业公会的经费和人员很多，工商联不能调动，这是不合理的。但是，不要一下子打乱同业公会，而宁可采用其他的办法来合理使用经费和人员。等到工商联的工作做得久些，做得好些，并提高了威信，经费和人员的合理使用，是可以逐步做到的。即使如此，办法也应该稳妥，这叫摸着石头过河。搞急了是要出毛病的。毛毛草草而发生错误和稳稳当当而慢一点相比较，我们宁可采取后者。尤其是处理全国经济问题，更须注意这点。慢两三个月天不会塌，怕什么。某些地方已经改为以工商户为单位参加工商联的，也不必再改过来，可以再看看。对现在还未加入工商联的私营工商户怎么办？应该承认组织进来比不组织进来有利。但工商联不宜于在章程上作统统加入的规定。工商联应依靠自己的工作来争取他们加入，政府可以通过适当的办法协助工商联吸收这些会员。

第四，工商联组织实行三级制，即全国工商联、省工商联和县工商联。大行政区〔17〕及专署不设工商联，必要时可以召集各省各县工商联的联席会议或工商界代表会议。大城市工商联的区办事处可以继续试办，以取得经验。

关于工商联的领导成分。私营企业方面，要照顾到工商、大小、帮派、政治态度四点，但重要的是必须有充分的代表性。所谓有代表性，就是要适合于当地的经济情况和人事情况。我们特别注意“工”是应该的，但不要勉强，勉强就不可能符合经济情况和人事情况。公营企业〔12〕方面，要有必需的名额，但又要防止过多,各地同志应很好掌握分寸。

关于工商联本身的工作。工商联在各个方面,尤其是税务工作方面,做了很多工作,这对于国家、对于他们自己都是有益的,应该继续这样做下去。有一些地方的工商联对于指导私营企业方面的工作做得不够,或担负了过多的不适当的差事,这是不好的,应该逐渐地加以改变。但这并不等于不要做协助政府的工作。指导私营企业和协助政府两方面不能偏废。工商联工作总的方向,是在《共同纲领》之下协助政府和指导工商业者。具体说,就是领导工商业者遵守《共同纲领》,协助政府推行法令和政策,同时为会员服务,指导经营,教育工商业者。据会议中各地同志反映,工商联在教育私营工商业者方面起的作用很大,这是应该加以肯定的。

三　党对工商联的领导

首先是要统一党的政策领导。目前对工商联的领导是不统一的。在财经各部门之间(如工商局、税务局、劳动局等)工作步骤不统一,工商联党组与财委之间也不统一,这种现象是不好的。在大、中城市要成立工商工作委员会。这是党内的工作机构,在市委的领导下,统一党对工商工作(包括工商联工作)的政策思想。其成员,应包括统战部、财委党组、工商联党组及总工会等有关人员。

加强工商业联合会党组的工作。党组成员是在工商业联合会中工作的主要党员干部,加上公营企业代表中的党员。工商联党组受市委的领导,在一般情况下,市委可委托工商工作委员会来指导。

加强公营企业代表的工作。现在的情况是，少数公营代表做了工作，多数公营代表未对工商联给予应有的重视。产生这种情况的原因有三：认识错误，工作困难，缺乏指导。我们要物色一些在工商联兼职的公营企业代表，他们除了担任本身业务工作之外，能划出一部分时间从事工商联的工作。这种代表不能多，只能是参加工商联的公营代表中的一部分。这在大、中城市应该有，一部分小城市也应该有。参加工商联的公营企业代表要兼业务，若业务不熟悉，搞工商联的工作也是困难的。资本家是实际主义者，只要看见公营企业代表能解决问题，他们就会赞成的。

公营企业代表参加工商联的目的有三。一是实现国营经济的领导。二是既要贯彻国营企业的经营方针，又能团结其他各种经济成分。国营企业的经营方针的实现不是在真空管中，而是要与其他各种经济成分在一起，经过“磨擦”〔102〕、斗争、调整才能实现。三是熟悉情况，学习业务。制订国家经济建设计划，不管私营企业不行。国家计划必需包括私营经济，至少要包括主要的私营经济在内。我们有些同志怕麻烦，但在整个新民主主义阶段，同私营工商业者打交道是不可避免的，这个麻烦是国营企业代表人员躲不了的。这是很重要的工作。过去很多公营代表参加工商联工作，确有不少困难，因此，对他们的批评应该审慎。中央委托各地党委召集一次公营代表会议（以城市为单位），研究他们如何参加工商联工作，规定一些具体办法，解决他们的困难。

同业公会职员的工作是很重要的。这些人熟悉行业的内情，争取、团结他们，对于我们熟悉各行各业大有好处。

党在工商界的工作，过去先注意上层是对的，今后仍不要放松，但是应该加强中、下层的工作。

四　成立全国工商联

成立全国工商联，多数资本家有这种要求。上海的大资本家对此不感兴趣，因为他们已经有了较多的发言权。中等城市（如长沙、南昌等）的资本家要求成立全国工商联，因为他们要求更多的发言权。小城市的工商业家现在还没有这样高的要求，只是希望成立省工商联，以便有些问题能提到省来解决。从国家来说，可以通过工商联做很多工作，如调查各行业的情况，调配资金和劳动力以及对各行业的调整，这对国家实行有计划的经济建设有好处。在这方面与会同志的看法是一致的，我也同意。讨论中也曾设想了成立全国工商联可能产生的弊害。比如，私营工商业者借以进行有组织的叫喊，这很麻烦。我看这比无组织的叫喊好。叫得对的，我们可以接受；叫得不对的，我们可加批驳。不要害怕叫喊。去年如果没有叫喊，就不会召开工商局长会议及税务会议〔135〕。这两个会议的召开，对扭转当时的财经形势起了很大作用。有的同志怕成立全国工商联之后把问题都提到中央，使地方难于管理，这是可能的。但我们并没有宣布取消地方政府对工商业的行政管理权力。上级机关也应注意，不要轻易批评下级，也不要随便答应私营工商业者的要求。好事要让下级出面去做，上级不要包揽代替，这样下级便不致感到困难。

在全国工商联成立之前，要开一个全国的工商界代表会议[136]。代表的产生，大家认为应照顾到以下各个方面，即：地区，工商，大小，特殊（华侨、少数民族及特邀人士等），政治态度（包括左、中、右），公私。代表人数，会上作了一个估计。全国以四十个省计[137]，每一省代表平均六人，计二百四十人；全国二十个左右大中城市，每一城市平均十人（上海应不止此数），计二百余人。加上其他方面，总共有五百人左右。其中，国营企业代表可占百分之十五，计七八十人。除此之外的代表中，右的可占十之二三，中间及进步的可占十之七八。这些现在都不作最后决定，仅提出供各地参考。中央决定后，会有正式通知。时间、筹备、领导人选诸问题，也由中央决定。在中财委[11]党组与中央统战部的联席会议上，有的同志提出，全国代表会议今年暂不忙于召开，先促进大中城市的工商联工作，建立省的工商联，摸索一下，明年再筹开。此点由中央考虑决定。

全国工商界代表会议准备讨论及解决的问题有下列各点：（一）研究和准备适当解决私营工商业要求解决的问题，如加工订货、价格、税务及劳资关系等。（二）政府与国家计划对私营工商业的要求。如果朝鲜战争[111]问题能够解决，时局平定，我们就要进行有计划的经济建设。（三）选举领导机构。

一九五二年
财经工作的方针和任务*

（一九五二年一月十五日）

一　对去年工作的估计和今年财经工作的方针

去年的财经工作，支持了抗美援朝[111]，稳定了国内市场，这是成绩。缺点是，在财经系统中存在着相当严重的贪污、浪费和官僚主义现象。由于对财政支出管理不严，工业、贸易和其他经济部门的基本建设和经营管理中浪费很严重。

一九五二年，朝鲜战争可能结束，但应准备拖延。财政概算方案，应该放在和谈可能拖延并能继续应付战争这个基点上。

财经工作的重点，应在不放松收入的条件下，转向管理支出；在不放松财政、金融和市场管理的条件下，转向工业、农业、交通等方面。财经干部比较熟悉的本领已经不够用了，不

* 这是陈云同志起草的，以他和薄一波、李富春同志的名义向中共中央的报告。

熟悉的工作，如工业建设、经济计划等等，放在面前，必须迅速努力学习。

二 财政工作

（一）城市各项税收，必成数六十三万亿元[2]，期成数七十万亿元。国营企业收入，必成数三十五万亿元，期成数四十万亿元。农业税二百六十四亿斤，实行依率计征[138]。其他收入按概算草案进行。

（二）建立完整的省一级财政，重点试办县级财政。省级的一切收入，包括税收超额留成，地方粮和地方税[68]及附加[71]，地方企业收入，机关生产收入，地方结余款项，以及省级的一切开支，均须列入省的年度概算和决算。不能有预决算以外的收支，不能有帐外的帐。

（三）在“三反”[139]运动后，各级机关的生产，应该统一于同级的国家企业公司，像国营企业和地方国营企业一样，其收支受同级财政部门的统一支配，并列入同级的财政预决算内，具体办法另定。

（四）加强财政监察工作。请求各地抽调大批县级以上干部，建立中央、大区[17]和省的财政监察机构，重点考核财力的使用是否适当和有效。中央各行政部门事业费中之使用于各地的，均统一由中央财政部按期转拨各大区（由大区转省、市）财政机关统一掌管发放。大区及省、市财政机关负有审查、核发及监督责任。

（五）开始建立部队随军银行，实行货币管理。

(六)重点试办独立会计制度[140]。

三 物资调拨

决定下列十二种物资的调拨和平衡计划,由中央掌管,即:生铁、钢锭、钢材、木材、煤炭、水泥、杂铜、电解铜、钨、锑、锡、新闻纸。

四 粮食调拨和征购

(一)因为经济作物面积扩大,农民在土改[85]后生活改善而多吃,粮食情况一般是紧的。但是,现在预计去年增产可达一百五十亿斤以上,国家手内掌握并能运用于市场的粮食,今年比之去年可增加七十亿斤以上,因此只需小心管理粮食,不要有恐慌心理。除同意东北购粮七十一亿斤(愈多愈好)外,各地均应按照中贸部[48]购粮计划,努力完成,力求超过,并按照中财委[11]计划,予以调拨。一切应调出粮食的地区必须如数调出,一切要粮的地区不应多要。必须把应付市场的机动调拨之权,归于中财委。只要统一调度而又谨慎从事,则全国主要地区的粮食市场,是可以稳定的。

(二)经济作物(棉、麻、烟、蔗、大豆等)的播种面积,统应稳定于一九五一年的水平。粮食播种面积只能增加,不能减少。为了防止农民盲目扩大经济作物的播种面积,由中央财政部、中央贸易部会同有关部门研究后,公布经济作物的公粮负担额及经济作物与粮食的适当比价[141]。目前经济作物的公粮负担额很低，例如棉田所纳公粮只等于收获额的百分之六，拟提高到百分之十至十五。其目的是既防止经济作物面积的盲目扩大，又不缩小现有的播种面积。

（三）由于今后若干年内我国粮食将不是宽裕的，而且城市人口将逐年增加，政府还须有粮食储备（备荒及必需的对外贸易），因此征购粮食是必要的。只要使人民充分了解征购意义，又能做到价格公平合理，并只购农民余粮中的一部分，则征购是可能的。目前先做准备工作，在一九五二年夏收时，采取合作社动员收购和地方政府下令征购的方式，重点试办，以观成效。如试验成功，即于一九五二年秋后扩大征购面，逐渐在全国实行。

五　工作问题

（一）准备于一九五二年内，按各地生活水平、劳动生产率等状况，对工资作必要的调整。照顾到历史情况，暂时不强调工资上的产业顺序（如某业是第一等工资，某业是第二等工资等）。同一产业的工资，除铁道外，也不强调一致，而以同一地区的各业工资水平为调整的标准。对于某些工人不愿去而又必须鼓励工人去的地区，在中央批准之后，则可用地区津贴的办法，鼓励工人去做工。调整的时间，须在民主改革〔142〕和增产节约运动〔143〕开展以后。各地调整方案，须由中财委批准。有些企业如果具备了一定条件（如有定额制度等），而调整又是较普遍地增加工资者，则可以推行八级工资制〔144〕。

（二）基本建设中已暴露了很大的浪费。经验证明，仅凭希望和热情而无必要准备，没有自己的得力干部和工程技术人员去办，是必然要失败的。各地对于基本建设工作，必须切实执行中财委的规定。各地财委要负责对过去本区的基本建设工作，在本年二月份内作出总结，报中财委。

（三）增产节约运动，也是企业提高经营管理水平的运动。今年六月底，各部门要在增产节约运动的基础上，定出所属企业主要项目的定额，报告中财委。一则以此增加业务人员的知识，二则在此基础上继续前进。

（四）中央各部直属的国营厂矿，其生产计划，企业利润，折旧和投资的支配，原料和产品的调拨，重要管理制度和重大技术措施的规定，以及主要领导干部和技术干部的调整，应归中央统一掌握。其政治领导和行政工作，统归各大区管理。

（五）全国正在进行的清理资财和核定资金的工作应加紧进行，并应互相交流经验。

六　公私关系

（一）对私厂实行加工订货，产品议价，以及对若干种产品的统购，是当前必须实行的政策。这种政策，可以用来反对资本家牟取暴利，限制资本主义经济中不利于国计民生的因素，必须坚持。统购项目应随国家需要而增加，如机制纸张、色布、轮胎，均应由中贸部规定办法，于今年内逐步统购。同时要保证私厂的合理利润，工缴费[119]及利润低了的，应该适当提高。对私营工业的合理经营的部分，要继续加以保护，限制的只是那些违法暴利的部分。对私营工业和私营商业的税收政策仍应有所不同，以鼓励有利于国计民生的私营工业。

（二）合作社必须有计划地发展。国营零售店及其零售品种，应该随稳定市场的需要而扩大。粮食经营中，国营比重应该增加。我们对私人商业的政策，在主要商品的经营中，在批发市场上，国营贸易必须继续扩大和加强领导地位；在零售市场上，则必须保持稳定的力量。淘汰若干不宜于存在的中间商，是不可避免的，这有利于人民经济的全局。同时，我们在零售市场上保持了稳定力量之后，应该给私商以较多的零售地盘。

（三）在私商联营方面，要纠正那种由政府强制组织联营的错误做法。过去联营曾起过一定作用者，现在亦不需发展。至于私商自动组织者，则应加以密切注视，如其垄断市场，则以经济斗争和行政管理两种办法对付之。由中贸部在各地“三反”高潮过后，召集一次工商行政管理会议，讨论和传达这一政策。

（四）因中间商淘汰而需要转业的职工，应加协助。由国营企业、合作社、工商行政机关、劳动部门共商转业办法。目前应进行下述三种人的登记：国营企业和合作社需要新招雇的人数和类别，社会上需要转业的人数和类别，解放前失业但尚未登记者。我们对失业人员，不论其失业时间是属于解放前或解放后，均应采取负责统筹的政策。但在介绍其职业时，应会同公安机关考核，区别出一般失业人员与被管制分子。

七 一九五二年财经工作中需要特别注意的问题

（一）厉行“三反”，增产节约。

（二）健全地方和军队的财政制度，严格财政纪律。

（三）拟定建设计划，准备干部，迎接大规模经济建设的到来。

（四）努力购粮，统筹调运。

此外，中财委与各大区及各部的关系，继续遵守下述三点：互通情报，协商大事，交流经验。各大区财委及中央财经各部，须每季给中央写一扼要的综合报告，首长要亲自动手，不准秘书代办。专业会议的专题报告，照常进行。

审查一个工厂初步设计〔145〕议定书的报告*

（一九五二年二月四日）

一、哈尔滨铝合金加工厂〔146〕是一九五一年一月委托苏联设计的，年产铝合金一万吨。其中，铝板七千吨，各种型材一千三百吨，铝棒一千一百吨，铝管三百吨，铝线三百吨。产品主要供应航空工业，其次是一般工业。该厂与淄博铝氧厂〔147〕、抚顺制铝厂〔148〕组成了我国第一个制铝工业系统。淄博铝氧厂（日本占领时办的，解放战争时遭受了大破坏）将以氧化铝二万多吨供给抚顺制铝厂电解，连同抚顺厂自产的氧化铝近一万吨，共可生产电解铝一万五千吨。其中，一万吨交哈尔滨铝合金厂加工，五千吨用于生产高压电线。上述三个工厂必须同时恢复与修建，才能生产铝合金产品。目前，哈尔滨、抚顺两厂均已作出初步设计，而淄博铝氧厂，去年经外交系统电请苏联设计，隔八个月后苏方才答复须由贸易系统出面联系，因此恢复该厂的设计尚未进行，必须迅速补上。

二、哈尔滨铝合金加工厂的主要车间及主要设备如下：

---

* 一九五二年，陈云同志为政务院财政经济委员会党组起草了几份关于审查工厂初步设计议定书向中共中央的报告，这是其中的一篇。

(甲)铸型车间。以各种金属与电解铝融在一起,冶炼成各种不同性能的铝合金,一部分供压延车间用,另一部分供制管车间用。主要设备有,容积七吨的电炉和混合炉各四座,十五吨煤气炉一座,扁形铸锭半连续铸造机二座,圆形铸锭半连续铸造机二座。

(乙)压延车间。压制各种性能的铝板七千吨,最大宽度为一米半。主要设备有,大小压延机四组,均热炉十六座,退火炉二十四座,加热炉二座,热处理炉一座。

(丙)制管车间。制成不同性能铝合金的各种规格的管子三百吨,线材三百吨,圆棒、六角棒一千一百吨,其他型材一千三百吨,合计三千吨。主要设备有,三千五百吨水压机一座,二千吨水压机二座,一千二百吨水压机二座,六百吨水压机一座,制管机三座,链式伸压机三座,大小拔线机三座,热处理炉一座。

三、工厂人员、用电、用水、厂址面积的设计如下:

(甲)全部人员二千二百五十八人,计工人一千七百六十八人,技术人员二百三十人,职员一百四十五人,服务人员六十一人,守卫、消防队员五十四人。实物劳动生产率,每一工人平均每年五点七吨。

(乙)全年耗电量为六千万度,每吨铝材用电六千度。

(丙)生产用水全年三十二万三千一百吨。

(丁)工厂面积三十三点六公顷,合五百零四市亩。建筑物面积九公顷,合一百三十五市亩,为全厂面积的百分之二十六点八。

四、为了慎重研究其产品质量、规格能否完全符合我国航空工业的需要，我们征询了航空工业专家的意见，他们认为是符合的。

五、这一工厂所需的全部投资及外汇数量，据粗略估计，约需人民币三千亿元[2]。

六、中财委[11]党组讨论了这个工厂的初步设计议定书之后认为，我们建设新型工厂没有经验，而过去的基本建设中已有很大浪费，因此对于每个工厂的建设计划及初步设计，应该认真地慎重地研究审核，这是一种极为重要的学习。今后，各级工业交通等部门凡是建设新厂，都必须切实审查设计，决不可草率从事。中财委党组决定：全国各地凡属举办价值五十亿元人民币以上的新工厂，均须呈报党中央。一切较大和大型工厂的初步设计议定书，均须经过中财委党组审核，分别呈请政务院[55]党组和党中央核准。各有关部门对于设计的审核工作应该力避拖延，又必须切实认真。

市场情况与公私关系*

（一九五二年六月十一日）

关于市场情况，我有这样几点估计：

一、市场还没有完全活跃起来。在二三月间市场是停滞的，这种停滞现象现在已经有所改进，但是大的改进还需要一个时期，不能希望太快。资本家方面按其对于社会的影响来说，现在是三动七不动，小动大不动。有人说，现在大的资本家不是也动了吗？我说那是口动心不动，或者说是皮动肉不动。公家怎么样呢？公家是七动三不动。什么没有动呢？下层没有动，县以下的合作社、贸易公司还没有动，只做三分之一或四分之一，最多的是百分之五十的买卖，其他还在忙于打“老虎”[149]，清理积案等工作。这个时期的市场所以能维持，大部是依靠“人工呼吸”的方法。城市里的加工订货，乡村里的收购，都是靠国家的力量。从三月到五月，这种情况有变化。但是照现在看起来，要完全变好还要有一个时期。我们的铁路装车计划应该是每天一万三千个车皮，但今年实际装车数，最低时降到了七千车皮，四月恢复到八九千，五月恢复到一万二千，现在才恢复到一万三千。我们的百货公司，今年计划每天

* 这是陈云同志在全国统战工作汇报会议上的讲话。

的贸易额应该是三千亿元[2]人民币，但是最低时是七百亿元，五月下旬到现在是二千六百亿元。

二、中间市场脱节。其表现是国家贸易公司的货物堆积如山。上海、天津、青岛、广州，每个城市都是如此。到处都叫装不下，共计有一千万吨，只有二百五十万吨入了仓库，七百五十万吨还在露天。去年仓库也是这样多，为什么叫得不那么厉害，是不是今年的生产品特别多呢？不是。今年生产的东西也不特别多。虽然多收了一点棉花，囤积了一点纱布[5]，但是数目不大，总的说来和去年差不多。原因是去年两个仓库装东西，而今年却只有一个仓库装东西，只装了公家的仓库，没有装私人的仓库。资本家在等着“五反”[150]，根本不进东西。

在城市，物价有倒挂的现象，五月上旬国家贸易公司的牌价比市价高。我们看到这种情况，就把高出的部分降低了一半。在乡村中，则是市价高于牌价，工业品、土产品都是如此。市价比牌价高，证明农民的购买力提高了，城市里面的工业品下乡就会有销路。

工业品从大城市到乡村不是直接下去的，而是从大城市到中等城市，从中等城市到小城市，从小城市再到初级市场。现在有些中等城市，比如蚌埠、徐州、南通、扬州、许昌、潍县等，因为“五反”，搞得不通气了。曾山[151]同志从上海来北京开会，到蚌埠看了一下，那里在解放初期市场很活跃，现在是冷冷清清。原因是一百零五家最大的铺子还躺在那里没有动。没有动的原因有两个：一个是公私关系不协调，一个是“五反”没有定案。公私关系的问题，我们早就看出来了，今年二月二十二日发出了通知，要国营贸易公司赶快加工订货，使市场不致停顿。如果能够定出新的加工订货工缴费[119]的标准，当然更好，不能定出就按照老标准执行，将来多退少补。中财委[11]的这个命令各地都执行了，上海还规定了具体办法。现在资本家在公私关系上没有什么不放心的，但是还没有完全解决问题。主要原因是他们对“五反”心里不服，有一个疙瘩。不过，我们现在不从这方面提，还是从税收、加工订货这方面来解决，“雷公打豆腐，照软的来”。

三、国营贸易的比重增加了。这种增加是被迫的，又是必要的。为什么是被迫的呢？因为一搞“五反”，资本家不做买卖了，如果不增加国营贸易的比重，加工订货也不搞，农村土产没有人收购，工厂的产品没有人买，整个社会经济就要停顿，农民就要骂娘，工人就要失业。昨天收到一个电报，皖南王稼祥[152]同志家乡的农民把合作社打掉了，原因是合作社收茶叶的价钱低。实际上今年的价钱并不比去年低，而且还高一点。如果天津这些地方出产的热水瓶、皮带等东西国家不收购，工人也会这样干。所以国家只有加紧收购，这样，国营贸易的比重就增加了。私人一做买卖，这种情况就会改变。这几天就有变化，北京百货公司的生意比以前就减少了。国营贸易的比重究竟占多少为好，我们是有计划有尺度的。去年国营贸易的比重是百分之十九多一点，今年是百分之二十四到二十五。我们要掌握住这个尺度，不要提高，也不要降低。

四、在我们的五种人员（税务局的税务员、银行的放款员、企业的采购员、贸易公司的验货员、海关的验估员）中，有一种“宁左勿右”的情绪。他们以前不认真，出了“老虎”，现在认真了，验货的规格特别严，标准特别高，“次货”高到百分之六七十，甚至百分之八十。上海有的地方在验乒乓球时，还要用显微镜一个一个地照。这样做是不是合理呢？不合理。一般来说，废品不能高到百分之十，一到百分之十，工厂就要关门。那末，可以不可以臭骂他们一顿呢？不能。他们现在都不肯干了，都怕当“老虎”，上街是几个人一起去，跟资本家谈话也得几个人，一个人不敢讲，电话一个人也不敢接。什么原因呢？因为那些倒下去的人跟资本家有勾结，他们也怕，甚至不愿意搞这一行了，要求调动工作。再者，我们现在还不可能很详细地定出一个新的验货标准来，所以没有理由骂他们。应该这样向他们讲，当“老虎”是不对的，跟资本家划清界限是对的，但你们在改正错误的时候做得太过分了一点。这是下层的情况。

上层的情况怎样呢？上层机关中很多人打“老虎”去了，留下来的人刚刚“下楼”〔153〕，并且有许多人是穿着短裤子勉强“下楼”的，所以叫做仓卒应战。“三反”〔139〕、“五反”的面很大，尤其是一搞“五反”，大工厂也不向中小工厂订货了，中小工厂生产出来的东西，主要是由国家贸易公司来买。那些次要的零零碎碎的产品，以及农村的土产，如枣子、核桃、药材等，就难免照顾不到。虽然是仓卒应战，我看维持得还好，这证明国家经济力量比以前强了。如果在一九五〇年搞“五反”（当然这是不可设想的），国家经济就没有力量来维持市场。又要应付“五反”，又要维持生产，又要在农村里面收购猪肉、鸡蛋等东西，国家经济没有现在这样大的力量，是不行的。

市场可以繁荣，这是确定无疑的，但是要繁荣到很正常的程度，还需要经过一段时间。根据什么说市场可以繁荣呢？这就是社会供销关系没有变。去年是供不应求，生产出来的东西可以统统卖掉。现在购买力是不是减退了呢？没有减退，还有增加。生产是不是增加很多呢？有增加，但并不很多。今年购买力会增加，这可以从下面三个方面来看：（一）农业的收成好。现在麦子已经收了，收成比去年增加，秋季丰收也是有希望的。这样，农民的购买力就会提高。（二）国家预算比去年大。这一条很重要。国家预算的支出，除了一部分向外国订货，大部分都用在国内。预算大，支出的钱会回到市场上去，变成购买力。（三）工业品城乡价格差额很大。因为现在一些私商都忙于参加“五反”，把城市的工业品运到农村去的人少了，而农民又很需要工业品。只要有人把东西弄到农村去，农民就会买的。

把上面几点综合起来看，虽然相当大数量的资本家在观望，国营贸易机构维持市场很吃力，但是市场是可以繁荣的，而且将是比较健全的繁荣。当然，要达到这样的繁荣，还要经过一段时间。

下面谈谈公私关系中出现的问题和我们的对策。

“五反”之后要退赃补税。退赃补税要合适。一开始全国退补的数字达到三十几万亿元。很多人讲：“这回共产党可发财了，出了这么个主意，搞到这么多钱。”其实，现在一个钱还没有搞到，并且第一季度还少收了五万亿元的税。在这方面没搞到钱，可是在另一方面搞到了很多钱。四月底止，财政部库存十万亿元。因为都在打“老虎”，基本建设不敢用钱，经费也不敢开支了，应该支出的钱都没有支出。这件事是开国以来没有过的。另外，节约也见了效果。现在我们算资本家的“五毒”[154]帐，是不是算多了一点，是否有点像在农村曾经有过的那种苛刻算法：一只老母鸡下了很多蛋，蛋又孵了鸡，鸡里面又有多少公鸡多少母鸡，母鸡又下了多少蛋，蛋又孵了多少鸡……我看是有的。蚌埠有一百五十家工商户，资本只有一万五千亿元，要退补的就达三万亿元。浙江省有几个工厂，“五毒”帐超过了加工订货的全部收入。算的太多了，恐怕站不住脚，也会把真正的“五毒”放过去。我们必须实事求是地把它核减下来，核减到恰当的程度。这样，对打“老虎”的同志可能讲不通，他们辛辛苦苦打下来的，你一核，核少了，他们可能不愿意。可是如果不核下来，我们就站不住脚。同时，还要成立一个接受申诉的机关，如果资本家认为算的太多了，可以申诉。对资本家要加以照顾，缴退补款的时间可以拖长一点。要先活后收，先税后补。第一先要活，能活就能收，如果先收，就活不了。第二先收税后补退。税收最要紧，神圣不可侵犯。财政部没有钱，什么事也干不了。先税后补，就是说你不能大补就小补，小补还不行那就暂时不补，明年再补，但税一定要收。退补大概能收到四万亿元，税收要收到七十万亿元。只有先把小的放松一下，把大的收起来，等市场活了以后，那四万亿元也就可能收起来了。如果先补后收，很可能因小失大。

加工订货的工缴费问题。去年我代表财经委员会在政协全国委员会报告[155]的时候讲到，加工费定低了的要提高，定高了的要降下来。这个话现在还有效。有的资本家说：“要我们得合法利润，但究竟什么叫合法利润，总弄不清。”我们准备这样答复：工缴费的合法利润可以百分之十，可以百分之二十，也可以百分之三十。我们不把它讲成百分之十到百分之三十。如果那样讲，下面就容易简单化，不定百分之十，也不定百分之三十，当中一折，普遍定百分之二十。但有些东西不能到百分之二十，有些东西可能要超过百分之二十。我们要按照生产成本、市场价格和社会需要来定。

工缴费的利润是不是适用于一般工业利润呢？我看也可以适用。如果有人问，工业利润比百分之三十再高一点行不行？我的意见，只要不违反国家规定，订的价格适应社会购买力，也可以不受百分之三十的限制。一切东西都不能超过百分之三十，多一点也不行，这是办不到的。有些东西是市场很缺少的，人们也愿意要，只有这么一家生产，它的利润超过了百分之三十就不允许成交，那是不行的。

商业利润怎样呢？第一，必须遵守国家的贸易政策，遵守《共同纲领》[101]的规定。第二，商业利润不应该高于工业利润。这只是指一般情况说的，个别的超过了百分之三十，也限制不了。比如某些土特产，农民卖不出去，商人收买的时候价格很低，卖的时候价格很高，利润超过了百分之二十，你说他是非法还是合法呢？应该承认他是合法的。所以，只能一般地说商业利润不应该超过工业利润，个别的超过也可以，但是不允许投机倒把。

加工订货的规格问题。所有的东西都要定出统一的规格来，是有困难的。因为各地出产不同，要由各城市自己去管，规定本地加工订货的规格。六、七两个月，全国各地应在当地工商局的领导下，与资本家协议，规定加工订货的规格。这样，验货员就可以按照规定的标准收货。

加工订货的定金要多少呢?资本家要百分之七十,这办不到,最多只能是百分之三十。这已经很高了,真正要做生意,百分之三十也可以做了。定金不能一次全给资本家,全给了他,他就跟你耍赖皮。过去我们吃过亏。

中小厂的加工订货问题。中小厂的单位比较多,全部兜来还办不到。有一些落后的中小厂是要倒台的。如北京有的袜子用手指一捅一个洞,国家贸易公司买了十七万双,结果卖不出去,浪费了原料。

名牌货的问题。如414毛巾〔156〕,固本肥皂〔157〕,这些名牌货我们要提倡,不要名牌货不好。买货的人,都希望买名牌货。"五一"减价的时候,北京王府井百货公司买东西的人挤得很,广播器总喊"不要挤,不要挤",结果还挤坏了二十多块玻璃。旁边私人商店里的货和百货公司的货是一样的,而且价钱还便宜,但是人很少。老百姓相信百货公司,他说到百货公司买东西上不了当,吃不了亏。我也亲身碰到过这样的事情。早先在上海的时候,世界书局〔158〕、中华书局、商务印书馆几家共同组织了一个书店,我是被派去的一个。有一个人要买小孩用的书包,问多少钱,我说一块钱。他说,有一块钱还不如到商务印书馆去买哩。实际上是一样的东西,只是用了另一个牌子,但是他就认为商务印书馆的好。老百姓要名牌货,这个要求是合理的,取消名牌货不好。现在主要的问题是都不讲信用,尤其是纸烟,第一回出厂的很好,第二回、第三回就不知道什么样子了。这很不好。对名牌货不应该打击,应该鼓励。当然只照顾名牌货,不照顾非名牌货也不行。过去上海曾经把几家小毛巾厂合起来,出货都用414牌,你的质量不高,用人家的名义，把人家的名声搞坏了，人家是不愿意的。

出口贸易的问题。现在的情况是出口赔，进口赚，所以私人出口生意很难做。他出不了口，就卖给国家，国家贸易公司给他利润。国家贸易公司赔了钱，就靠进口赚。应该照顾私商。还有在国际市场上的竞争及国内与农民的关系，而且这两方面的关系是主要的，与私商的关系是次要的。如果我们的国内价格跟着国际上的价格跑，就会在农民中发生盲目发展土产的问题。你说少生产一点，他是不会听的，因为他是看卖得出钱还是卖不出钱，卖得出钱的就多生产。现在我们的农业生产还是分散的。例如，我们说棉田不要再增加了，粮食少了就会发生危险，结果还是增加了几百万亩。那怎样办呢？就要在价格上想办法。今年收购棉花的时候，价钱不应提高。我们对农民现在还是拿价格政策来指挥他。如果国际市场价格跌了我们也跌，也会发生问题，我们的贸易公司和合作社就会被打垮。我们在农村里收购，不能采取资本主义的办法。要农民从这种生产转到那种生产，必须给一个过渡时间。这样就不能跟着国际市场的价格走。国际市场上有几样东西，比如猪鬃，如果价格低了，我们就不卖，反正你要靠中国，五月不卖等六月，六月不卖等七月，我们有钱，也不急着卖。出口东西，如果他跌你也跌，完全跟着国际市场价格走，那就不好办了，外国资本家就会多占便宜，农民就会不满意，国家也受损失。

这样，私商的生意是不是就难做了呢？是难做的。比如去年杂粮很少，北京和天津就让老百姓少吃杂粮，多吃面粉。面粉卖五万多元一袋，比吃杂粮还便宜，就没有人吃杂粮了。贸易公司赔了多少呢？五千万斤粮食。如果我们不这样做，让商人去搞，那市场上会混乱，买杂粮就会站队。越买不到就越要买，那就会天下大乱。天下乱好，还是不乱好？当然是不乱好。不采取这样的办法，就不能保持价格的稳定。秋季粮食市场价格很低，收购进来，到来年四五六月份提高价格卖出去，就会赚一笔钱，但是我们不能采取这样的办法。牌价要一年四季差不多，基本上不变。这就发生一个问题，收进来时要付出一笔钱，这钱是哪里来的呢？从银行借的，借钱就要付利息。贸易公司要付利息，又要花保管费。私商在这种情况下就不容易做买卖。对他们可以不可以迁就呢？不可以，如果迁就了就会天下大乱。总之，与农民的关系及国际市场上的竞争是主要的，与私商的关系是从属的。能够两全时就两面都照顾，不能两全时就照顾主要的方面。

公私贸易的比重及转业问题。去年国营贸易的比重是百分之十九到二十，今年的比重是百分之二十四到二十五，我们要保持这个比例。私人方面要有加有减，有的行业要发展，不合社会需要的行业要倒台，要转业。这是个老问题，去年也讨论过。一九五〇年提出转业方向问题时，我们答不出来，现在敢答了。我说方向多得很，钢铁、器材、汽油等方面都可以转，保你赚钱发财。这一点他们也看得很清楚。问题在哪里呢？就是职工转业问题。这个问题一时解决不了，还会拖一个时期。中国的失业问题我看还没有完全解决。是不是可以想一个干脆的办法，一下子解决这个问题呢？不可以。我们算了一下，百货公司一个人一天做的生意，能顶私人铺子五个人一天做的生意，就是说，如果私人铺子的店员有十个人失业，我们只能吸收两个人。只要我们在北京开一个茶叶公司，很多茶叶铺子就要倒闭。又比如夫妻两个开一个铺子,有事开门,没有事关门,如果把他们都吸收过来,又让他们干什么呢?这个问题不容易解决,我们现在还不能把他们全部包下来。

银行利息问题。银行利息要采取降低的政策,以利于工商业的发展。现在银行是月利三分,年利百分之三十六。这样高的利息是无法经营工商业的,资本家与其向银行借款经营工业,还不如把钱存在银行里生利。银行的利息要降低到什么程度呢?降低到接近抗战前的正常水平,或者稍高一点。比如降低到月利一分,或者一分多一点,年利百分之十到十五。降低银行的利息,对于工商业的发展是有好处的,因为银行利息降低了,资本家就愿意向银行借款来经营工商业。对于国营企业的经济核算也有好处,因为资本家自己能够向银行借钱经营工商业,国营企业就不必要向他们投资了。全国公私合营的银行有职工约一万二千人,私营银行有职工七千多人,共计一万九千多人。过去私人银行是靠存款利息和借款利息的差额吃饭的。银行职员的工资很高,等于我们的一个市长、部长或者局长的收入。现在利息一降低,银行收入少了,很大一部分私人银行就必然要倒闭,很大一部分职工要失业。在这些失业的职工中,我们只能招考一部分,招考来的也只能按照我们的标准待遇。我们现在是低薪制,从私人银行里招考来的人员就不能是高薪。

银行的利息以前为什么不降下来?第一个原因是当时物价稳定还不久,如把利息降下来,就会减少银行的存款,商人就会从银行里提钱到市场上抢购东西。现在这种危险已不存在了。第二个原因是怕私人银行倒得太快,增加失业人数。现在即使私人银行的七千多职工都失业，问题也不太大，何况一部分私人银行要继续维持，我们还能招七百来人，他们不会都失业。

税收问题。这个问题，我们历来跟资本家有争论。货物税〔69〕（从前叫出厂税，也叫统税）争论不大。工商税〔70〕中的营业税是按照营业额的百分比来计算的，现在一般占营业额的百分之一到三，自从有了统一的发票制度以后，按照发票算帐，争论也不大。争论最大的是所得税。所谓争论，在税法上的争论也不大，主要是在技术上即计算方法上的争论。有争论应该用复议的办法解决。现在税务局有一个专门的复议委员会，有什么不公平的地方可以到那里去复议。我们的原则是：不应该收的钱一个不要，应该收的钱一个不少。你们要按照这条原则去处理。

要防止漏洞。只要一不小心，开一个漏洞，潮水就可以往里头钻，资本家就可以利用这个缺口来向我们进攻。比如滞纳金（所谓滞纳金，就是不按期缴纳税款者，按日计算，一天罚应纳税额的百分之三）就不能取消，取消了就会天下大乱。我们有一条规定，就是不管有没有争论，要先付钱，不付钱就要罚滞纳金，不能因为有争论就可以缓纳。如果说有争论就可以缓纳，他天天可以和我们争论，我们就会收不到税。在这一点上不能有任何让步。

印花税是不是要取消呢？印花税，过去叫凭证税，实际上是一种小营业税。一九五〇年，上海资本家的代表曾建议取消印花税，当时我们说国家现在还处在困难时期，还应该继续维持。印花税还有一个作用，就是可以推算营业税，即有防止漏税的作用。资本家也最怕这一条。所以现在我们还不取消。

私营工厂的工人工资，也要有一个规定，一般不能超过国营工厂工人的工资。如果不作这样的规定，资本家就会在结帐时把赚来的钱都算成“工资”，他就可以少纳税或者不纳税。

资本主义经济在今天还是五种经济成分〔100〕之一。只要资本主义经济存在，资本家就会在各种政策上跟我们有争执。税收是一个很大的问题。在税收问题上发生一些小的争执，甚至大的争执是不可避免的。对于这一点，我们要有充分的准备。

税收是国家的主要收入，现在占国家全部财政收入的百分之五十（财政收入其余的百分之五十，来自国营企业的占百分之三十，公粮〔25〕占百分之十五，其他占百分之五）。假如税收发生了问题，整个国家的财政就要发生动摇。因为征收的方法不同，税收还有畸轻畸重的现象。现在征税的方法有三种：一种是查帐，一种是民主评议，一种是定级定额。私商要求用查帐的方法征收，能不能都用这种方法征收呢？不能。比方上海，用查帐方法征收的有两千户，其税额占全部税收的百分之六十；用定级定额方法征收的有几十万户。如果都用查帐的方法征收，那就要把他们的帐簿都拿来查，需要多少人呀！那可做不好。对于这件事情，我特地征求了各省、市委书记的意见。我说，三种方法，不管你们用哪一种，只要能收到钱就行了。他们说，查帐征收的户数无论如何不能增加，铺子不大，每家铺子都有它的帐目，那里头的名堂可多啦！你怎么给他算呢？搞不赢他们。所以，查帐的面不能扩大，还是来一个民主评议，就是他自己讲，大家评，评了以后，如果不同意，还可以复议。当然，这中间可能发生畸轻畸重的现象，应该注意。两边吵架的事情还会发生，而且经常会有。我们有一点做得不合理，资本家就到处叫，到处传，一直传遍全中国。可是，偷税漏税他们不讲。我们的办法再好，他们还是要偷税漏税的，只要资产阶级存在，完全没有偷漏是不可能的。

有同志问：他们这样闹呀，叫呀，我们怎么办？回答是：听他们的正确意见，纠正我们工作中的缺点。但是我们要有一个根本的估计，这就是我们收的税大体上是恰当的。比如汉口，去年收的所得税近两千亿元的样子。所得税等于所得额的百分之二十五，亦即所得税的四倍就是他们的所得额。这样计算，汉口资本家的所得额是八千亿元。天津的资本家去年一年赚了多少钱？我们估计是两万亿元的样子。我们收了多少税呢？只收了三千亿元。如果按照所得税是所得额的百分之二十五来计算，天津资本家的所得额即是一万二千亿元。天津资本家是不是仅仅赚了这么多呢？我看不止。假设有人问：国家的税收是不是很重？这个问题一九五〇年也有人问过，我说，不轻。我们说重也不好，说轻也不好，应该说不轻。世界上的事情就怪在这里，我们所有的税率都是接收孔祥熙〔159〕的，而且还精简了一点，但是我们还比他们收的多。现在我们一年的税收，大约合二十三亿元光洋〔18〕。国民党在九一八事变〔160〕以前，包括东北在内，也不过收八亿到九亿元光洋。税率是他们的，我们还加以“精兵简政”，他们比我们收的少。所以上海的资本家说：“国民党复杂简单，共产党简单复杂。”国民党税务条例多得很，形式上复杂，看起来不好办，事实上很简单，只要贿赂一下就行了。共产党办银行的也好，办工业的也好，搞税收的也好，都是从山沟里来的，土头土脑，看起来很简单，但是他们很认真，搞什么事情就开会讨论，一开会就“复杂”了。

现在的情况，一个是资本家观望，再一个是部分工人有“左”倾情绪。他们想，搞“五反”，打“老虎”，这一下子可快到社会主义了，现在搞到半途又停下来，所以不满意。这就需要我们做解释工作。对于失业工人，我们都要给以救济，不要使他们闹架。救济也花不了多少钱，市场恢复以后他们就会找到职业。

建设一支强大的地质工作队伍*

（一九五二年十二月四日）

一九五三年我国将开始大规模的经济建设。为了适应国家新的需要，明年的地质工作，也要进行一个大的转变。

从前，地质工作是做多少算多少，国家没有整体计划。现在不同了，地质工作要根据国家建设的需要，目前更应根据钢铁工业、有色金属工业和燃料工业等建设的需要，在一定时间以内，探明一定的储量。地质事业在国家经济建设中已成了一项最重要的事业了。

明年地质工作的工作量，比今年要增加十倍至二十三倍。其中，钻探增加十倍，坑探增加二十倍，槽探增加二十三倍，普查面积增加十倍。后几年的任务还要逐年增多。为了完成这些任务，绝大部分地质人员明年都要参加普查、探矿及其他野外地质工作。过去虽然也有很多人参加了野外地质工作，但留在室内工作的还不少。明年必须进一步改变这一情况。

为了完成地质工作的巨大任务，还要用有效的办法训练新的地质人才。东北、北京及其他地方，已招收了几千名学生，

* 这是陈云同志在全国地质工作计划会议上的讲话，原载一九五二年十二月十九日《人民日报》。

经过一二年或三四年的学习，就可参加地质工作。这样大的地质工作队伍，在中国历史上是空前的。一定要用先进的教学方法来训练他们。我们对他们寄以极大的希望，希望他们毕业后马上参加国家的建设。这项训练，是地质部的重大任务，也是中国地质界的重大任务。

大批地质工作人员到野外工作，大批训练地质人才，这标志着我们国家开始了大的转变——由经济的破坏和停滞状态转变到大规模的经济建设，由落后转向先进。

当然，摆在地质工作者面前的困难是很多的。这些困难在其他部门也同样存在，最主要的就是任务大，力量小。否认这个困难是错误的。我们必须正视这个困难，积极解决这个困难。

对待这个困难有两种方针。

一种方针是按照现有的力量规定地质工作的任务。我们应不应该采取这一方针呢？不应该。因为采取这一方针就要推迟地质工作的进度，推迟黑色金属、有色金属、燃料等工业的建设进度，因而也就推迟我国工业化的进度。中国几百年来受人欺侮，从根本上说，是由于经济落后。现在全国解放了，人民民主政权建立了，如果还不进行大规模的经济建设，则中国革命的胜利是没有保障的。因此，决定地质工作的方针，就不应该只考虑地质部门目前的困难，而应该首先考虑国家的需要，也就是首先考虑如何加速国家经济建设的问题。

另一种方针，就是按照国家的需要，力争完成国家的计划。力量不够，就研究增加力量的办法。我们共同讨论的结果，是采取这一个方针。采取这个方针是有困难的，但是，为了满足国家建设的需要，我们不能不这样做。

怎样增加力量呢？力量的来源有三。

一、增加新的人力和工具。增加人力的主要办法，是办学校和训练班。我们需要大学生和高中学生，但大学生和高中学生不够分配。因此也可以考虑招收初中学生，训练一年二年，使他们能参加简易的工作。同时，要采取专业人员带徒弟的办法，大量培养干部。这样的做法是必需的。只有这样，才能迅速壮大地质工作的力量。

二、合理地使用人才。现在地质工作人员很少也很分散，更要合理使用。如何才能做到合理使用呢？应该注意以下几个方面。

要在全国范围内统一调度，按国家的需要合理分配。从明年起，全国各地财政系统的一切收入统统要缴中央财政部，地方的较大的工厂要统一交中央管理。地质工作人员也应该由中央统一调动。每一个做地质工作的同志，都应该有这种服从国家需要、听从调动的思想准备。各地的地质部门，也应该准备在工作需要时，整个机关都要搬家。因为只有如此，才能统一行动，发挥力量。

新老人员要合理组织。现在的野外工作队，有的全是老的人员，有的全是新的人员，这种现象应该加以改变。要把老的工作人员分散开来，让他们多带徒弟，这样才能扩大地质工作的力量。带新学生是麻烦事，但为了适应国家和人民的需要，就不能怕麻烦。

室内工作和室外工作的同志也要有合理的调配。要把力量使用到关键的地方，不能让那些地方人力不足。

地质部门中的老干部也要合理地使用，并且使他们和技术人员分工合作。技术人员主要的应该担任业务工作，老干部则应多做行政工作。这才能使大家都发挥应有的作用。如果地质工作人员忙于行政事务，这是人力的浪费。当然，行政工作也不简单，需要办的事情很多。把这项工作委托给老干部去做，他们有经验，是可以做好的。老干部是不是也可以学地质业务呢？应该学，只要自己长期地努力学习，是可以学会的。

三、提高原有地质工作人员的本领。这一条有极重大的意义，我要多说几句。应该说，过去两三年来，地质工作人员是做了工作的，也有一定的成绩，这是必须肯定的。在中华人民共和国成立以前的几十年来，地质工作人员也做了工作，这些工作对祖国也是有益的，这也是必须肯定的。但是应该知道，我们已经做的工作，赶不上今天的需要，和国家所提出的要求相比，还相差很远。这主要表现在两个方面，一是地质工作人员还太少，二是我们以前所做的是研究工作比较多，实际勘探工作少，不全面。必须承认，地质工作人员的数目不多，本领不够。这责任不在于地质工作人员，中国并不是不能造就出有本领的地质工作人员，而是因为过去没有良好的环境。现在，地质工作者的责任很大。地质界的同志们，应该自觉地站在人民的立场上，认识到自己所肩负的重大责任，努力提高本领，以适应国家建设的需要。

怎么才能提高现有地质工作人员的本领呢？这就是必须下决心努力学习。学习的方法有三种。

第一，经常总结经验教训。要从成功的经验中学习，特别要从失败的经验中学习。这是使我们减少错误的好办法。一个人做事不可能不犯错误。有一种人，犯了错误只是觉得不好意思；另一种人，却把失败当作成功之母，从失败中吸取经验教训。后一种态度，显然是正确的。地质部每年可以召开两三次这样的会议，总结经验教训。在每一工地上，每一工作岗位上，也应该这样做。要从错误中学习，就必须克服掩盖错误的倾向。这种倾向在技术界是存在的，在共产党员中也有这样的人。这种行为是不好的，对工作对自己都没有好处。如果想掩盖错误，越怕丢脸就越会丢脸。相反，如果承认错误，承认本领不行，则将来就很可能不丢脸。我们的本领不高，毫不奇怪，是符合于中国的历史情况的。我们能认识这一点，然后从这一点上前进，就会得到进步。

第二，向左右、上下学习，也就是向同行学习，向上级和下级学习，特别是向下级学习。我们应该形成一种开会讨论、随时商量的风气。提出方案，不怕别人指责，因为只有互相讨论，才能使方案更加合理，使工作前进一步。现在，这种互相讨论的空气是很稀薄的，而向下级学习的空气更稀薄。这种现象应该有所改变。

第三，向苏联经验学习。有人说，我们自己也有很高的文化，在历史上有占显著地位的科学发明。这当然不能否认。但是这些成就，如同锁在仓库里的东西一样，不会因为向外国学习就丢掉的。现在我们应该首先学习我们所没有的东西。

要学习，就要丢掉包袱。我们要面向现实，采取老老实实的态度。考虑问题不能从个人出发，而要从国家建设的任务出发。我们有充分的信心，只要好好学习，地质界将来一定能产生出杰出的人才。

要抓紧一切机会，帮助技术人员提高。过去，行政领导人员的工作是有缺点的。一方面，是对技术人员的工作的重要性估计不足，没有很好地支持和鼓励他们积极工作，没有利用一切可能帮助他们学习和提高；另一方面，是对技术人员的某些缺点、错误不加批评，结果对事对人都不好。今后应该改正这些缺点。

我们面临的经济建设任务是十分巨大的，在工作中一定会犯一些错误。在建设过程中还会碰到反革命分子的破坏，我们一定要擦亮眼睛，提高警惕，不能麻痹大意。但反革命的破坏和我们工作中的错误必须加以区别，也是可以区别的。这并不是很困难的事。我们可以根据一个人的历史、工作经历、平常的工作态度等作出判断。

工作中的错误大致可分两种：一是由于粗心大意草率从事所造成的。避免这种错误的办法，就是小心谨慎。另外一种，就是在创造发明的过程中所发生的错误。对于犯有这样错误的人，应该帮助他们从错误中得到经验教训，鼓励他们继续前进，不使他们灰心丧气。

我们承认明年的工作是有困难的。我们要提高本领，增加力量，向左右、上下学习，从成功和失败的经验教训中学习。只要如此，困难是可以克服的。你们的责任很重大。我希望同志们努力来完成祖国交给你们的伟大任务！

解决上海失业问题的办法*

（一九五二年十二月五日）

关于上海失业问题的来信收悉。向我们反映新的情况，提出新的问题，我们感到很好。

上海的失业问题，的确相当严重。三年以来，上海市委在华东局领导之下，在介绍就业和资遣难民回乡的工作方面，是有显著成绩的。

上海的失业问题之所以严重，是有历史原因的。在长期战争期间，上海处于比较安定的地位，生活比较容易混，因而各地去的人多，流亡地主及反革命分子等也不断向上海涌进。过去依靠帝国主义、官僚买办资产阶级赚钱的一些奢侈行业，在解放后被淘汰。在经济改组过程中，亦有一些行业要遭受淘汰。因此，上海严重的失业问题，在短期内是很难避免的。从总的趋势看来，在国家经济建设尚未大规模展开以前，要彻底解决上海的失业问题，不是容易的事情。

对于上海失业问题的处理，在研究了你们的报告以后，我们对情况还不能说完全了解，现提出一些不成熟的意见，供

---

* 这是陈云同志起草的，以他和薄一波同志的名义复中共上海市委负责同志的信。

参考。

第一，我们已经通知有关各方面，根据他们计划中对人员的需要，定出一个可能的切实的数字，向上海招纳一些年富力强的青年职工，进行训练。你们所建议的训练建筑工人的数字（从四万扩大到十万），是太大了，建筑工业部门需要不了这么多。分批吸收或特约公私企业分散安置养成工[161]或兴工代赈，经过筹划，可以配合进行。

第二，对于游民、流氓、兵痞、把头、还乡团[162]及反革命分子，应根据中央公安部的计划办理。在未有妥善办法以前，以不集中为宜。至于这些人到垦殖区进行劳动改造，亦应视地方能力来决定，不可贸然举办。

第三，为了减少新的失业人口，我们同意尽可能维持目前上海的工业生产，但生产数量又必须兼顾全国，否则就会形成此处就业彼处失业的现象。店员方面，在调整了商业以后，情况当可缓和。你们提议，国营贸易机关适当采取特约代销办法，将有利无害而难于维持的小商店加以组织，这是不妥当的。这样做会背上大包袱。工业方面，原则上同意你们的意见。在中央各部的计划范围内，加工订货，尽量予以照顾；上海所需要的原料，适当予以维持。总之，能解决多少就解决多少。失业问题与经济工作有密切的关系，但在目前不能把两者混为一谈，即不能用经济建设去迁就解决失业问题。当然，你们所提“请各业务部门在掌握国营经济发展计划时，能同时考虑可能发生的失业问题，并预作布置”，是必须注意的。

第四，因为上海是各地人口涌进的大城市，根据过去的经验，这边送走了一批，那边又流进了一批，问题是不会那样容易解决的。你们要研究出一个妥善办法，以控制人口之大量流入。目前，至少可建议地方党委，批评某些地方同志盲目鼓励和介绍农民进城求职，并应适当劝阻农民入城。

第五，为了刺激上海职工以及失业人口之内移，政府今后对于某些地区必需发展的企业，拟适当提高工资；而在上海方面，今后在工资问题上，则不应同样地随便提高。

第六，作为治标的救济工作，是应该进行的，但对开办训练班则应慎重考虑，既开之则准备留用，否则不要开。在现行救济标准之上，规定一个临时救济办法是可以的，请你们根据实际情况，研究解决。现在上海尚有救济金约五百亿元〔2〕，大体可以解决问题。不足之数，可以把劳动就业金调用一部分。明年的失业救济金可以继续征收。劳动就业工作队四千人是太多了，应大大紧缩。为了工作需要，可设一小的机构，编制人员，应包括在市级编制内。

以上意见妥否，请研究。有何意见，望随时见告。

粮食要统筹统支*

（一九五三年六月二十五日）

关于粮食的管理和供应，我主张维持原办法，但要克服工作中的缺点，略增地方机动性。如果把由中央统筹统支改为中央和地方分级管理，则各大区〔17〕、各省为了各自保证自己方面的需要，余粮者必然希望更少调出，缺粮者必然要求更多调入，其结果很可能发生下述两种情况：

（一）上缴粮不能达到中央要求的数量，使我们处于被动地位。

（二）地区之间的调剂，因一方要得多，另一方供得少，而不能达成协议，仍然要求中央作决定，甚至形成地域之间互相封锁（此种情况一九四八年在北满〔44〕，一九四九年在赣浙之间都发生过），市场发生混乱，后果可能更坏些。

如果本次财经会议〔163〕或中央主张采取中央和地方分级管理的办法，我提议，为慎重起见，必须先对下述两点作出决定：（一）各大区、各省上缴中央粮食数量（连同品种）的具体方案（我现在还说不出中央究竟掌握多少为好）；（二）各大区之

---

* 这是陈云同志复周恩来同志的电报。

间调剂的数量、品种的协议草案。在此两点未确定前，以暂缓实行新办法为稳妥。

对财经工作的几点意见*

（一九五三年八月六日）

关于物价政策。现在若干种东西的价格偏高，这是由许多原因造成的。有些是主动提高的，如纱布[5]一九五〇年提了一点价，一九五一年因为收统销税[114]又提了一点价。有些是因为供不应求，如食糖，一九五〇年和一九五一年我们掌握的很少，压不住市场，价格就上涨了。有些是因为国营企业生产效率低、成本高造成的。这类东西只要提高生产效率，降低成本以后，价格就可以降下来。我同意一些同志的意见，对降低物价要采取谨慎态度。降下来容易，提上去麻烦。降了再提，就会有人提意见。要分别对待，该降而可降者就降，暂时难降者不要降。纱布对农民关系最大，据东北调查，纱布占农民购买力百分之三十。降低纱布价格，得益的人多，可以缩小工农业产品价格的剪刀差。今年春曾提出，如有可能，纱布价可以降一点。但要考虑两个问题，即今年的库存和对税收的影响。早先估计到年底可存五十五万件纱，现在计算只有三十八九万件，布也少了，只能有二千五百万匹。如库存不够，降价只能明年再议。纱布统销税，现为一万八千亿元[2]，如果减少一

* 这是陈云同志在全国财经会议领导小组会上发言的一部分。

半,即九千亿元,布价才可降百分之二三。

在物价问题上,决不能草率从事。在我国有私商存在的条件下,简单的降低物价,并不能达到有利人民的目的。有时物价下降,消费者并不能受益,因为中间商可以乘机囤积,等我们卖完了,他们再提价,赚大钱。在几种经济同时并存的情况下,降低物价的步骤必须稳妥。

去年九月以来,我对降低物价是犹豫的,主要是担心利润会下降,因为我们屁股后面拖着军事费用。军费不能短少,打仗的事情不能单由我们做主。去年艾森豪威尔〔164〕上台,叫嚣要进行两翼登陆。这样,我们就得首先保证军事上的供应。预算中相当大的比重,是军事费用。直到朝鲜停战签字前,七月二十几日还在打仗,我们还不能摆脱军事费用对财政预算的影响。(周恩来同志插话:今后国防建设费的比例仍会很大。)现在,朝鲜战争停下来,我安下心来了。过去三年心总是放不下,因为任何问题都没有打仗这个问题大。一九五〇年三月全国统一财经工作〔106〕,稳定市场,六月爆发朝鲜战争,十月志愿军出国。当时很紧张,前面要抗美援朝〔111〕,后面要稳定市场,两头重担,哪一头发生问题都不行。既要能抗,又要能稳,这是高于一切的。以后毛泽东同志提出边抗、边稳、边建的任务,又加了一个"建"的担子。我脑筋里考虑的问题,重点常在这里。

至于缩小工农业产品价格的剪刀差,这是我们的目标,共产党的政权必须这样做,不能忘记。革命就是为了改善最大多数人民的生活,但是由于我们工业品少,也不要以为很快可以做到。这个问题我有责任说清楚,因为还要积累资金,扩大再生产。

附带讲一下降低利息问题。去年六月降低利息[165]，也只能降到那样的程度。早降了不行，降多了也不行。去年以前，物价在上涨，加之那时存在着很多私人银行，利息还不可能降低。“三反”[139]、“五反”[150]后，私人银行和钱庄实行公私合营，把一万八千名私营行庄的职工包了下来，这才有可能降低利息。当时同志们提出分两步降，我也同意。实际只降了一次，没有降第二次，这是一个疏忽。应该再降，究竟降多少，还要专门研究。

其次，关于今后国家财力的使用。地方财政有困难，过不去的，要照顾，该解决的必须解决。把财力集中于工业建设，这是大家一致的想法，地方是不会要得很多的。财力只能集中使用于建设的主要方面，放在能使我国经济起重大变化的方面，这是总的趋势。财权可以迟放的，放下去作用不大的，就要缓放。

再次，关于编制预算的权力。预算是体现国家政策的，不是单纯收支计算和管理问题。党要管预算，国家预算应集中在中央，地方预算应由省、市委主持。这样，党可以更好地掌握财经方面的政策。

过去编制预算的办法，是财经机关（中财委[11]和财政部）拿出方案，邀请政法、文教各部委负责人参加，提点意见，加以修修补补。那时政法、文教各部门的发言权不多，他们的需要很容易被忽视。这是那时不得已的办法，今后要改变。当然，财经部门拿出一个初稿，仍然是需要的，可以供大家讨论。

最后，再讲一下恢复与壮大国营商业阵地的问题。恢复与壮大国营商业阵地，这是应该做的，但不要盲目排挤私商。请地方党委加以掌握，不要单交商业部门去做。现在有些我们该占领的阵地没有占领，有点右倾的毛病。但是，要注意，不要来一个“左比右好”，犯“左”倾的毛病。

对零售商与批发商要有区别。对待零售商，在去年中央关于调整商业的指示[166]中已交代明白。对待批发商，我们的做法也应有区别。我阵地未失者，如盐、煤炭、白布等，自不发生恢复阵地的问题。有些行业的批发商现在不应削弱，比如他们经营土产，挤掉了对我不利。只有那些我本来不应收缩而被私商占了的阵地，才可以去挤。但在挤时，要区别什么行业，数量多少，并且要有步骤地前进。准备周到，才不致扶得东来西又倒。特别是有些地区，工业比重小，基本建设投资少，商业比重大，更要特别注意。总之，国家的力量是强大的，挤私商并不困难，一定要采取谨慎的态度。

克服财经工作中的缺点和错误*

（一九五三年九月十四日）

今年上半年，全国的经济情况是稳定的，上升的。现在看，除农业生产遭受灾害难以完成计划外，其他方面的情况都是好的。我们的整个经济工作是有成绩的。财政工作和商业工作，从主要方面来看，也是有成绩的。

现在，我着重讲讲财经工作方面的缺点和错误。

先说税收工作。

上半年税收工作的成绩，表现在：第一，税收完成了全年计划的百分之四十三。根据几年来的经验，税收常常是“前四后六”，就是前半年收四成，后半年收六成。今年上半年完成百分之四十三，是比较好的。第二，按政策定任务，政策与任务一致，这一点做得也比较好。第三，税务工作人员的工作态度和作风比以前有了进步。但是，半年来的税务工作也有过重大错误，这就是修正税制〔167〕的错误。

解放以后，到去年为止，加工订货、代购代销的比重逐渐增加。这样一来，就相对地减少了买卖关系，税收也随之减少，需要想办法来补救。在这种情况下提出修正税制是有理由的。

---

* 这是陈云同志在中央人民政府委员会第二十五次会议上报告的一部分。

但是采取什么办法应该考虑。按照修正税制，就是不按加工订货、代购代销纳税，而是按买卖关系纳一道营业税，说这样办就“公私一律”〔168〕了。所谓“公私一律”，实际上是给国营商业和合作社加一道税。由此推论下去，又提出批发营业税移到工厂缴纳，大批发商不纳税，这样就变更了纳税环节。因此，修正税制的错误，归纳起来主要有两个：一个是“公私一律”，一个是变更了纳税环节。

公私可以不可以一律？不可以。“公私一律”的提法是错误的。因为国营商业和私营商业是不同性质的。首先，国营商业的全部利润要上缴，私营商业只向国家缴所得税。另外，私营商业和国营商业对国家担负的责任不同。私营商业就是做买卖，赚钱，当然它也供应市场的需要。国营商业不仅是为了做买卖，赚钱，更重要的是为了维持生产，稳定市场。国营商业为了维持工厂的生产，不管是旺季或是淡季，都要加工订货。农产品下来了，也要收购，不管是过半年后才能推销，或是过一年才能从外国换回东西来，不然，农产品就会滞销。为了稳定市场，就必须有相当数量的积存物资。如果没有这个积存，私商的投机活动就打不下去。有积存，商业部门就要担负很重的银行利息。不但如此，有时还要做赔本买卖。比如，用轮船、军舰把粮食从四川运到武汉、上海出卖，就要赔很多钱，因为运费很高。可不可以在武汉、上海市场上标上几个字：“此米来自四川，运费很高，要加多少运费，所以价钱贵”？（笑声）不能加价出卖，只能赔本出卖。这从国家角度来看，是完全必要的。如果人民政府不采取这样的办法，那就要犯很大的错误。私商会不会采取这样的办法呢？决不会。所以说，私商和国营商业的性质是不相同的。合作社和国营商业差不多，它们担负着同样的任务。对国营商业、合作社商业和私营商业提出“公私一律”，看起来好像是很公平合理，实际上是不公平的，因此，“公私一律”的提法是错误的。

变更纳税环节的毛病在什么地方？毛病在于批发营业税移到工厂缴纳，给批发商免了税，这样他就可以打击国营商业。为什么？因为他的进价和国营商业的进价一样，但是在卖价上他可以低于国营商业，现在他不怕营业额多，营业额越多，资金周转得越快，赚钱就越多。这样私营商业就会得到很大的发展，对国营商业打击很大。同时，也打击内地工业。如重庆、西安这些地区的工业，本来是纳两道税，即货物税〔69〕和出厂营业税，很多商品是直接到工厂去买，并不需要纳批发营业税，现在加了一道批发营业税，这就给内地工业造成很大困难，并会刺激上海、天津这些沿海城市工业的盲目发展。上半年发生的“大鱼吃小鱼”的现象，就是这样来的，这是不合乎国家政策的。

我们是以工人阶级、国营经济为领导的国家。在我们这样的国家，上面所说的修正税制的错误是带原则性的错误。已经错了怎么办？据我看来，现在新税制〔167〕已经实行，如果没有重新安排好，就立刻改回去，又要乱一阵，所以不能轻易改变。究竟如何解决这个问题，还需要很好地研究。我们对于免税的批发商，已经恢复了一道税，把它限制了一下。

总之，变动税制必须谨慎从事，因为它牵涉到经济生活的各个方面。

再说商业工作。

几年来,国营商业组织了城乡交流、内外交流,促进了工业和农业的恢复和发展,稳定了全国的市场,在恢复经济中起了重大作用。但在今年第一季度,国营商业的营业额缩小了,这是不好的。营业额缩小的原因很多,最主要的一点,就是对于今年市场的需要量估计不足,对物资积压估计太高,误认为仓库的东西太多,说"肚子太大",提出"泻肚子"的口号,并且减少了加工订货。这样,市场上很快就出现了脱销现象。这是我们工作中的一个错误。

另外一个错误,就是在收购产品中,对国营工厂的产品收得少了一点,对私营工厂的产品收得多了一点。这也是因为对销路估计不足,所以要求国营工厂不要生产那么多。但国营工厂还是生产,因为工人在那里做工,产量不能减少。国营工厂生产出来的东西要商业部门收购,商业部门不收购,国营工厂说"你不收购,我自己卖",但商业部门也不准许它卖,因此国营工厂对商业部门很不满意。对国营工厂采取这样的态度,也是带原则性的错误。

再说财政预算。

一九五三年的预算基本上是正确的,但是也有缺点和错误。今年预算中列了结余三十万亿元〔2〕,这里边有不可靠的成分。现在我们把它分析一下。结余是由五部分组成的:一是去年转到今年来的,就是去年十二月二十日以后收进来的钱(税收、上缴利润等),只能用在今年。二是预付部分,就是今年的预算中有些钱已经在上年付出。三是跨年度工程结余。四是大机关和地方过去收入节余的一部分,机关生产剩下来的一部分,税收剩下来的一部分等。这些在去年"三反"〔139〕、"五反”[150]以后统统都缴到了中央，数目不小，但这些钱以后不会再有了。第五才是真正的结余。比如我们盖一座大礼堂，预算是一千万元，结果只用了九百万元就盖好了，那一百万元就是结余。

上述第一、二两部分是每年发生的，去年结余一部分用到今年，今年也要结余一部分留到明年，有进也有出，实际上是收一笔付一笔。而今年的预算中只有收一笔，没有付一笔，所以收入中就有虚假成分。这种情况是在解放以后年年有的。为什么前几年都过去了，而今年显得这样严重呢？这是因为，过去几年没有经验，计算得不够精确，税收、上缴利润常常都是超过原来的估计。现在计算比较精确了，因而额外收入减少了，而且预料不到的支出比过去增加了。因此，就产生了预备费不够用的问题。到六月底计算，大概有二十一万亿元赤字。

中央财政与地方财政之间的问题是，对地方财政统得太多太死。一九五二年我曾向中央人民政府作过一个报告[169]，提出统一地方财政，这是对的。但是现在统得太多了，甚至把小学生的学费（有的学费还不是人民币，是几斤小米，几个鸡蛋）也统上来了。还有一个就是统得太死了。财政部的钱，是按教育系统、工业系统等“条条”发下去的。发下去之后，如果在“块块”（即大行政区[17]、省、县等）中发生了这个部门的钱用不了，另外部门的钱不够用时，“块块”不能调剂，把“块块”的权力限得太死了。“专款专用”是对的，不能用盖工厂的钱去盖大礼堂，但应在一定范围内给地方以灵活调剂的权力。中国这么大，地方情况那么复杂，不可能统得太死，也不应该统得太死。解决的办法，今后准备把中央财政和地方财政划分一下。但是在划分了中央财政和地方财政之后，要严格防止随意摊派的现象。

上边说到了税务方面、商业方面和财政方面的一些缺点和错误。所有这些，中财委[11]及其主管各部都有责任。我是中财委的主任，在这些问题上首先应该负责。

财政上有赤字，怎么办呢？首先要抓增产节约。增产是为了增加收入，节约是为了减少开支。不论工业、农业和商业，不论公营和私营，也不论政府、军队和团体，也不论中央和地方，都应该尽一切努力，增加生产，厉行节约。我认为，只要大家共同努力，财政赤字是完全可以弥补的，今年可以平安地渡过去。当然，增产节约不仅是今年下半年的事情，今后年年要做，而且要用很大力量去做。

实行粮食统购统销*

（一九五三年十月十日）

现在，全国粮食问题很严重，如果不采取适当的办法加以解决，还要更加严重。这从以下情况可以看得很清楚。

第一，收进的少，销售的多。七、八、九三个月共收进了九十八亿斤，超过原定计划七亿斤；销售了一百二十四亿斤，超过原定计划十九亿斤。收增加了，销增加得更多。分析其原因，就是现在农民不把粮食卖给商人，商人也就无粮可卖，全部由我们来卖，所以我们卖出的就多了。换句话说，就是农民卖出的少了，我们卖出的多了。这种情况既不同于一九五一年，也不同于一九五二年。一九五一年六月份以前粮食紧，从七月份开始就收进的多，销出的少。一九五二年十月以前是卖出的多，到十一月以后情况就发生了变化，总的还是收多卖少。今年十一月以后会不会出现收多卖少的情况呢？我看可能性

---

* 这是陈云同志在全国粮食会议上的讲话。一九五三年十月十六日，中共中央作出《关于实行粮食的计划收购与计划供应的决议》，确定在十一月底以前完成各级的动员和准备，十二月初开始在全国范围内实行粮食的统购统销。同年十一月十九日，政务院第一百九十四次政务会议通过，并于十一月二十三日发布《政务院关于实行粮食的计划收购和计划供应的命令》，规定了实行粮食统购统销的具体办法。

很小。

第二，不少地方已开始发生混乱。全国的大、中城市大体上是平静的，但是，在受灾地区和粮食脱销地区，小城市和集镇已开始发生混乱现象。粮贩子大肆活动，特别是粮食少的地方，粮贩子的活动更厉害。从事这种活动的，有的是农民，有的是集镇上的小贩，数量达几十万人。有些原来不做粮食生意的，也收买囤积粮食。只要粮价一波动，搞粮食投机的人一个晚上就可以增加几十万；如果波动两三个月，粮贩子就可以增加几百万。这种情况反过来又助长了农民不肯卖粮的情绪。地区之间互相封锁，也造成了粮食的抢购和抬价。

第三，东北的灾情很重。今年东北的水灾比一九五一年大，减少了收成，将完不成收购任务。东北今年原计划产粮四百四十亿斤，收购一百亿斤。近据东北局估计，产量最多只有三百七十亿斤，只能收购七十六亿斤。东北上调中央的粮食数，原计划是四十二亿斤，现只能上调二十六亿斤，减少了十六亿斤。中央掌握的粮食一共是九十六亿斤，减少十六亿斤是个不小的数目。

第四，北京、天津的面粉不够供应。北京、天津需要面粉十六亿斤，现在实际掌握到的只有十亿斤。这两个城市是以麦子为主粮的，所以一定要想办法解决。是不是可以从全国调来麦子救急呢?我不仅不反对，而且很欢迎，但我看是救不胜救。一来数目字很大，二来会流到外地去很多。现在只能实行定量配售。北京、天津实行定量配售，会不会影响上海、汉口以及再远一点的广州呢？我看会影响。你这里配售，上海的商人就会打主意，想办法买进面粉和麦子。如果我们在那里不实行定量配售，必然会便宜了商人。实行面粉定量配售，对在自由市场上收购秋粮是不是有影响呢？我看有影响。所以全国必须采取不同程度的同样性质的措施。

第五，粮食混乱现象如不采取措施加以制止，今年全国的收购计划将完不成，销售计划将大大突破。今年八月，财经会议〔163〕决定收购粮食三百四十亿斤。现在的情况是，东北将减少二十四亿斤，其他地方也有完不成的。粮食市场愈紧张，愈是收不进。现在已经收购了九十八亿斤到一百亿斤。十月到十二月要收购一百六十亿斤，明年一月到六月要收购八十亿斤，才能完成计划。照现在的情况估计，到明年二三月以后，粮食情况一定会紧张，三月以后能收到多少粮食，很值得怀疑，我看会有很大的数量收不上来。销售数量原计划是四百八十亿斤，比去年的四百六十多亿斤（私商在外）稍多一些。这个计划一定会被突破，估计要达到五百五十亿斤以上，可能到六百亿斤。

收购和销售两项比较，差额是多少呢？如果今年度销到了五百六十七亿斤，就比原计划多销了八十七亿斤；如果收购比原计划减少三十亿斤，差额就是一百一十七亿斤。即使收购计划全部完成了，八十七亿斤的差额也不是一个小数目。

这八十七亿斤粮食的差额，用什么办法解决呢？公粮〔25〕的收入只有减，难得加。那末，减少支出的办法行不行？减少支出的途径我都一个一个地想过了，都不行。

市场上的粮食销售量能不能减少？不能。城市和集镇人口的吃粮必须按数供应，农村灾民和缺粮户的口粮也必须供给。

出口粮能不能减少？这个主意不能打。在三十二亿斤的出口粮中，有二十亿斤是大豆，这主要是用来跟苏联等国换机器的，五亿四千万斤是跟锡兰换橡胶的，还有一些是向其他国家的出口。所有这些出口，都是必要的。

军队和机关人员的口粮能不能减少？除了他们在市场上买的以外，公家还发给三十三亿斤，这是不能少的。

能不能减少储备粮，少增加库存粮呢？也不能。本粮食年度[170]的储备粮为二十三亿斤，增加库存粮为五十四亿斤，共七十七亿斤。即使把这两项全部用来弥补八十七亿斤差额，也还差十亿斤。就是说，要从老库里面再挖掉十亿斤。这样，本粮食年度库存就由一百九十四亿斤减为一百八十四亿斤。如果这样做的话，明年的情况比今年还要紧张，波动的面比今年还要大。因为如果库存减到了一百八十四亿斤，其中根本不能动的是一百七十九亿斤，剩下来的只有五亿斤。结果，就是吃净卖光，扫地出门，再来接收新粮，这是十分危险的。一百七十九亿斤库存，看起来数字是不小的，但是分析一下，这仅是旧的吃光、新的接上的最低库存数字。各区[17]由六月底吃到新粮上市，一般要有三个月的粮食。东北的新粮最早要到十月底才能上市，华北是十月上半月，西北是十月底，华东是九月底，中南是八月底，西南是九月底。这几个月的吃粮，最低限度需要一百一十八亿斤。另外，仓库里面还有二十一亿斤麦子，是准备全年的供应，不能动。还有死角粮[171]和难运粮二十亿斤，以及加工生产和运输的周转粮二十亿斤。这四项一共是一百七十九亿斤。从上面的分析可以看出，一百七十九亿斤的库存是不多的，是不能动的。过去估计粮食混乱总是四五月或五六月，现在看来将会提早。估计过了阴历年，粮食就要发生混乱，而且混乱的范围要扩大。到那时，我们在收购方面就会进一步减少，销售方面就会进一步增加，如果库存很少，问题就大了。过去是乱子一来，我们就收缩小城市、中等城市的供应，守住上海、武汉、广州、北京、天津、西安和东北的工矿区这些核心阵地。现在看，如果全部都收缩，核心阵地肯定要受到影响。

粮食混乱的后果是什么呢?过去我们说物资充足，物价稳定，一个是指纱布[5]，一个是指粮食。纱布和粮食相比较，粮食更重要。粮食波动就要影响物价。一九五〇年和一九五一年，纱布提价四分之一，对市场物价有影响，但是不大。如果粮价上涨四分之一，那对劳动者的影响就大了。他们的收入，用在吃的方面的占百分之六十到七十，用在穿的方面的只不过占百分之十左右。而吃的东西，如蔬菜、猪肉和鸡蛋等，价格统统是跟着粮价走的。粮价涨了，物价就要全面涨。物价一涨，工资要跟着涨。工资一涨，预算就要超过。这样一来，就会造成人心恐慌，人民政府成立以后老百姓叫好的物价稳定这一条，就有丢掉的危险。从这里也可以看出，粮食的情况是严重的，必须采取坚决的措施，加以解决。

在粮食问题上，有四种关系要处理好。这就是：国家跟农民的关系；国家跟消费者的关系；国家跟商人的关系；中央跟地方、地方跟地方的关系。这四种关系中，难处理的是头两种，而最难的又是第一种。处理好了第一种关系，天下事就好办了。只要收到粮食，分配是容易的。

根据现在的情况，处理这些关系所要采取的基本办法是：

在农村实行征购，在城市实行定量配给，严格管制私商，以及调整内部关系。下面分别讲一讲。

第一，在农村实行征购。

“征购”这个名称是骇人的，究竟叫什么可以考虑，但性质是这么一个性质。为什么提出征购呢？基本理由是，我们的需要量一天一天地增加，但是粮食来源不足，需要与来源之间有矛盾。前几年，我们搞城乡交流，收购土产，农民增加了收入，生活改善了，没有粮食的要多买一点粮食，有粮食的要多吃一点，少卖一点。结果我们越是需要粮食，他们越不卖。有的同志提出，去掉商人，我们可以多买一点粮食。我看去掉商人并不等于农民的粮食一定可以多卖给国家。鉴于粮食供应紧张的状况，必须采取征购的办法。如果继续采取自由购买的办法，我看中央人民政府就要天天做“叫化子”，天天过“年三十”。这个办法是不是太激烈了一些？可不可以采取自由购买的办法把粮食买齐呢？如果能够买到的话，那当然是求之不得。我这个人不属于“激烈派”，总是希望抵抗少一点。我现在是挑着一担“炸药”，前面是“黑色炸药”，后面是“黄色炸药”。如果搞不到粮食，整个市场就要波动；如果采取征购的办法，农民又可能反对。两个中间要选择一个，都是危险家伙。现在的问题是要确实把粮食买到，如果办法不可行，落空了，我可以肯定地讲，粮食市场一定要混乱。这可不是开玩笑的事情。

不实行征购，是不是还有别的办法？我想过很多，从“改良主义”想起，最后还是想到了这个彻底的办法。现在把我想过的所有的办法都提出来，请同志们考虑。

又征又配。农村征购，城市配给，硬性办法。实行这种办法，我有点担心，因为跟每一个人都有关系，问题太大。如果在这件事上出了毛病，比新税制〔167〕的后果要严重得多。新税制只是我们跟资产阶级的关系，而这是我们跟广大农民的关系。

只配不征。就是只在城市配给，农村不征购。在农村工作的同志一听到“征”字就害怕，说是不是可以慢一点征；至于城市配给，他是赞成的。实行这个办法，那只是关了一道门，就是说，我们在城市里面只准一个人买多少，不准囤积，也不准拿到乡下去。但是农民也有眼睛，也有耳朵，看到城市在配给，他就会不卖粮食。所以，只在城市配给，不在乡村中征购，我们就会买不到粮食。

只征不配。在城市工作的同志欢迎这种办法，他们说，农村征购是要的，城市配给可以慢一些。日本帝国主义在它侵占的地方搞过配给，国民党也搞得天翻地覆，现在人们一听到配给就头痛。我说，如果只在农村征购，在城市里面不配给，结果一定会边征边漏。你在农村中征购，换给他钞票，他拿到钞票以后，转一个身就可以再跑到城市的粮食公司里去买，结果，你征购到的粮食便会统统漏掉。所以，只征不配不行。

原封不动。所谓原封不动，就是照现在这样做下去，自由卖出，自由买进。结果必乱无疑。有的同志说，就准备乱它一年，看一看再说。但是，如果在乱了一年以后再来征购，那就要比今年就开始征购困难得多。

“临渴掘井”。就是说，先自由购买，到实在没有办法的时候，再来抓大头，到占农村人口百分之十五至百分之二十的主要产粮区去征购。要这样做，必须考虑到两点：一是自由购买能不能完成收购计划？如果完不成，那就要多加小心。二是到明年二三月或三四月间粮食已经不够的时候，再搞征购，是否比现在就征购好一些？我说，那时候临渴掘井，还不如现在搞好。

动员认购。东北在一九五一年实行过认购，就是上面有一个控制数字，交到省，省到县，县到区，区到支部，支部开一个会，号召大家认购，认购不足就不散会。这个办法，可以称为强迫而不命令。不达目的不散会，还不是强迫？征购是要下命令的。我说，强迫而没有命令，还不如有命令而不强迫好。不强迫就要对农民做说服工作。

合同预购。就是订预购合同，按合同购粮。这个办法也好，但是今年来不及了。有人说，棉花订了预购合同，就买到了。我看，棉花之所以买到，主要原因是去年收获了两千多万担。如果棉花收成不好，订了预购合同，他也不会卖。现在粮食产量恰好不是多，而是不足。我们并不完全放弃预购，预购还是一个办法，但是有一个数量的问题。

各行其是。就是说，这个地方可以实行这个办法，那个地方可以实行那个办法。只要不妨害旁的地方而且能够完成任务，这种做法也可以试一试，但是要考虑到互相之间的影响。

上面这些办法，看来只能实行第一种，又征又配，就是农村征购，城市配给。其他的办法都不可行。如果大家都同意这样做的话，就要认真考虑一下会有什么毛病，会出什么乱子。全国有二十六万个乡，一百万个自然村。如果十个自然村中有一个出毛病，那就是十万个自然村。逼死人或者打扁担以至暴动的事，都可能发生。农民的粮食不能自由支配了，虽然我们出钱，但他们不能待价而沽，很可能会影响生产情绪。为了不影响他们的生产情绪，不仅要给他们钞票，还要供应他们物资。但是我们现在还不能完全做到这一点。因为农民要的东西百分之三十是日用工业品，百分之七十是牲口、农具这些东西，而我们一下子搞不到这样多的东西。毛病还可以举出好多，因为我们没有经验，意想不到的事情一定会有。

但是，回过头来想一想，如果不这样做又怎么办？只有把外汇都用于进口粮食。那么办，就没有钱买机器设备，我们就不要建设了，工业也不要搞了。

现在只有两种选择，一个是实行征购，一个是不实行征购。如果不实行，粮食会出乱子，市场会混乱；如果实行，农村里会出小乱子，甚至出大乱子。我们共产党在长期的革命斗争中，跟农民结成了紧密的关系，如果我们大家下决心，努一把力，把工作搞好，也许农村的乱子会出得小一点。而且，这是一个长远的大计，只要我们的农业生产没有很大提高，这一条路总是要走的。

下面我讲一下征购的时间、数量和办法。

开始时，对于今年实行征购，我还有点犹豫，因为公粮马上就要开征，怕来不及了。后来小平〔172〕同志想了一个办法，把征收公粮的时间推迟一点，征购和征收公粮一起搞，免得搞两起麻烦。中央经过讨论，同意小平同志的意见，决定征收公粮推迟到十一月。

征购的数量是多少呢？现在这个单子上开的是三百四十亿斤。我声明一下，单子上也开列了各大区的分配数字，是很粗的，只供大家讨论。

征购按照什么标准呢？最好的办法是依照公粮的标准。比如，公粮一，征购零点二、零点四、零点五，或者公粮一，征购一，或者公粮一，征购二。按照这样的标准比较方便。在有死角粮的地方，供应不上市场的地方，可以不征购。因为那些地方原来的粮食都用不上，还堆在那里，又何必搞征购呢？除了那些地方以外，其他能够供应市场的地方，都要采取征购的办法。

征购要采取公道的价格。什么是公道的价格？并不是统统跟着黑市走，而是既对农民合适，也对我们有利。中农和富裕农民，所以常常不肯把粮食卖出来，就是为了等季节差价。毛泽东同志要我们想一想，是否可以想一个办法，使他们得一点季节差价。我想，可以采取这样的办法，即农民把粮食卖给我们，把卖粮食的钱存到银行里，等四个月或五个月以后再拿钱，我们除还本以外，要多付一点利息。

物资供应和货币筹码〔21〕调度的问题。在这次收购中间不可能把需要的物资全部都准备好，而且许多物资也不是我们所有的。但是我算了一下，由于购粮而增加货币，市场也不会发生大问题。从今年十月到明年二月底，我们原定计划收购二百亿斤，与二百亿斤粮食相交换的物资，可以正常供应。现在的问题是，从明年二月以后到六月底收购的四十亿斤，这次又增加的一百亿斤，共一百四十亿斤粮食，需要增发十二万亿元〔2〕的货币。增加这么多的货币，市场可不可以过得去呢？估计可能还过得去。理由有五：

甲、农民卖出粮食以后，其他土产会卖得少一点。农民不会把粮食卖掉换成钞票后，又把花生、绿豆、芝麻等赶快都卖掉换成钞票。他们要等一等。这一等，大概三万亿元总会省下的。

乙、明年预算中列了六万亿元的公债，城市四万亿元，农村两万亿元。在农村发两万亿元公债，加上上面省下的三万亿元，就是五万亿元。

丙、用优厚的利息吸收农民存款，估计可能吸收三万亿元。利息高一点不要紧。就算百分之十的利率，我们也才出三千亿元。三千亿元买个市场不波动，那也是很合算的。这个办法，只适用于卖了粮食不拿钱的存款，不适用于别的存款。

丁、国营商业和合作社已经准备了四万亿元的货。这些东西很可能有的是牛头不对马嘴的，但是总还是准备了一点。

戊、冬天正是还农贷或者借农贷的时候，多还一点，少借一点，或者迟借一点，这里也可以有万把亿元。

总起来看，增加十二万亿元货币，在市面上不算太多。要求全国对农村市场给予援助，起码不要冲击农村市场，这样农村的钞票就能够有一部分吸收到城市里边来。

开展征购工作依靠谁？必须依靠区乡干部和党、团员。现在我们许多农村干部都上升为新中农了，如果这一部分同志能够被说服，由他们带头的话，是很有作用的。同时，要解决缺粮户的困难。如果缺粮户的粮食问题不加以解决，会动摇人心，对我们的征购很不利。在征购时，要通过人民代表会，大家民主讨论。高级干部也要深入农村，一方面帮助基层工作，一方面总结经验，指导全面。

征购是一项很艰巨、很麻烦的工作，这比对付资本家难得多。做好这件事，要采取很多经济措施，同时要进行广泛深入的政治动员。这是一项很大的经济工作，也是一项很大的政治工作。过去我们没有这方面的经验，加上时间急迫，工作中出一点毛病是不可避免的。不仅第一年要出，第二年第三年也可能出。我看这件事情，不是一次可以做得好的，要两三年才能做出一个道理来。征收公粮我们已经做了好多年了，还常常出毛病。征购现在才搞，怎么能不出一点毛病呢？

搞好征购工作的可能性，并不是没有。两年来，农民实际拿出来的粮食，每年都在六百亿斤以上，我们现在要征购的是三百四十亿斤，从数量上说，完全有可能实现。另外，只要我们的价格定得公道，完成征购任务也是有可能的。一个数量，一个价格，这是两个决定的因素。况且，农民每年拿出的六百多亿斤粮食中，有四分之一左右要回到农村，主要是经济作物区和灾区。实际上这部分粮食起了调剂的作用。

第二，在城市实行定量配给。

“配给”这个名词有点不太好听，一说起它就想到日伪统治时代的情况。现在改了一个名字，叫作“计划供应”，是粮食部长章乃器先生想出来的。我们的配给不同于日伪时代的配给，那时是油、盐、酱、醋都配给，现在配给的只是粮食。那时的配给量是填不饱肚子的，我们现在的配给量可以吃饱。种类不同，数量不同，至于性质那更是完全相反的。

配给要迅速地在全国实行。集镇上的配给并不像北京、上海等大城市这样困难。那里需要配给的人口有限，一个镇子只有两三千人，有几家铺子，你叫他管一管就是了。天津、北京预备十一月一日就实行配给。配给证来不及发的话，可以先用户口证。其他地方是不是同时实行，请同志们考虑。有些地方，像上海这样的城市，情况很复杂，准备工作要较长的时间，那只能迟一点。

配给的等级是不是要分得很细?我看开始可以粗一点。昨天中财委[11]讨论北京面粉配售时,我说过,不论大口、小口,重劳动、轻劳动,统统来一个每人每月十斤或者八斤就可以了,其余的可以买杂粮。等级不一定分得很细,可以先粗后细。

实行配给以后,黑市的出现是免不掉的。为什么呢?因为有的人不够吃,有的人吃不完;南方人要吃大米,北方人要吃面粉。这样就会出现买卖。我们要允许有一个地点作为交易场所,在我们的领导和监督之下进行交易。这并不可怕,比起因为我们在市场上没有东西,投机商人在那里搞黑市,要好得多。最大的好处是人心定了,也可以防止粮食向外流,制止城市有人囤积粮食。

第三,严格管制私商。

粮食基本上由国家经营,私商只能做代理店。现在可以搞粮食投机的,在大城市里,第一是私营粮食加工厂,第二是粮食店,第三是私营食品加工厂,第四是跨行跨业的兼营粮商,第五是粮贩子。最难对付的是粮贩子。他们是流动的,只有一条扁担,人数又多,只要一个地方粮食市场一波动,一下就可以出动多少万人。这些人搞的是转手买卖,他们的资金不多,但是动摇人心。粮贩子的可恶就在这里。对付粮食贩子的办法:一个是堵住他们粮食的去路,使他们卖不出去;另一个是群众发动起来之后,斗上几个。要禁止粮商跨行跨业。囤积粮食者要严惩。粮食加工厂,只准加工,不准做粮食买卖。非主粮也由国家经营,步骤可以缓一点。粮食零售店,特别是大城市的零售店,第一个步骤是要使它变成我们的代理店,叫他们给我们代售。他们会不会把粮食压起来待价而沽呢？现在是配售，买粮的人要按时向他们买，所以他们不能压起来。会不会在粮食的质量上搞鬼呢？会搞鬼的，但是我们也有办法对付。让商人搞代理店，还可以使城市中不致有许多人失业。

第四，调整内部关系。

粮食由中央和地方分管之后确有好处，就是各地都积极了，采取负责态度了。这样我们就能多买到粮食，少卖出粮食。是不是发生了缺点呢？也有。分管以后，各地为了保住自己地区的粮食，阻止粮食向别的地方流，结果提高了价钱。现在大区对省之间的调动，中央对地方之间的调动，比从前更困难了。大区与大区之间、省与省之间的交换也碰到了困难，协议常常不能成立，互相封锁，甚至发生冲突。这些都是在讨论分管的时候就预料到的〔173〕，也是有所准备的。另一个缺点是，中央没有定出一个全国的粮价来，分管以后，全国统一的粮价也很难定，所以各地在定价上很可能只照顾局部，有的地方为了阻止粮食出去，把粮价提得太高。搞征购，牌价按什么规定呢？如果全国统统按高的标准定，而销价又不能提，国家至少要赔十万亿元，数目很大。现在有的地方已经提高了，需要降下来，等征购时再降就被动了。调整粮食价格是一项很大的工作，但一定要调整，如果不调整，国家要赔很多的钱，这无论如何是不合适的。粮食分管以后，还可能发生在品种上使用不合理的现象。有些细粮多的地方多吃细粮，少吃粗粮；而有些需要细粮的地方则缺乏细粮。此外，在经济作物和粮食作物播种面积的安排上，也可能发生不合理的现象。我们说过各地的粮食要基本上自给，但有些地方只顾自给，不顾国家的需要。有的地方扩大了棉田，而他那里棉花的单产很低，并不适宜于扩大。比如东北明年计划扩大棉田一百万亩，其实那个地方并不适宜于种棉花，那里种杂粮很好，产量很高，可以供给其他地方。总起来说，现在既要改变过去统一管理时地方上没有积极性不负责任的毛病，也要改变分管以后所发生的毛病。怎样来确定中央的统一筹划，又怎样来确定地方的分级负责，这次会议应该在方针上有所讨论和决定。

我上面讲的四个问题，重点是征购。粮食不充足，是我国较长时期内的一个基本状况，在这种情况下，采取征购的措施是不可避免的，越是拖得久，混乱的局面必然越严重，我们也就越是被动。

总起来说，我们要在农村中采取征购粮食的办法，在城镇中采取配售粮食的办法，名称可以叫做“计划收购”、“计划供应”，简称“统购统销”。

食油产销情况及处理办法*

（一九五三年十一月十三日）

目前食油供应的情况是紧张的，特别是上海、广州、唐山等城市。食油供应紧张，不是一时的现象，而是较长时期带根本性的困难问题。国民经济恢复〔174〕以后，工农业主要产品的产量都超过了抗战前的水平，而油料作物的产量仍大大低于战前，食油产量只达战前百分之七十六，而内销、外销增长速度却很快，内销每年增加约十万吨，外销每年增加约在八万吨以上。这是目前食油供应紧张的根本原因。

中财委〔11〕研究了全国食油产销的情况，并提出了解决今后食油不足的措施。

第一，食油生产。战前一九三五年产量为二百二十二万吨（油料折油），一九五二年只达到一百六十九万吨，减少五十三万吨。油料作物的产量，菜籽、芝麻约当战前最高年产量的一半，花生约当战前最高年产量的四分之三。油料作物总面积并未减少，而单位面积产量降低很多。其原因，主要是农民只注

---

* 这是陈云同志为政务院财政经济委员会起草的向中共中央的报告。一九五三年十一月十五日，中共中央同意这个报告，并作出了在全国实行计划收购油料的决定。

意增产粮食，未重视油料。这与我们在经营政策和价格政策上的错误有关。一九五二年误认为“油多”，收购太少，价格也偏低，农民自然无心增产。今年受灾害影响，减产更多，其中突出的是花生。山东、河北等花生的集中产区，皆告减产。估计今年食油的总产量，比去年减少十万八千吨。

第二，食油内销。内销数量是逐年增大的，国营公司在城市的销量，一九五一年为二十万吨，一九五二年为二十九万吨，一九五三年为三十九万吨。合作社在农村的销量也不断增加。合作社为了大量掌握油饼，在产地就近榨油，因此农村供油量便增加了。农村销油增加，使城市的食油供应更加紧张。另一方面，可供内销的数量却又逐渐减少，一九五二年为一百零二万吨，一九五三年为九十七万吨，预计一九五四年只有八十九万五千吨。一九五三年可供的内销量不足，还可用库存弥补，而一九五四年度因收购减少，销售增加，库存不足，食油供应紧张状况将更为严重。

第三，食油出口。战前一九三六年出口总量为二十六万八千吨，一九五二年为二十九万吨，已超过战前。一九五三年出口又增长至三十三万七千吨，约占总产量的百分之二十一点三，这是一个很大的数量。出口增加的原因，一方面是苏联等国家要得多，很难减少；一方面是我们需要以此增加外汇，换进基建物资（一吨食油可换四吨钢材）。一九五三年出口增加八万吨，与误认为一九五二年食油积压有关，是带有盲目性的。

第四，公私比重。三年来，在国内市场和外销中，公私比重起了很大的变化。在国内市场上，收购方面，国营和合作社一九五一年占百分之四十四，一九五二年增长至百分之六十四，一九五三年又增长至百分之七十四。供应方面，国营和合作社增长的比重，大体与收购相似。出口油脂，国营一九五一年占百分之七十五，一九五二年增长至百分之七十七，一九五三年又增长至百分之八十七。社会主义成分已经逐渐增加。一九五三年下半年，由于停止胡麻〔175〕籽、芥菜籽等出口，私营出口商更加削弱。国内市场，由于华东等地区的食油紧张，加强了对私商的管理，国营及合作社的阵地扩大，私营比重也更形缩小。

解决今后食油困难的根本办法，是增加生产。为此，应积极提高各种油料作物的单位面积产量，并扩大菜籽的播种面积，充分利用未耕沙地多种花生。对不影响粮食产量的油料，如茶油籽、葵花籽、大麻籽等，应尽可能增加生产。对此，农业部将提出具体办法，各地应加强对增产油料作物的领导。商业部需酌量提高油料的收购价格。

应该指出，油料的增产是不能立刻见效的。为了缓和一九五四年食油供应的紧张状况，必须采取下列措施：

第一，实行计划收购，即统购。油料作物的统购，要与粮食统购一同进行，不另定时间，也不另立名目。全国在一九五三年度（一九五三年十月到一九五四年九月），共统购花生仁八十七万二千吨，芝麻三十一万一千吨，菜籽四十三万一千吨，胡麻籽九万二千吨，芥菜籽一万二千吨，茶油籽二万六千吨，共折油六十八万五千吨。再加上由粮食部统购的大豆可榨油十五万吨，合作社收购的棉籽可榨油十五万吨，合计共可收购到食油九十八万五千吨。

计划收购的办法是，在花生、芝麻的集中产区，由各大区[17]根据中央所规定的油料收购数字，分配给省、专区或县，与统购粮食的工作同时进行。油料集中产区，由于商品率高，统购的比率(即统购数量占产量的比例)可以高于一般地区，花生可占百分之七十左右，芝麻可占百分之六十五左右。在花生、芝麻的一般产区，则由各大区根据各地油料作物的产量，分配给各省一定数目，算在粮食收购数字内，随粮收购，即在统购粮食时，一律允许农民缴纳油料作物，并规定合理的油粮比价，使农民乐于缴纳油料作物以代替粮食。各种油料的收购价格，由中央商业部另行规定。

第二，加强对油商的管理。在实行统购油料的地区，不准私商收购油料。统购任务完成后，农民的剩余油料是否可以向当地私人油坊出卖，或只准卖给国营公司和合作社，待研究后另行决定。在未实行统购油料的地区，则仍准私商购销油料。

第三，实行计划供应，即统销。一九五四年，在大、中、小城市必须实行食油计划供应。由于农村中缺油户比缺粮户更多，对农村人口的定量标准不易确定，定少了农民不满意，定多了无法供应。因此，对食油计划供应的范围及办法，尚待进一步研究。食油计划供应的时间，可以略迟于粮食计划供应。

第四，扩大食油的来源。一是扩大推销煤油八万吨，以此换出一部分燃灯植物油，来供应市场。二是以动物油来代替工业上用的一部分植物油。三是尽可能提高出油率。从原来供应土榨的油料中，抽出一部分供给机榨。四是试行榨谷糠油、骨油等。

第五，为了缓和食油市场的紧张程度，一九五四年食油出口，比原定控制数字减少十万吨。

第六，目前国营和合作社的油脂业务机构是不统一的，为了适应统购并准备担负统销的任务，必须加强商业部的油脂公司，以此为中心来组织国营和合作社的油脂业务机构。

改善副食品的产销状况*

（一九五三年十一月二十八日）

副食品为城市及工矿区广大居民每日生活所必需，较主食消费比重还大。由于生产非常分散，供应十分集中，季节之间、城乡之间的调剂都比较困难，因此，如果放松了对副食品的经营和对市场的管理，便会发生供求失调，价格波动，直接影响居民生活。

几种主要副食品中，除食油已另作报告外，中财委[11]对猪肉、蛋品、水产、蔬菜、干菜、水果的产销问题也进行了专题讨论。这些副食品的供应，不但在“五一”、中秋、国庆、春节等节日，各大城市和工矿区出现了不同程度的紧张局面，而且猪肉、蔬菜在个别城市常常供不应求。加强副食品的经营，已成为国营商业急不可缓的任务。

各种副食品的产销情况如下：

一、猪肉。一九五三年毛猪年末存栏头数将达九千万头，商品量为五千万头，其中，供应城镇消费、军需及出口的为二

* 这是陈云同志主持起草的政务院财政经济委员会关于目前副食品的产销情况及今后措施向中共中央的报告。一九五三年十二月一日，中共中央批准了这个报告。

千五百万头（城镇居民消费二千二百五十万头，军需五十万头，出口二百万头），供应农村约二千五百万头。农民消费，连同自宰自食的约二千六百万头，共达五千一百万头。城镇每人每年消费约二十斤，农村约十一斤，城镇居民消费与农民相比，约为二比一。国营商业和合作社经营六百四十万头，占商品量的百分之十三左右，比重还小。从猪肉商品量与城市消费量对比来看，只要对城市、工矿区供应工作组织得好，可以做到不发生脱销和不出现黑市。从猪肉商品量与出口对比来看，出口仍有潜力。在一吨肉可换五吨钢材的条件下，争取更多一些猪肉出口，对支援国家经济建设有重大意义。

当前猪肉供应发生问题，原因有五。第一，毛猪生产非常分散，长途赶运易死易伤。第二，收购面窄。中国食品出口公司经营毛猪，在华东一个大区的收购量，即占全国收购总量百分之六十九，而华东又集中在苏北、胶东两地。其他地区虽由土产公司和合作社收购一部分，但离交通线较远的地方，收购就很少。第三，多头收购，不能统一计划盈亏。国营土产公司、食品出口公司、合作社以至私商，都集中在交通沿线和集中产区收购，未能统一采购，以致交通不便地区及山区经营赔累，就不去收购。初步估计，全国毛猪重要产区河北、山东、江苏、浙江、安徽、河南、江西、湖南等省，今年仍有三百五十万头毛猪不能进入市场。第四，冷藏加工厂少，且集中在几个城市，旺季因不易大量保存，不能尽量收购，因而要调剂季节之间和地区之间供应上的不平衡，也就很困难。第五，猪疫蔓延，对生产和经营威胁极大，历年因患猪肺疫、猪瘟疫而死亡的占总头数的百分之十。山东、江苏、浙江、湖南、江西的猪丹毒[176]，河北的囊包虫[177]，也很严重。一九五三年猪肉产销情况是，从全年生产和销售的数字看可以平衡，但季节调剂和地区调剂则有问题。解决上述问题的办法是：建立统一收购机构，扩大收购面；增加冷藏设备，加大储存量；加强防疫治疗，保护生产；随着消费增加，按比例扩大生产。

二、蛋品。一九五三年全国鲜蛋产量估计可能达一百四十四亿枚（以一亿农户，平均一户养母鸡二只，每只年产鲜蛋七十枚左右计），其中农民自用量八十亿枚，商品量为六十四亿枚（出口十亿枚，军需三亿枚，城镇居民消费五十一亿枚）。国营商业和合作社经营的占商品量的三分之一。全国鲜蛋重点产区为河北、绥远[178]、河南、湖北、湖南、江西、山东、江苏、浙江、安徽等省，其产量约占全国总产量的百分之六十。鲜蛋生产极端零散，集中和长途运输损耗很大。鲜蛋又是季节性产品，盛产时期为每年三月至七月初，约占全年产量的百分之七十，保存不易，供应上很不平衡。冰蛋、干蛋厂的设备多集中在少数大、中城市，而城市需用蛋类的食品业皆用鲜蛋，尚不习惯用冰蛋、干蛋粉来制点心，这就增加了季节调剂的困难。鲜蛋上市旺盛季节，农民争相求售，到淡季，城市又普遍感到供应不足。蛋品除供内销，出口量还可增加。抗战前一九三〇年曾出口三十一亿枚，一九五三年只出口十亿枚，两万枚蛋可换五吨钢材，应争取更多的蛋品出口。解决鲜蛋产销中存在问题的办法是：增加冰蛋、干蛋粉在产蛋旺季的加工和保存；改变城市人民食用鲜蛋习惯，扩大冰蛋、干蛋粉对食品业的供应，以补淡季鲜蛋供应的不足。

三、水产。一九五二年水产品供过于求。一九五三年全国商品量估计为三十五亿斤(其中海产二十四亿斤,河产十一亿斤),全年产销情况是供求适应。国营商业和合作社经营比重很小,不及商品量的百分之二十。由于生产季节性强,冷藏的运输和仓库设备少,在水产大量上市的旺季,因不能大量冷藏难以作长途运销,又不能大量腌制,因此常常腐烂落价。北方各城市平均每人每年食鱼仅四斤,南方城市每人每年消费量则三倍或五倍于此数。我国有丰富的水产资源,估计年产量可达八十亿斤至一百六十亿斤,如能在产区增加冷藏设备,增大腌制量,扩大水产推销,对减少猪肉的供应,挤出猪肉出口,对渔民,对消费者,都是有利的。

四、蔬菜。当前蔬菜的经营,国营商业和合作社在城市约占百分之二十,大城市供应平时还没有问题,节日稍感紧张。新的工矿区和驻军集中的地方,则多有供不应求的情势。随着城市人口增加,城市附近建筑面积不断扩大,占用菜地很多,新扩建工程又很少预留菜地,致使蔬菜种植面积不断缩小,加之菜园又非一年施肥即可种好,种菜需一定的技术,因此蔬菜供应量减少,而需要量却日益增大,供需不敷的情势日益显露。解决蔬菜产销问题的办法是:第一,组织生产。由于蔬菜只能就地生产就地供应,国营商业不能大量经营,必须在当地党委和政府领导下,组织郊区蔬菜生产合作社,保证必需的供应。第二,按人口比例保持必需数量的菜园。一般估计城市人口每人每年平均需蔬菜二百五十斤,菜园的产量每亩平均约七八千斤,则每三十人应有一亩菜园。第三,城市消费合作社组织菜栈,扩大供应,增加窖藏。第四,国营商业可经营一定量的若干种蔬菜,如白菜、萝卜、洋葱、大蒜,做远距离的调运,调剂节日的需要。

五、干菜。粉丝、榨菜、木耳、金针、香菇等，一九五三年产量共约三亿多斤，商品率高，现在国营商业、合作社经营达一半多。小杂粮及豆类加工制造之豆腐、豆芽、豆酱等，国营商业皆未经营。干菜适于储藏，且可行销全国，随着城市需要的日渐扩大，可以补副食品的不足，国营商业、合作社应扩大经营。

六、水果。一九五三年全国各种水果产量，根据商业部召开的全国土产会议的估计，约为五十九亿斤。国营商业、合作社仅经营适宜于长途运销及出口的苹果、桔子、香蕉等，在集中产区国营采购达百分之六十以上；其他如梨、柿等一般水果多为当地私商小贩经营，市场供应尚能适应。今后内销和出口需要增加，国营商业、合作社应适当增大经营比重，以保证水果的供应。

改善副食品的产销状况，必须采取下列措施：

一、提高认识。过去国营商业部门将经营重点放在粮食、纱布[5]、重要百货等主要生活必需品上，对副食品没有去管，这在当时是不得已的，主观力量也只能如此。今后随着经济发展，人民生活水平提高，国营商业除继续重视粮、布、主要百货外，对城市副食品的经营要有计划地管起来。城市、工矿区居民副食品的消费比重较主食为大，副食品的供应，关系广大劳动人民的日常生活，因此，国营商业必须把副食品列为经营重点之一，与合作社密切结合起来，逐步增大副食品的批发、零售及经营品种，达到足以保证城市及工矿区的供应。同时，保证必要的出口，换取工业设备，借以支援国家经济建设。

二、成立专业机构。中央商业部应成立全国食品公司，负责统筹副食品的收购、市场供应和出口。

三、扩大收购面，增建冷藏设备。由于副食品大都为鲜货，生产季节性强，目前冷藏库、车的设备太少，不能及时大量收储，不能长途调运，影响收购、内销和出口，妨碍调剂供应。商业部应即根据今后几年收购供应情况，提出逐年增建冷藏库、车设备的计划。

四、保证大中城市、工矿区的供应。国营商业和合作社应逐步保证九十九个大中城市及工矿区（中央直辖市十四〔179〕，工矿区十一〔180〕，省会二十六〔181〕，其他中等城市四十八）共四千万居民副食品的供应。初步估算，一九五四年九十九个大中城市、工矿区副食品需要总值为十七万二千亿元〔2〕（每人每年副食品支出平均四十三万元），国营商业和合作社应经营八万四千亿元，占百分之四十八。但不应平均使用力量，我们首先要加强大城市和工矿区国营商业和合作社的经营比重，肉类供应比重应达百分之六十，蔬菜应达百分之二十至四十；在中等城市及西南、西北地区比重可小于此数，东北地区则应大于此数。

五、加强领导，分工负责。责成商业部负责对全国副食品的经营领导。同时，要在各地党委、财委领导下，拟定国营商业、合作社和私商的经营比重，分别拟定购销计划，达到城乡、内外的统筹兼顾。在经营上，国营商业部门和合作社应作如下分工：肉类、蛋品、水果的批发和出口，由国营商业经营；蔬菜应由城市消费合作社建立必需的菜栈，与郊区蔬菜生产合作社订立购销合同；水产目前仍由国营和合作社经营，食品公司成立后，逐渐由食品公司担负经营的主要责任；干菜的批发由国营商业、合作社共同经营；小杂粮由粮食部负责供给粮源，城市供应由商业部负责。

六、增加生产。随着经济建设的发展，城乡人民生活水平的日益提高及出口量的扩大，今后必须增加副食品的生产。在不影响粮食增产的前提下，应适当增加畜产品、蔬菜、水果等的生产，并应加强对猪疫的防治。农业部应作专门的研究和布置。

高级领导人要提高革命觉悟*

（一九五四年二月十日）

保障党的团结，防止党的分裂，其责任主要是在高级领导人员。我党是经过几次分裂的。张国焘〔182〕等人都搞过分裂活动，使革命事业受到很大的损失。但是，我们维护了党的团结统一，取得了胜利。现在四中全会〔183〕重新提出一个决议草案，号召增强党的团结，这是什么意思呢？这就是说，张国焘这样的野心人物是可能出现的。妨碍党的团结，不幸发生党的分裂这样一种危险，如果我们不严格地防止它，那并不是不可能的。当然，讲起这样的事情是不愉快的，但是我们要面对现实。过去有许多同志设想，像张国焘这类野心人物，可能不再在我们党内出现。理由是什么呢？有这样几条：第一条，党已有三十多年的历史，革命已经胜利，干部都经过锻炼，都希望我们党里不出张国焘这类野心人物。第二条，只要加强党内马列主义教育，就可以不出现张国焘这类人物。第三条，说我们有毛主席在，大概可以不出，把希望寄托在“毛主席万岁”上。

---

* 这是陈云同志在中国共产党第七届中央委员会第四次全体会议上发言的一部分。

现在看来，这三条都有很大的作用，但是只有这三条，我看还不足以保证我们党内不再出张国焘这类的人物。我们党是处在有阶级的社会里头，现在阶级没有消灭，就是阶级消灭以后，阶级意识还要长期存在。这种社会情况、阶级意识还会反映到党内来。我们党内的情况是，在不少的高级干部中间，个人主义的成分是或多或少地存在着的，只要气候适宜，只要条件具备，小个人主义可以变为大个人主义。原来想，革命已经胜利，似乎可以不出张国焘之类人物了。现在看来，恰恰相反，革命胜利了的国家，更容易出。现在比起秘密工作和在山沟里打游击的时代，更容易出野心人物。大家是为革命来的，还是为做官来的呢？回答这个问题也容易。起初是干革命来的，以后是革命加做官，既革命，又做官。后来官越做越大，味道也越来越大，（笑声）有人就只想做官，不想革命了，把革命忘光了。在胜利了的国家里头，有电影，有照片，开会时热烈鼓掌，阅兵时可威风啦。火车站欢迎的时候，送鲜花，夹道欢呼。物质享受是很具备的，很可以腐化。从前在瑞金、延安时，想腐化也很难，现在腐化很容易。我们对于执政以后党内的状况是不能盲目乐观的。所以，希望我们党内不出野心人物，这种好心肠，我看是会落空的。把希望寄托在这一点上，是很危险的。

这次会上，被批评的同志可以有两种态度：一是改正，一是不改。现在他们开始检讨自己，哪怕检讨不彻底，我们也是应该欢迎的。瞿秋白〔184〕同志讲过，水牛转弯不大容易。这是常有的。我希望他们能彻底改正。但是我现在要说，就是这些同志改正了，以后是不是还会出？过去出张国焘，以后是不是还有李国焘、王国焘呢？我对这个问题的回答是，绝不能说没有。说没有，就要犯错误。宁可说，可能出现。至于乱子是否闹得像张国焘那样大，可以分裂党、分裂军队，那要由条件来决定。出是可能的，但是乱子闹得大不大，要看当时的具体条件。我们不要高枕无忧，认为党内不会出怪事。

加强党内马列主义教育，这是很好的，但我看只靠教育也不能保证党内不出李国焘、王国焘。马列主义的教育，当然有很大的作用，我们是相信这个主义才来干革命的，我们必须加强党内的马列主义教育，这是肯定的、无疑问的。但是，我看不能因为有马列主义教育，以后就不出问题了。张国焘不是老党员吗？他比一般干部受的马列主义教育还少吗？但是他叛变了。这证明什么呢？证明只靠马列主义的教育，还不能保证我们党内不出野心人物。

至于说有毛主席在，我们党内就可以不出野心人物，我看也是靠不住的。毛主席当然是伟大的领袖，是我们党团结的核心，但是，这是否可以保证我们党内不出李国焘、王国焘呢？也靠不住。我看，只能出得少一些，出得慢一些。有些露了头以后，因为毛主席在，容易解决，解决得快一些，但并不能保证不出。"毛主席万岁"这是一个政治口号，但是毛主席在生理上是不能万岁的。我在这里，在四中全会上，说毛主席生命不能万岁，这似乎不太好，但我们是唯物主义者，毛主席实际上是不能万岁的。

那末，我们翻来覆去地想一想，可靠的是什么呢？我们党内可能出现分裂的危险，就没有什么办法防止了吗？我看可靠的、永久的办法，可传到我们子孙后代的，就是提高高级领导人的革命觉悟和革命嗅觉。我们这些高级领导人，行年有四十几岁的，有五十几岁的，有六十几岁的，也有七十几岁的，将来一批一批地都要死去，同时一批一批地补上来。我们不能保证不出野心人物，但是我们可以想方法使乱子不闹大。出了野心人物的时候，乱子闹得大不大，关键是什么呢？我看关键是在几百个高级领导人，就是省（市）委书记以上的干部及军队中的负责干部。如果这几百个人有高度的革命觉悟，有高度的革命嗅觉，那末，出了李国焘、王国焘也容易把他揭露。如果这几百个人觉悟不高，嗅觉不灵，出了野心人物的时候是可能闹不团结的，甚至可能闹到党的分裂。出大乱子出在什么地方呢？就在这几百个人里面，首先是在座诸公，穿黄衣服的，穿黑衣服的，党头、政头、军头这几百个人。如果出了野心人物，能否迅速地把他揭露，不闹成大乱子呢？那也决定于这几百个人。只要这几百个人头脑十分清醒，革命胜利就会有保证。

高级干部要提高革命警惕，提高革命嗅觉，千万不要“伤风”。我看这是我们党的团结的可靠保证。再加上一条，我们要严守党的制度和党规党法，发扬党的优良作风，那党就有保证了。靠别的，我看都靠不住，要靠我们自己。

在胜利的环境中高级干部不要头脑发昏。我们想一想，一九四五年七大〔185〕到现在，跌了大筋斗的几个主要的领导同志，哪一个同志不是因为骄傲，背上背了一个大包袱，上面写着两个字，叫做“正确”。背了“正确”的包袱，就会跌筋斗。这一件事很值得我们注意。我并不是说犯错误好，而是说没有犯过错误的同志，很顺利的同志，应该十分警惕。同时犯过错误的同志，如果一个时期正确了，不小心，骄傲了，同样可以再跌筋斗。同志们，人家对你鼓掌的时候，那可要很小心。一个人在人家鼓掌时，他可以有两种态度，一是小心谨慎，一是昏头昏脑。昏头昏脑就很可能是跌筋斗的候补者。

关于第一个五年计划的几点说明*

（一九五四年六月三十日）

第一个五年计划〔186〕，从一九五一年到现在，共编制了五次。前三次都是由中财委〔11〕编的，第四次是由国家计委编的。这一次又由我接手，从今年三月开始工作直到现在。

这个计划，有比较准确的部分，即国营经济部分。也有很不准确的部分，如农业、手工业和资本主义工商业，都只能做间接计划〔187〕，而这些部分在我国国民经济中又占很大比重。我们编制计划的经验很少，资料也不足，所以计划带有控制数字的性质，需要边做边改。

第一个五年计划已经执行了一年半。现在我作几点说明。

对五年计划执行结果的估计

工业生产方面。工业总产值（包括手工业，下同）每年递增百分之十五点五〔188〕，估计是可以完成的，并且可能超过。但有些主要产品，如钢材、棉纱等则很难超过。有些产品，不一定

---

* 这是陈云同志关于第一个五年计划编制情况向中共中央汇报的一部分。

能达到计划指标的要求。五年内，工业生产的增长，主要靠原有的工厂及自己设计的工厂。苏联帮助设计和建设的一百四十一个项目〔189〕，在五年内投入生产的很少，只占工业总产值的百分之四到六。一百四十一项主要是在第二个五年投入生产，有些要到第三个五年才能起作用。包括一百四十一项在内，全部新建工业厂矿，五年内能投入生产的，在整个工业生产总值中只占百分之二十五，约百分之七十五的产值要靠解放前的老厂。

工业基本建设方面。五年内新建和改建的六百一十五个（可能还要多些）限额以上的项目〔190〕中，有些项目（包括一百四十一项）可能要推迟。其主要原因为：我国技术力量弱，提供的资料不准确，又常改变，翻译资料也需要耗费时间，加上我国与苏联在交接中有许多不便，苏方提供的许多成套设备可能不及时，常常会发生停工现象。同时，如鞍钢和长春汽车厂等大项目的建设，现在是以全国力量来支持的。一百四十一项的建设全面铺开之后，全国支持的力量也会更加分散。基本建设的大规模铺开，还在一九五六和一九五七年，真正紧张的时期还在后头。将来必然会遇到更多困难，特别是下级干部和基层干部会严重不足。干部在基本建设方面取得经验，也需要有一定的时间。此外，对六百一十五个建设项目，内部工作布置必须按现定时间争取完成，但要准备有些可能完不成。因此在公开宣布时应讲清楚，哪些项目会推迟。

农业生产方面。五年内农业总产值每年要求递增百分之五〔191〕，一九五七年较一九五二年要提高百分之二十八。这主要是提高单位面积产量，靠开荒增产的不多。应该估计到，谷物增产是缓慢的。苏联从一九一三年到一九五〇年这三十八年中,单位面积产量仅提高了百分之四十一。我们要完成农业计划是很吃力的,主要靠合作化。

铁路运输方面。这无疑是紧张的。如果有些工业产品的生产超过了计划,则铁路有些区段的运输就承担不了。因此,在年度计划内,应准备对铁路增加新的投资,解决某些区段扩建改建的要求。

社会主义改造方面。农业、手工业和资本主义工商业的改造计划,可以完成,也可能超过。

总的来说,计划中最薄弱的部分是农业生产,能否按计划完成,很难说。工业生产计划可以完成,基本建设可能差一点,铁路运输很紧张,社会主义改造的进度可以按期实现。

按比例发展问题

一、农业与工业的比例。

农业生产同工业建设和人民生活的需要相比,即使完成计划,也是很紧张的。粮食生产如按计划完成,五年内能增加的库存,也只有二百五十五亿斤。如加上一九五三年六月底的库存一百九十五亿斤,到一九五七年底库存粮总共也只有四百五十亿斤。这还是包括周转粮在内的。今年五月份一个月就卖了八十亿斤,按此计算,如果遇到灾荒,库存粮只能应付五六个月。

食油五年内增加不了多少。如果每人每年的供应增加一斤,全国就要六亿斤,需要增加二千万亩的油料作物,这是很难办到的。

棉花平均亩产必须达到三十八斤,才能完成计划所规定的任务。现在全国平均亩产仅三十斤,要提高到三十八斤是不容易的。华北地区提高到三十八斤虽然不很困难,但棉田如再扩大,就会减少高粱、玉米和谷子的种植面积,使燃料和饲料发生很大困难。如果棉花的生产不能按计划完成,则棉花供应就会发生更大问题。

农业增产有三个办法:开荒,修水利,合作化。这些办法都要采用,但见效最快的,在目前,还是合作化。

以开荒来说。新开垦五亿亩土地,可以收粮食八百亿到一千亿斤。但这甚至在十年内都难以做到,因为没有机器。要开垦五亿亩地约需二十五万台拖拉机,据说要有一千多万吨原油来炼柴油,但我们要到第二个五年计划才可以有十万台拖拉机,原油的开采也快不了。大规模开荒只能在地广人稀的地方,没有机器是不行的。要是开垦新疆的荒地,还要修铁路(约四千公里),修水利(每亩约一百万元〔2〕),这些在目前都是没有力量来做的。那末,是否可以比计划再多开垦五千万亩荒地呢? 我看也有困难。因为,一要增加二十五万亿元的投资来搞国营农场,二要进口三万台拖拉机,三要组织相当大量的技术力量进行勘察设计。此外,还要修筑公路、铁路,建筑房屋,组织七十万劳动力移民,而花费了这样大的力量以后,每年所能增产的粮食也只有八十到一百亿斤。因此,五年内,开荒和建设机耕农场,实际上只能起积累经验和培养干部的作用。

以修水利来说。大型水利工程首先在北方。要是把淮河以北的水都蓄起来,可以灌溉两亿亩地,即可以增加二百多亿斤粮食。这个工程是很大的，没有十年完成不了。而所增的粮食，就全国来看，数量并不多。

搞合作化，根据以往的经验，平均产量可以提高百分之十五到三十。增产百分之三十，就有一千亿斤粮食。并且只有在农业合作化以后，各种增产措施才更容易见效。所以合作化是花钱少、收效快的增产办法。国家在财力上应该给予更多的支持。

农业投资是否太少，能否增加？五年内对农业（包括林业和水利）投资为四十九万亿元，占经济建设支出的百分之九点五〔192〕。这里应指出，五年内直接或间接的对农业的投资还有下列各项：地方农业水利投资五万亿元，军垦费用五万亿元，农村救济费十五万亿元，治理黄河可能将有五万亿元，银行长期农贷十万亿元，以上共计四十万亿元。如果把这些费用加上原计划中对农业的投资，就决不止仅占经济建设总支出的百分之九点五，而是在百分之十五以上，并不算低。对农业，可以准备几个后备计划，争取在年度中增加投资。

二、轻重工业之间的比例。

五年计划规定，轻工业投资与重工业投资的比例为一比七点三，即百分之十二比百分之八十八〔193〕。但目前轻工业的增产，主要还不是增加投资的问题，而是原料问题。轻工业的原料，一方面来自农业，如棉花、油料、甜菜、甘蔗等；一方面来自重工业，如薄钢板、铝、化学产品等。在这些原料还不能大量增产以前，增加轻工业的投资是没有多大用处的，因为原料供不上，工厂开了也是白开。轻工业现在还有很大后备力量，生产设备利用率很低，只要稍加调整，就可以增产很多。

不仅就生产能力来说，轻工业有很大的潜力，而且就资金来说，也有很大后备力量。因为除去国家预算拨款外，可以投资于轻工业的，还有公私合营及私营企业的公积金，有地方工业的投资，还有社会游资〔80〕可吸收。如果迫切感到轻工业产品需要时，建立工厂也较容易，短时间内就可以搞起来。一个五万锭的纱厂，只要一年半的时间就可以建成。

因此，轻重工业之间的投资，以维持现有的比例为好。

三、重工业各部门之间的比例。

按照五年计划，国防工业是很突出的。为了实现发展国防工业的计划，很多民用工业就必须跟上，而且跟得很吃力。有些民用工业，实际上也是为了配合国防工业而建立的，比如有些特殊钢厂、化工厂等。这种情况的存在，是由于外国是在已经发展了的工业水平上搞国防工业，而我国工业落后，基础太差，但又必须迅速地发展国防工业。这样，就不可避免地要采取目前的办法。迅速发展国防工业，用力赶一赶，对提高我国工业技术水平是有好处的。

石油工业的发展赶不上需要。石油的供应，不仅第一个五年计划，就是第二个五年计划也是不够的。现在主要是寻找石油资源的问题。只要发现了新的丰富的资源，就必须大力开发。

总之，重工业中存在的主要问题是：国防工业突出，石油工业落后，煤、电紧张。这种状况，目前还无法改变。

四、工业发展与铁路运输之间的比例。

今后铁路运输是紧张的。铁路方面的投资也还不够。在制订铁路修建计划过程中，原设想的新干线越来越短，而用在旧线上的投资则越来越增加。一九五二年拟议五年内新建干线一万公里，以后改为六千公里，现在只有三千公里。原因是新设的厂矿多在旧线附近，旧线运输负担将随着工业的发展而日益加重。同时，对修筑铁路的估价也过低，原定每公里为三十九亿元，现实际已达六十二亿元，不得不减少铁路修筑的里程。

目前铁路的修建，应首先保证一百四十一项建设和扩大旧线运输量的需要，同时要为修新线做好准备。为了保证第一个五年计划期间运输任务的完成，必要时将在年度计划内增加投资。铁道部应在所拟定的计划投资外，准备十万亿元以上的工作量，什么时候有钱就什么时候搞。

五、技术力量的需要和供应是不平衡的。

初步计算，五年内工业和交通运输两项需增加技术人员三十九万五千人，但高等学校和中等技术学校的毕业生仅为二十八万六千人，相差近十一万人。技术力量不足，当然会影响到建设的进度，并会使产量提不高，质量不好。这个问题在十年内很难完全解决。我们决不能等培养好了技术干部以后，再从事建设。而且就目前来说，技术力量不足的状况，也不是依靠增加投资就可以改变的。还有教授不足，在校学生不足等问题。补救的办法，是靠工厂多办技术学校和训练班，培养技工。总之，干部培养不及，是第一个五年中难以解决的问题。

如上所说，五年计划各部门的比例，是有缺点的。但目前只能按照已拟定的方案来做。

按比例发展的法则是必须遵守的，但各生产部门之间的具体比例，在各个国家，甚至一个国家的各个时期，都不会是相同的。一个国家，应根据自己当时的经济状况，来规定计划中应有的比例。究竟几比几才是对的，很难说。唯一的办法只有看是否平衡。合比例就是平衡的；平衡了，大体上也会是合比例的。

我国因为经济落后，要在短时期内赶上去，因此，计划中的平衡是一种紧张的平衡。计划中要有带头的东西。就近期来说，就是工业，尤其是重工业。工业发展了，其他部门就一定得跟上。这样就不能不显得很吃力，很紧张。样样宽裕的平衡是不会有的，齐头并进是进不快的。但紧张决不能搞到平衡破裂的程度。目前我们的计划是紧张的，但可以过得去，不至于破裂。

财政收支方案

五年内财政收入可否再增加？我看会有某些增加，企业利润和税收可能超收一些，但大量增加的可能性不大。如果税收再增加四五十万亿元，将会使物价大涨，实际工资降低，所以是办不到的。

军政费用能不能再减？今后三年，政费难减，因为不能大量裁员。要减军费，也只有减人员，降低现代化程度。我以为，五年计划草案不能这样制定。

工业投资可否减少？既然一百四十一项定了，不能推迟，工业上的钱也是少不了的。除属于一百四十一项的以外，第一机械工业部和第二机械工业部〔194〕其他方面的投资，是很少的。化学工业、钢铁工业、有色金属工业的情况，也是如此。关于工业投资，过去曾经研究过三个方案。一个是二百六十五万亿元，按照这个方案，一百四十一个项目要推迟很多。另一个是三百二十八万亿元，这样就要求财政收入再增加几十万亿元，如前面所说，这很难做到。因此，较适当的是现在的二百九十二万亿元的方案〔195〕。

预备费能不能再减少？现列的预备费是不能再少的。今后三年只有三十八万亿元，只占总支出的百分之四，是很少的。中国这样一个大国，某些临时的支出一定会有。而且根据过去经验，工业的项目及其造价往往比原计划增加。这些都要求财政上有一定的后备力量。

财政收入超过的部分，不能列入预算。如列到预算里面，而且马上分掉，则会使财政毫无周转余地。所以，宁可在年度计划中，再对某些项目的支出作必要的增加。但这种增加，也必须是有多少钱办多少事。

在财政上必须反对两种倾向：一种是冒进，即将财政收入全部分出去，搞到中途预算破裂。一种是保守，即有钱不用，妨碍建设。为了在财政上避免这两种错误，就必须一方面保有一定数目的预备费，另一方面又准备在年度计划中增加可能增加的投资。

今后三年保有三十八万亿元的预备费，大体可以不致犯冒进的错误。农业、铁路方面准备好后备计划，在年度计划中准备增加新的投资，就不致犯保守的错误。

按照计划，五年内现金收支是平衡的。将来要出毛病的话，可能出在商业各部，关键在于商业各部的贷款是否已打足。

对苏外汇的支付是很紧张的。为了偿还欠款，为了进口成套设备及其他物资，五年内将对苏支付外汇一百三十六亿卢布。我们必须力求不借外债。为了保持外汇的收支平衡，应压缩不必要的进口。

保持购买力与商品供应之间的平衡

一九五七年生活消费品和农业生产资料的供应总额，可达四百六十万亿元[196]，那时社会购买力将增至五百万亿元，供应与需要之间差四十万亿元，占供应总额的百分之八。这种差额，城市与乡村都有，但多少在城市，多少在乡村，现在还划不清楚。差额发生的原因有二：一是投资于重工业的基本建设吸收了大量的资金，但不可能很快生产出东西，将来生产出来的，大部分也不是消费品。二是为了保证供应，不得不实行农产品计划收购，这样农民就保有很多货币，而不能保存很多实物。

在短期内要完全消灭商品供应与社会购买力之间的差额是不可能的。但这种差额不能过大，过大了就可能发生市场上的抢购现象，或农民不出卖农产品。应该说，四十万亿元这个差额是不算小的。解决这个差额的办法：一是农业、工业和手工业的增产，这是最根本的；二是努力在农村中推销工业品；三是增加农产品出口，进口轻工业原料，如毛条、人造丝、橡胶等，经过加工向农村推销，这对回笼货币的作用很大；四是发行公债和提倡储蓄；五是适当调整工农业产品的价格，如烟、酒、糖等消费品可以涨点价，而某些农产品可以降点价。我们的原则是，人民虽多出一些钱但不影响基本生活，并要使生活水平微微上升。采用这些措施，虽不能完全解决四十万亿元的差额，但一定可以解决很大一部分。只有这样，才可以保持市场的平稳。

解决商品供应量与社会购买力之间的差额，应该采取各式各样的、适合各地具体情况的不同的办法，并且分开在几年内解决，不要挤在一年里面来搞。我看，提高农产品收购价格，降低工业品价格，提高工资，这三条应该说都是好事，都应该做，但是，都不能做得太早，要极其慎重，要量力而行。

最后，再讲几点意见。

第一，现在所拟定的第一个五年计划草案，各种数字的小变动是一定会有的，但大体轮廓已定，不能再变。

第二，今后还须继续搞好各年度的财政收支平衡，避免出现抛物线。同时，要搞好电、煤、木材等若干种主要产品的供需平衡。

第三，由于间接计划部分很大，因此这个计划应经过地方党委在更大范围内加以讨论。为了实现这个计划，必须充分发挥地方的积极性。

加强市场管理和改造私营商业*

（一九五四年七月十三日）

一、从一九五三年全国开始大规模经济建设以来，我国市场上发生了许多新的情况，其中主要的一点是许多商品供不应求，第一是吃的，第二是穿的，第三是用的。这是由于国家以大量资金投入经济建设和文化建设，增加了就业人数，增加了工资总额。同时，农业增产，农产品收购价格提高。这就使全国人民的购买力，在恢复时期〔174〕已经普遍提高的基础上，更加迅速地增长起来，因而社会购买力增长速度超过了消费品和农业生产资料生产的增长速度。这种趋势将是长期的。在一定时期内，社会购买力与商品供应量之间的差额还会继续扩大。我国目前还存在着大量的小生产者和私商，市场情况非常复杂，我们对于由许多商品供不应求所造成的市场紧张状况和市场上存在着的不稳定的可能性，必须引起充分的注意。市场的稳定是进行经济建设的必要前提。因此，在供不应求的情况下，继续保持市场的稳定，以保证经济建设的顺利进行，是商业工作的重要任务。

二、解决商品供应不足的困难，根本办法是积极增加生

---

* 这是陈云同志为中共中央起草的指示。

产。由于目前增产的速度特别是农业增产的速度有着一定的限制,因此必须从商业的收购与供应两个方面,采取适当的措施,反对私商的囤积和投机,并防止小生产者的惜售和消费者的抢购。一九五三年夏季以后,国营商业扩大了工业品的加工订货和包销的范围,十月和十一月又先后决定实行粮食和油料的计划收购和计划供应,并加强了对其他主要农产品和农业副产品的收购工作。实行这些措施,就使国家基本上直接掌握了工业品和农产品的货源,同时也扭转了粮食、油料的销售量大大超过收购量的紧张局面,继续保持了粮食和油料市场的稳定。经过计划收购来掌握货源,经过计划供应来控制销量,这是在许多商品供不应求的情况下,继续保持市场稳定的两个必不可少的步骤。因此,在今后一个时期内,国家实行计划收购和计划供应的商品品种,将不是减少,而是逐渐增加。对此,全党应有明确的认识,并做好充分的准备。特别是,在今后加强农产品计划收购工作的同时,对于计划供应品种的增加,范围的扩大,方法的改进,尤其应该引起足够的重视。必须了解,在工农业产品的主要货源已由国家直接掌握以后,如果对某些供应不足的主要商品在市场上的销量,不采取计划供应的方法加以适当的控制,并依据国家建设和人民生活各方面的需要,认真地进行合理的分配,那末,继续保持市场稳定的目的仍是不能达到的。

三、实行上述措施后,我国市场关系发生了根本性质的变化。国营商业已在批发环节上逐渐排挤私营批发商,到一九五三年底,国营批发比重已经达到百分之七十左右。私营零售商的主要部分,已不能像过去那样依靠从私营批发商或从生产者方面进货，而必须依靠从国营商业、合作社商业方面进货，来维持它们的营业。国营商业和合作社商业，已不仅要为公营商业〔197〕系统进行组织货源和组织供应的工作，而且必须对私营零售商担负起同样的责任。因此，我国旧的自由市场的活动范围已经大大缩小，国营商业对整个市场的统一管理和对私营商业的领导和监督，已经日益加强和巩固。这种市场关系的变化和改组，为国家对私营商业实行社会主义改造创造了极为重要的前提，使整个商业工作更进一步地适应国家建设的需要，这是非常有利的。但这种市场关系的变化和改组，也必不可免地使商业中的公私关系日趋紧张，使私商的经营发生困难。目前大城市中有十余万从业人员的私营批发商，因为得不到货源而没有买卖可做。集镇的私商，因为主要农产品和农业副产品由国家扩大收购，营业额已经日益缩小。在城市中，由于粮食和食油的计划供应，减少了私商的销货量，还由于国营商业和合作社商业扩大了经营范围，再加上不适当地过多地扩大了零售额，私营零售比重迅速下降，私营零售商已经惶惶不安。在城乡交流方面，由于农村宣传过渡时期的总路线〔198〕，私商难于下乡，合作社对一般土产一时又无法全部经营，因此某些次要农产品和农业副产品也存在着阻塞现象。所有这一切，都是目前私商困难的具体表现。中国私营商业的从业人员数量很大（座商和摊贩共有七八百万人），对他们盲目地加以排挤，一律不给安排，不给生活出路，势必增加失业人口，造成社会混乱。这是必须防止和纠正的。

一九五二年十一月，对于“三反”〔139〕、“五反”〔150〕以后市场交易暂时呆滞所造成的私商困难，中央曾采取调整商业的办法给予解决。中央《关于调整商业的指示》[166]规定:放宽当时过紧的批零差价,减少公营商业的零售点和零售品种,使私营零售商能够维持营业;放宽地区差价,让出公营商业经营的某些商品品种,使私营批发商能够继续贩运。这些办法,在当时是必要的和正确的。但是,目前市场上许多商品供不应求的情况已经出现,为了稳定市场,国家再不能把已经掌握的工业和农业产品的主要货源让给私营批发商;目前批零差价的幅度,除某些商品尚需调整外,大部分是适当的;同时由于今后一个长时期内,计划供应的商品种类还要增加,公营商业的零售点和零售品种亦无法减少;所以,一九五二年为调整商业所采取的那些办法已经不能适合目前的情况,不能再度采用。目前正确的方针,必须是充分利用市场关系变化和改组的有利条件,对私营商业积极地稳步地进行社会主义改造,采取一面前进、一面安排和前进一行、安排一行的办法,把现存的私营小批发商和私营零售商逐步改造成为各种形式的国家资本主义商业。

必须指出,对私营商业实行社会主义改造,是一件非常艰巨的工作,它将受到私商各种各样的抵抗。在整个改造过程中,我们和他们之间的限制和反限制的斗争,将是很复杂很尖锐的。现在,批发环节上逐步排挤私营批发商的任务,虽然基本上已经得到了解决,但对他们的人员的安排和资金的处理,仍需进行妥当和切实的工作,才能巩固已得的胜利。今后,更为复杂更为困难的问题,是改造私营零售商,这不仅是因为他们的数量很大,而且是因为他们和小资产阶级的自发势力还有着广泛的联系。要把他们逐步纳入国家资本主义的轨道,不经过适当的斗争是不行的。即使在把他们改造成为国家资本主义的零售商以后，在如何继续改造他们的经营管理，如何合理划分供应网，如何防止他们掺杂掺假，反对他们制造黑市，以及如何严格监督他们遵守代销和经销的各种规章制度等等方面，都是不可避免地要进行经常的斗争的。我们将来还要把私营零售商从业人员的大部分逐步改造成为国营商业和合作社商业的职员，所以对他们必须系统地进行教育训练和思想改造的工作。

四、根据上述情况，对私营商业的改造和安排，特做如下具体规定：

第一，对私营批发商。以零售为主而兼营批发的，一般的转为零售商。专营的批发商或以批发为主而兼营零售的，其中凡能继续经营者，让其继续经营；凡为国营商业所需要者，可以为国营商业代理批发业务；凡能转业者，辅导其转业；经过上述办法仍无法安置者，其职工连同资方代理人可经过训练，由国营商业录用。其职工已由国营商业录用的私营批发商，原有资金应受工商行政机关指导，使用于有益事业。资方实职从业人员，除能自找职业或年老而可维持生活者外，要求参加工作者，只要没有政治问题，经过训练后，可由国营企业陆续吸收，分别安置于没有机密性的商业、粮食、银行和合作社等门市营业单位，以便进行改造。

第二，对城乡私营零售商。除一部分必须和可能转业的以外，一般的应逐步地把他们改造成为合作商店或国家资本主义的零售商。国营商业应该采取分配货源、搭配热门货、调整批零差价、逐步统一公私售价等办法，保持私营零售商一定的营业额,使他们能够维持生活。国营商业和合作社商业对某些商品的经营比重,在零售方面,可以作适当的退让,但必须保持足以稳定市场的营业额,防止不适当的过多的退让。国营商业在批销商品时,应该对当地同一行业的全体座商和摊贩同时安排,但不要过多地给摊贩批销商品,以免挤掉了座商。对全部摊贩的改造,是一项更加复杂的工作,只能在处理了座商之后,才能作全盘处理。各地除经营粮食和食油的私营零售商已经采取代销形式和经销形式,改造成为国家资本主义的零售商外,今年下半年各大、中城市中,应再选择一个或两个行业,同样采取代销形式和经销形式,把私营零售商改造成为国家资本主义的零售商。应把这些改造私营零售商的办法,向社会宣布,以安定各业私营零售商的经营情绪。在县城和集镇上改造私营零售商的工作,可以首先选择适当行业,进行试点,取得经验,逐步推广。

根据目前国营商业和合作社商业在城乡经营范围上的不同情况,两者对私营零售商的改造和安排应做如下分工:大、中城市私营零售商的改造,由国营商业负责;集镇私营零售商的改造,由合作社负责;一般小县城私营零售商的改造,哪些由国营商业负责,哪些由合作社商业负责,或者由双方共同负责,应由省委根据具体情况作出决定。合作社商业在安排私商中如遇困难时,国营商业应大力给以帮助。

第三,对私营进出口商。基本上应按照对私营批发商的处理原则进行处理。同时,国营对外贸易机关应尽量采取联营、经销、代进、代出等国家资本主义的形式,对私营进出口商实行社会主义改造,使他们能在国营对外贸易机关的领导和管制之下，发挥其对资本主义国家进出口贸易的应有的积极作用。

第四，为了畅通城乡交流，活跃初级市场，各地应根据情况采取如下的具体措施：(一)广泛建立国家领导的没有私营粮商参加的粮食交易市场。(二)举行初级市场的物资交流会。(三)组织货郎担子为合作社代购代销。(四)为解除互相封锁，取消某些乡、镇人民政府所规定的不适当的市场管理办法。(五)对一般小土产，可以组织公私联购，或由合作社统一收购后按比例批给私商。

第五，为了缓和私营零售商营业额下降的趋势，在一九五四年旺季到来以前，国营商业和合作社商业的零售营业额，一般地应停止在目前的水平。个别地区和个别行业的公营零售额，则可以有进有退，但在前进时，对该地区该行业的私商仍须根据上述国营商业和合作社商业分工的原则，分别加以安排。

五、为着适应目前市场情况的变化和切实执行改造私营商业的政策，全国市场的领导必须统一，全国商业工作的步调必须一致。为此：

第一，中央商业部应该成为全国国营商业、合作社商业和私营商业的统一领导机关，负责制定商业各部门和各地区商品流转的主要计划，掌握公私经营比重，确定商品价格方案。

第二，城乡市场根据国营商业及合作社商业分工负责的原则，划分经营范围。即大、中城市和工矿区的市场归国营商业负责；集镇和农村的市场归合作社商业负责；一般县城及大的集镇，由各省委根据不同条件，划归国营商业或合作社商业单独负责，或由国营商业、合作社商业双方共同负责。中央商业部和供销合作总社应根据上述原则，另行议定分工方案，逐步实现。各地手工业生产合作社的产品，仍由合作社经营。为了加强县一级对市场的领导，各县都需建立财委机构，并使这一机构和省级国营商业部门保持密切联系，以编制商品购销计划，掌握国营商业、合作商业和私营商业的经营比重，统一安排私商。

第三，城乡市场必须互相支援。副食品供应不足时，应压缩中、小城市和集镇的副食品的消费，优先供应大城市及工矿区；城乡都需要的工业品，应尽先供应农村，以利农产品的采购。

第四，关于商品内销和出口的关系，除粮食、油料等物资特殊规定限量出口外，其他物资在今后一个相当长的时期内，国内市场的销售应服从出口的需要。有些商品如肉类，应压缩国内市场的销售，保证出口；有些商品如水果、茶叶和各种小土产，应尽先出口，多余的供国内市场销售。只有这样，才能保证必要的出口，以换回国家建设所必需的工业设备。

六、各级党委必须加强对商业工作的领导，加强各地国营商业及合作社商业的机构和干部。各级党委应向党员干部讲清楚许多商品供不应求的情况和原因；讲清楚盲目提高农产品的收购价格，会更加扩大社会购买力与商品供应量之间的差额，因而将更加助长商品供不应求的趋势；讲清楚计划收购和计划供应是稳定市场、保证建设所必需的办法；讲清楚若干物资首先供应大城市、工矿区和出口的必要性；讲清楚对私商不能只挤不管，而必须以国家资本主义的方式来进行改造的道理。

各级党委接到此指示后，应即进行研究，规定执行的步骤。

关于计划收购和计划供应*

（一九五四年九月二十三日）

我完全同意周恩来总理的政府工作报告。

现在我就目前人民经济生活中大家关心的一个问题，就是国家对于粮食和其他一些最重要的日用消费品实行计划收购和计划供应的问题，发表一些意见。

从一九五三年以来，我国市场上出现了若干种日用消费品供不应求的现象。一九五三年上半年，在小麦遭受冻灾的地区，粮食的供求状况很紧张，下半年，食油、肉类在许多地方也供不应求，不少城镇中都要排队购买。适应当时的需要，中央人民政府在一九五三年十二月，对粮食实行了计划收购（即统购）和计划供应（即统销）；然后对食用植物油也实行了计划收购和计划供应；从一九五四年九月十五日起，又对棉花实行计划收购，对棉布实行计划收购和计划供应。对粮食、油料、棉花、棉布的计划收购和计划供应无疑是一种重大的措施，它关系到全国人民生活中最重要的吃饭和穿衣的问题，也关系到

---

* 这是陈云同志在第一届全国人民代表大会第一次会议上的发言，原载一九五四年九月二十四日《人民日报》。在这次会议上，陈云同志被任命为国务院副总理。

我国城乡经济生活的许多方面。计划收购和计划供应对我们国家目前的情况来说，是很必要的。只有采用这种办法，才能保证我国人民生活日益增长的需要，才能制止投机活动，保证市场物价的稳定，才能使发展国民经济的第一个五年计划〔186〕得以顺利地进行。

粮食、油料、肉类、布匹供不应求的原因是什么？是不是这些物品的生产量减少了？不是的。正相反，解放以来，粮食、油料、肉类、棉花、布匹的生产量都是上升的，而且粮食、肉类、棉花、布匹都超过了抗日战争以前的最高年产量。抗战前五年的粮食平均年产量是二千八百亿斤，其中一九三六年产量是三千亿斤，可是一九五三年的粮食产量达到了三千三百亿斤。抗战前一九三六年是产棉量最高的一年，那一年的产量是一千六百多万担，可是一九五三年棉花产量已经达到二千三百五十万担；一九三三年是棉纱产量最高的一年，产量是二百四十四万件，一九五三年是四百零九万件。一九三六年全国养猪六千三百万头，一九五三年就达到九千三百万头。只有油料作物是例外，虽然解放以来是增产的，但是还没有达到抗战前的最高水平。根据上述情况可以看出，粮食、棉花、肉类、布匹都已经大大超过了我国历史上的最高水平。就拿油料来说，一九五二年的产量高于一九五〇年和一九五一年，一九五〇年到一九五二年食油供应情况是平稳的。但恰恰是在一九五二年的产量比前两年提高以后，反而不够供应一九五三年的需要。这就可以看出供不应求，不是因为这些物品的产量减低，而是在产量增加以后发生的现象。

那末，供不应求的原因，是否因为出口多了？是否出口数量超过了抗战前?五年来,我们是有一定数量的粮食、油料、肉类和其他农产品出口的。我们认为这是完全必要的。我国是一个经济落后的国家,一百多年来受尽了帝国主义的剥削和压迫,人民掌握了国家政权以后,我们的重要任务,就是要改变我们国家经济的落后状态。这就是说,我们必须进口大量的机器装备,来建立我国的工业基础,以便在若干年以后,把我国改造成为一个高度工业化的国家。为了进口机器装备,我们必须用出口物资去交换。我国现在还是一个农业国家,能够出口的主要物品是农产品。如果在国内消费方面,不能节省出农产品去出口,那末,我们就不可能进口机器装备来进行工业建设。因此,全国人民应该自觉地节省凡属可以节省的消费品,以便供应出口。为了保证人民的需要,国家对于粮食、油料、肉类只准许一定数量的出口,对于其他农产品,那是应该尽可能首先供应出口,出口有余,再来供应国内需要。减少消费,当然是一件不舒服的事情,但是我们必须在两者中间选择一个:或者是暂时减少可以减少的消费,以便完成国家工业化,由此来建立我国能够进一步地发展农业和轻工业的基础,使我们有可能在将来迅速地增加各种消费品的产量;或者是尽其所有在国内消费掉,因而不能建设工业,使我国经济长期处于落后状态。全国人民自然应该选择前者,不应该选择后者。我们以为,不但是现在,而且是今后十多年内,只能采取节省国内消费、首先供应出口的办法。只有工业基础建立以后,工业装备的进口可以减少的时候,这种情况才能有所改变。

我们虽然出口了一定数量的粮食、油料,但是现在比抗战前出口的数量或是超过不多,或是还有减少。粮食方面,一九五〇年到一九五三年的四年中，平均每年出口三十一亿斤。九一八事变[160]以后，东北地区每年出口多少粮食没有确实材料，因此就难有抗战前的完整的全国出口数字。根据海关的统计，一九二七年到一九三〇年的四年中，那时既有大米、小麦进口，也有大豆、杂粮出口，如果拿扣除进口的净出口来计算，那末平均每年净出口是二十三亿斤。解放以后的出口量，比那一时期每年多了八亿斤，从全国粮食产量来说，这并不是一个大的数目。油料的出口，抗战前一九二七年到一九三〇年四年中，平均每年为二十四万六千吨，解放以后四年中，平均每年为二十三万六千吨，还减少一万吨。猪肉出口比抗战前略有增加，但是猪肉出口数量只占解放以来增产数量的百分之六，占全国猪的产量的百分之二多一点。解放以来，粮食、油料、肉类每年都有大体相等数量的出口，一九五〇年到一九五二年市场供求情况是平稳的，到一九五三年才发生供不应求的现象。因此，这些物品供不应求的原因，不能说是由于出口所造成的。

若干消费品供不应求的根本原因，是因为人民购买力增长的速度日益超过这些消费品生产增长的速度。这些消费品的产量增加了，但是人民购买力增加得更快。农民购买力提高的事实是很明显的，他们分得了地主的土地，几年的丰收，加上国家对于农产品的收购价格比起解放初期来已经有了很大的提高，因此农民的生活是改善了。过去吃得稀、吃得少的农民，现在吃得干、吃得多了；过去为了交租还债、被迫出卖口粮的农民，现在不但不卖口粮，而且无需急于出卖余粮了。城市工矿区和农村经济作物区的粮食需要量增加得很快，但是农民不急于出卖他们的余粮，这是一九五三年发生粮食供不应求的根本原因。城市人民购买力提高的事实也是明显的。几年来物价是稳定的，工资收入比起解放初期来已经有了很大的提高。最重要的是从一九五三年起，国家开始了规模巨大的经济建设和文化建设，全国就业人数又大为增加。这样，就大大增加了社会工资总量和城市人民的收入。正是由于城乡人民的收入增加了，才使产量增加了的粮食、油料、肉类、布匹发生了供不应求的现象。所以我们认为，有些人的看法是完全错误的。他们说，抗战以前国民党统治时期，对于上述几种消费品没有采取配给办法，现在反而采取计划收购和计划供应了，看来，现在不如过去了。事实正相反，上述几种消费品，比抗战前产量增加了，但是人民的购买力比生产增加得更快。国民党统治时期产量比现在低，当时不用配给，原因不是别的，就是因为那时只有军阀、官僚、地主、资本家有钱，几万万劳动人民的生活水平远远不如现在。那时是少数人能够吃饱、穿暖，现在是几万万翻身了的劳动人民都有饭吃、都有衣穿。只要全国每一个人一年多穿一件衣服，一年就要多消费三千万到四千万匹布；多吃一斤肉，一年就要多消费六百万到七百万头猪；几万万人的消费水平提高，就会使增产了的消费品发生供不应求。这种情况难道可以说“现在不如过去”吗？正相反，这恰恰是证明了绝大多数人民的生活比过去好了。

增加生产是解决供不应求问题的根本办法，但是产量是不能立刻大量增加的。就现在条件来说，解决消费品供应问题的办法有两种：一种是听任这些消费品被囤积居奇，抢购涨价，那末，得到好处的将是投机商人，吃亏的是广大的消费者。

另一种办法是实行计划收购和计划供应，这种办法既保证商品所有者得到了合理的出卖价格，也保证消费者用正常的价格买到一定数量的消费品。因此，无论对于商品出卖者或广大消费者都是有利无害的，仅仅对于投机者不利，因为他们无法投机倒把了。我们采取后一种办法是完全正确的。

国家对于农民自用以外的剩余粮食、棉花、油料实行计划收购，是否不利于农民？我们认为，这对于全体农民是有利的。如果不是由国家计划收购而听任私商、富农操纵农产品市场，那就是走解放以前的老路。那时能够等待高价、囤积居奇的只是商人和富农，广大的农民是得不到丝毫好处的。正相反，在私商、富农操纵的市场上，农民只能是出卖时被压价，买进时出高价。国家实行计划收购以后，农民就再不吃这种亏了。国家规定的计划收购和计划供应的牌价，是充分照顾了农民和消费者的利益的，是完全公道的。过去一年，国家在粮食收入和卖出之间，用于运费、杂费的赔贴，就有两万多亿元[2]，世界上到哪里去找补贴农民和消费者的粮食商人？当然，以国库补贴粮食的赔损，只是一时的现象；但是，仅仅这件事，就可以证明国家充分照顾了农民和消费者的利益。同时，国家卖出粮食的总数中，有三分之一以上是卖给缺粮的农民的。向国家买粮的农民，有一亿人口以上，他们或者因为种了经济作物，或者因为土地少粮食不够吃，或者因为受了灾，都在不同程度上需要国家供应粮食。因此无论从哪一方面说，农产品的计划收购，对于农民都是有利无害的。

面粉、棉布、食油采取定量分配的办法，并不是所有的人都赞成的。定量分配，当然是对于消费的一种限制，但是我们目前采用的定量分配，还不是一种全面的严格的定量分配，实际上只是某类物品中，一部分品种实行定量分配。例如北方的面粉是定量分配的，分配量也不多，但是其他粮种并未定量分配〔199〕。棉布是定量分配的〔200〕，但是供应的数量足够保证每个人必要的衣着。购买力高的人，还可以自由购买丝织品、毛织品、麻织品，因为这些织物并未实行定量分配。食油是定量分配的，对某些城市和乡村人口的定量也很低，但是肉类和动物油并未定量分配〔201〕。所以，这样的定量分配，并未全面限制人民的消费。定量分配比之自由购买，对消费者来说当然是一件不舒服的事，但是如果听任商人囤积居奇，抢购涨价，那末，大多数人民不但会更加不舒服，而且许多人可能没有粮食吃，没有衣服穿。

计划收购和计划供应的政策，将来是否会有改变？我们认为计划收购这个政策，今后要继续实行下去，是不会变更的。因为一方面，由国家掌握各种货源是保证国家进行有计划建设所必需；另一方面，保证我国农民走向富裕生活的道路，不是发展农村的资本主义，而是经过合作化走向社会主义。取消计划收购，等于放纵私商和富农去操纵农产品市场，农村的资本主义就会发展。计划收购是一种使全体农民不受人剥削、都能得到利益的社会主义的步骤。

计划供应只能是一种暂时的措施，只要工业和农业的生产增加了，消费品的生产增加到可以充分供应市场需要的程度，定量分配的办法就应该取消。但是应该看到，取消粮食、油料、布匹计划供应的日子，并不会很快到来，因为粮食、油料是农产品，布匹的原料也是农产品，而农产品增产的速度是比较缓慢的。因此，我们便不能希望粮食、油料、布匹的计划供应，会很快取消。相反地，为了适应供求情况，今后几年内还有扩大计划供应范围的可能。我们应该看到，计划供应并不是供应数量的减少，它是消费水平提高中的节制，就是说，我们的消费水平在目前不能无限制的提高，只能是逐步的提高。应该看到，对生活水平提高的节制，并不表示国家经济状况的后退，正是显示出国家经济状况的前进，这是国家经济发展的正常状态。

粮食、油料的计划收购和计划供应，已经实行了半年多。在过去这段时间内，事实说明了全国人民是赞助政府的。农民热烈响应国家计划收购的号召，粮食、油料都超额完成了国家的收购计划。城乡粮食计划供应的情况是平稳的，人民同政府是合作的，国家在粮食方面也超额供应了城乡人民。全国的市场物价是平稳的。但是这并不是说，政府在这一方面的工作没有错误和缺点，工作中错误和缺点是很多的。例如，粮食计划收购的数量，对某些农户有偏多偏少的现象；对供应农民的粮食分配，并不完全恰当；许多集镇尚未建立起国家领导的、没有私营粮商参加的粮食市场。由于国家没有掌握足够的食油，因此对农村食油供应就很少；许多地方的油坊尚未恢复榨油。所有这些错误和缺点，都要在我们今后的工作中加以改正。

目前一个严重问题是某些农村食油供应量太少。有人问，如何解决？可否减少城市中的供应量来增加到农村去？关于食油问题在农民中有几种不同的情况：有一部分人食油是有余的，有一部分人食油能够自给，有一部分人食油不够自给或者根本没有。农村中本来可以自行调剂，互通有无的，因为食油供应紧张，这种调剂也减少了，这就更增加了农村供应的困难。城市中食油分配的定量是不高的。以北京为例，每人每月平均不过十两[202]，许多城镇还比北京少。从城市中减少供应量来供应农村，并不能解决农村的缺油问题。因为城市供应数量中能够减少的很有限，假定每个人每个月再减少一两，分到农村去，每个农民分得的还不到二钱。油料是从农村来的，解决农村食油不足的唯一办法，是增加油料的产量。为了达到这个目的，政府已经规定办法，要求过去大量种植油料作物的农户，必须照旧种植，而且要以更多的油料卖给国家，保证国家和城市人民的需要；要求过去未能种油料作物的农户，家家户户在地边上、荒地上广种油料作物，到明年油料收获以后，保证家家都能达到食油自给，并且希望以后能够逐步做到拿出一定数量的油料卖给国家。我们相信，只要政府规定出适当的办法，全国农民是能够同政府合作的，食油供不应求的情况是可以逐渐缓和的。

为了保障供应，为了巩固市场物价的稳定，在实行粮食、油料计划收购和计划供应的同时，国营商业对全国私营工厂的产品更进一步扩大了加工订货和统购包销的范围，这些措施是必要的，符合于全体人民的利益的。但是，实行这些措施以后，在我国原有的商业关系中发生了一个重大的变化，这就是：国家对于某一种物品实行计划收购或者统购包销以后，这一行业的私营批发商就减少了货源，或者没有买卖可做。国家实行粮食、食油、棉布的计划供应以后，这些行业的私营零售商，就变成替国营商业执行代销、经销业务的零售商。目前国家对他们的政策是这样：对于私营批发商，能够继续经营的让他们继续经营；国营商业需要他们代理批发业务的，委托他们代理批发；能够转业的让他们转业；除此以外，无法经营的批发商从业人员，连同资方实职人员在内，如果他们没有别的谋生之路，自己又愿意，经过训练，可以由有关的国营公司和合作社依照国营商业和合作社商业的工薪待遇，吸收录用。对于私营零售商，只要他们诚实地遵守国营商业和合作社商业的规定，国营商业和合作社商业将尽可能地委托他们代销、经销，他们也可以得到合理的营业收入。但是，凡属不遵守代销、经销的规定，犯有盗窃舞弊行为的人，国家将给以应得的处罚。

我对于计划收购、计划供应的意见就是这样，是否妥当，希望各位代表指教。

解决私营工业生产中的困难*

（一九五四年十二月三十一日）

现在私营工业生产中最突出的问题，就是有若干种行业（不是全部行业）设备有余，工人有余，任务不足，原料不足。这些行业是：机械制造，医药和医疗器材，针织，成衣，食品（面粉、榨油、罐头），制革，文具和印刷，木材加工（特别是东北）。在这些行业中，存在着国营与私营的矛盾，上海、天津与其他地区的矛盾，先进与落后的矛盾。现在，公私都有困难，但国营的困难比较少一些，私营的困难比较多一些。各地的私营工业都有困难，但上海、天津最困难。

在上述行业中，有些行业如面粉和榨油，解放后就困难，但正因为这些行业一直未增加新设备或者增加很少，现在反而不觉得很困难。有些行业如电机、制药、针织、文具等，是经过新的发展之后造成的困难。这类行业的盲目发展，不仅私营有，而且国营和地方国营也有。

造成盲目发展的原因，一是抗美援朝〔111〕大量的加工订货刺激了生产，二是由于扩大基本建设而增加加工订货，产生了很大的刺激作用，三是国营商业部门的加工订货有很大的

---

* 这是陈云同志在国务院召开的关于私营工商业问题座谈会上的讲话。

盲目性。去年上半年“泻肚子”，下半年就到处加工订货，什么都要，百货公司订货甚至不管商品的品种、规格，只讲金额，盲目性很大。我们国家大，一不小心就会盲目发展。比如现在要发勋章、奖章，如果大家都去生产这种东西，就会出问题，因为勋章、奖章总不能天天发。

过去本来困难的行业现在不困难了，有过黄金时代的行业反而困难了。这就给了我们一个教训。以后看见某些行业有较大发展的时候，不要太高兴，要加强管理，否则，发展就会过头，生产就会过剩。并不是什么发展都是好的，不加计划、不加管理就会不好。不仅私营工业如此，国营工业亦是如此。尽管国营工业是社会主义性质的，如不进行计划，也必然是盲目的。国营工业不是孤立的，我国还有合作社工业、公私合营工业、私营工业。如果只有国营工业有计划，而不将其他工业计划进去，那末，计划也是空的。只顾国营工业不行，只顾工业也不行。经济是多方面的，有工业、农业、交通运输业，还有商业、财政、金融等等，如只顾工业，不顾其他，也会出毛病。

我们在相当长的时期内，对私营工业没有一个专门的业务管理机关，中央各部只管国营还管不了。地方有工商局，这是行政管理机关，只管歇业开业，不管成品和原料，因此对私营工业生产也就管不起来。现在原料、成品都由我们控制了，没有专门业务机关领导是不行的，因此我们在今年九月成立了地方工业部〔203〕来管私营工业。现在来讨论私营工业生产安排问题，已经具备了一定的条件。条件是什么呢？就是将原料掌握起来，将成品管起来。去冬实行粮食统购，把主要农产品管起来，今春又把工业产品掌握起来，所以条件就具备了。

应该采取什么方针来调整私营工业生产呢？就是要根据党在过渡时期的总路线〔198〕，有计划地发展社会主义、半社会主义工业，利用、限制、改造资本主义工业，在国营经济的领导下，在保证社会主义成分不断稳步增长的条件下，对国营、合作社营、公私合营、私营工业实行统筹兼顾、各得其所的方针，进行合理安排。要反对资本主义的盲目性，克服资本主义自发势力。要把上述四种工业都纳入国家计划轨道。

资本主义经济要对抗国营经济的领导，要搞“五毒”〔154〕，我们一定要坚持反对，这是肯定的。但必须知道，我国是五种经济成分〔100〕并存的国家，对各种经济成分要统筹安排。只管国营不管其他，是会出毛病的。一九五〇年，为了财政经济稳定，只顾货币回笼，于是税收、公债等几路一起抓，对资本主义经济攻了一下，后来不得不来一次调整工商业〔94〕。那时我们舒服了，人家就不舒服。我们只管国营是很简单的，既管国营又管私营是很麻烦的，但我们不能怕麻烦。如果不管就会更麻烦。现在怕麻烦，将来就会有大麻烦。现在解决好，还是将来解决好？当然是现在解决好。对各种经济成分要有所不同，这是大家都知道的，但限制和改造私营工商业的步子常常走得快了一些，走得过快就要调整一下。为什么我们对私营工业又要大体上一视同仁呢?这是因为，所有私营工业迟早都要变成国家的，不能丢掉它。同时，私营工业的工人与国营工业的工人一样，都是中国的工人，不能另眼看待。

下面，我讲一讲解决工业生产中矛盾的办法。

一、公私之间的矛盾。国营能让出一部分原料和生产任务给私营的，就让出一部分。棉花歉收，纺织业要减班减点，国营与私营大体上要一样。机器，私营能做的不多，做出的也无销路，国营要让出一部分不致积压的产品给私营，来维持它们的生产。不能认为，让出一部分就是将私营生产放在第一位了。让出一部分是为了维持私营生产，国营生产还是第一位。国营让出任务后，要减少上缴利润，但如果不让出，就要付出救济费，这对国家财政来说是一样的。我们宁可减少上缴利润，少出救济费，因为往往是出了救济费还要挨骂。这种做法，可能会使社会主义工业比重的增长速度在这一两年内慢一些，但我们不能只看这一两年。如果我们安排了私营生产，使私营工业比重下降较慢，能够维持下去，工人满意，他们就会督促资本家和我们搞合营。这就可以造成更便利、更快、更大量的搞公私合营的条件，使私营工业逐步顺利地转到社会主义方面来。

二、先进与落后之间的矛盾。有些地方有本位主义，产品不如上海、天津，但要当地国营商业卖当地货。自由竞争固然不好，也不应该，但这种本位主义的做法，是排斥进步、帮助落后的，是不对的。应该是奖励先进，照顾落后，淘汰有害（如坏药）。

三、地区之间的矛盾。解决的办法是，维持上海、天津，照顾各地。由于不少地方工业盲目发展，使得上海、天津两地私营工业特别困难。上海、天津必须维持，产量不能降下来。为什么呢？因为上海、天津是老工业基地，日用工业品大部产于这两个城市。五年计划中新建的工厂在内地，内地的市场可以靠新的来维持。上海、天津没有新建的工厂，旧的搞垮了，就不能维持。上海、天津不仅是日用工业品的主要产地，而且是城乡交流、内外交流的枢纽，那里有许多批发商和进出口商。现在由于商品流转环节变化，批发商和进出口商减少，使上海、天津的服务性行业发生了很大的困难。维持上海、天津，对全国是有利的。

根据上述方针，应该采取下列的具体措施：

第一，通过逐行逐业分配原料、分配生产任务、计算设备能力、安排生产计划等办法，来进行逐行逐业的社会主义改造。为此，要尽可能摸清楚资本主义工业的情况，加以研究和讨论。当然这不是一下子能够弄清楚的，需要逐年来摸，每年摸一些，几年后就可以全部摸完了。如果现在不摸清楚，以后改造的时候是要出毛病的。

第二，要利用原有工业设备，控制新建和扩建，控制国家基本建设的投资。现在有许多轻工业的设备利用率很低，但又在新建和扩建。从局部来看，可能有些地区轻工业不足，但从全国来看是多余的。因此，不能只看一地，必须看全国。现在已经多了，再去新建，这就是浪费国家的财力。如纺织工业部计划在第一个五年〔186〕内增加二百七十五万纱锭，但从现在情况看来，纺织原料不足，旧有设备又未充分利用，因此，要考虑降低基本建设计划指标。又如第一个五年内地方工业投资是十四万亿元〔2〕(已投入七万亿元)，现在还要求增加十多万亿元，如果把这些钱都投下去，恐怕会发生像大堤顶不住洪水的情况。现在对地方工业的投资要加以控制，适当减少。对于用地方企业盈余和地方财政拨款来投资的，也要加以控制。如果投下去可能乱，那就宁可不投，停两年再看。对于私营工业的扩展也要加以控制。私营工业发展受到控制后，私营批发商转业到哪一行好呢？这是很难说的。过去说可以转为制造工业，现在制造工业也多了。对批发商转业，不能随便讲，要看准后才讲。还有合作社工业的新建和扩建，也要加以控制。

第三，私营工业的生产，要提倡提高技术、淘汰落后。对落后的先要促使其提高，如果提高不了，将来就要淘汰。这是一般的原则，个别情况可以例外。如有的地方手纺数量很多，挤掉他们，会使很多人失业。河北等地今年有了水灾，国家就需要用棉花去维持当地农民的手纺，借以维持他们的生活。不如此，国家就得拿出救济费。

第四，根据需要和可能，用各种形式来安排私营工业的生产。既要有临时的办法，又要有长远的办法。全国现有私营工业十三万四千户，其中较大的就有一万七千户，如不组织起来很难管理。可采取母子联合、逐步合并的办法。中央工业部门必须把如何利用资本主义工业问题提到议事日程上来，在搞五年计划时将资本主义工业的生产潜力充分估计进去，把它纳入国家计划。其中也难免要淘汰一部分，原封不动是不可能的。

第五，减少盲目加工订货。今后加工订货，必须经过国营商业部门或者省、市管理加工订货的机关。

第六，对手工业合作社生产的发展，要加以管理和控制。手工业合作社是一定要发展的，但要防止产量超过需要，并注意原料是否有保证。要防止新的手工业基地排挤老的基地，组织起来的工人排挤未组织起来的工人。这种情况在工业和商业中都发生过，比如在商业中曾发生过批购户排挤非批购户〔204〕的情况。手工业合作化宁可慢一点，使天下不乱。如果搞得太快了，就会出毛病。

第七，要扩大私营工业的出口品种，提高出口产品的质量。

第八，要加强国家对私营工业的业务领导。中央现在仅仅有一个地方工业部来管私营工业，这是不够的。因为私营工业行业多，有轻工业，有重工业，而且规模小、户数多，都交中央各部来管也不行，有些部管国营还忙不过来。也有些部是可以管的，如燃料工业部[205]对私营煤窑、电灯公司是管得了的。除地方工业部外，要成立一些新的领导机构，原则上按行业和产品来管理，不以经济性质来分。这种办法，现在还不能在所有工业部门实行，要有一个过渡，先将公私合营企业分别交各有关工业部门来管，零零星星的私营工厂准备另成立一个新部来管理。现在中央考虑成立一个第三机械工业部[206]，编制要短小精悍。在地方上也要按照“一条鞭”[207]的办法，分业管起来。所有中央和地方机构的任务是，研究计划平衡，管生产，管改造，不管厂。

第九，要反对两种倾向。一种是只顾国营，不管私营的倾向；另一种是私营工业自己不想办法，坐待国家给办法的倾向。

经过一个时期的调整，现在的困难局面是可以改变的。我们现在是在发展中，问题是在某些方面发展有些过分。我们把马缰勒一下，只要控制住了，情况就会好转。过去卷烟、火柴等行业都有过困难，经过安排就解决了。我相信现在一些行业存在的困难也是可以解决的。况且第一个五年计划的投资，三分之二还在后三年，绝大部分是在一九五六、一九五七年，那时机械工业的生产能力就会感到不足。从整个来看，我们国家的工业设备是不够的，当然，也要注意防止盲目发展。

坚持和改进粮食的统购统销*

(一九五五年七月二十一日)

一九五四年九月,全国城乡的粮食销量开始了不正常的上升,当时没有加以注意。到了今年三四月份,在原属华东、中南、华北地区若干省份的部分农村中,出现了许多农民要求供应粮食的现象。结果,国家销售的粮食超过月度计划很多,而且往往超销越多的地方,叫喊缺粮的越多。与此同时,在农民叫喊缺粮地区的城镇中,粮食销量也不断上升,不少地方发生了排队争购切面和其他食品的现象。为了迅速纠正粮食销量的这种不正常情况,国务院和中共中央在一九五五年四月二十八日发出了《关于加紧整顿粮食统销工作的指示》,全国各省市立即派出了几十万干部到农村、到城市整顿统销工作,再一次宣传粮食统购统销的意义,号召人民起来协助政府做好这一工作。对于要求供应粮食的户进行评议,把不应该供应、可以少供应的数字削减下来,可以迟供应的就推迟,同时保证缺粮户必要的供应。经过这样整顿以后,销量迅速恢复正常,

* 这是陈云同志在第一届全国人民代表大会第二次会议上关于粮食统购统销问题的发言,原载一九五五年七月二十二日《人民日报》,收入本书时有删节。

“缺粮”的喊声也有了显著的减少。全国销粮，三月份九十三亿斤，四月份九十六亿斤，五月份降到八十四亿斤，六月份又降到六十四亿斤。历来五月份是粮食销量最多的月份，但是今年却比三四月份减少。显而易见，在叫喊缺粮的人中间，确有一部分人是真正缺粮的，但有很大一部分人并不缺粮。

我们全面地分析了粮食的生产和统购统销的情况，认为今年春季一些地方粮食供应紧张，固然同去年粮食统购工作中的缺点错误即多购了几十亿斤粮食有关，但更重要的原因，是农民还不习惯于粮食统购统销办法。农民是个体小生产者，千百年来他们的习惯是除缴租、缴税以外，形式上是自由处理余粮的。实行粮食的统购统销政策以后，农民虽然把粮食卖给了国家，但因为他们是私有者，有些农民又想买回去，并且还想买得更多。今年三四月份粮食供应紧张地区的城镇上，只看事情表面的人，以为排队争购切面和其他食品的农民都是缺粮的。但大量事实证明，排队的人当中有各种不同的情况：极少数是缺粮的；一部分是家有余粮的，他们去排队的目的是装做缺粮，怕再向他们购粮；大多数是这样一类农民，即他们的粮食是够用的，但想多保存一些，多有一些后备，所以也去排队购买切面和其他食品；也有的是已经评定为缺粮户，并且已经规定了开始供应的日期，但是他们却想在得到供应以前，先买到一些切面和其他食品。应该指出，不少地方粮食供应一度紧张，是由于地主、富农分子和某些反革命分子，利用农民小私有者的心理和我们某些工作上的缺点，从中造谣煽动而造成的。但农民是拥护政府的，又因大多数口头叫喊缺粮的农民并不真正缺粮，在我们把道理向他们讲清楚，同时把统购统销工作加以整顿以后，不但销售数量降到了正常的水平，而且缺粮的喊声也很少了，这样，人心就安定下来了。

有人提出：可否停止粮食的统购统销，或者政府减少统购粮食的数字，只管城市供应，不要去供应农村，让农民中的余粮户和缺粮户自行调剂。

我们认为，粮食统购统销政策必须坚持，停止统购统销的主张是错误的。大家知道，解放以后的头三年并没有实行粮食统购统销，一九五三年十二月开始实行统购统销，是为了解决全国粮食供需之间的矛盾。那个时候，一方面，城市、工矿区和农村经济作物区的粮食需要量都在扩大；另一方面，国家收购不到必需的粮食。我国是在小农经济基础上开始大规模的工业建设的。小农经济是分散的半自给的经济，生产水平不高，商品率很低。土地改革〔85〕以后，粮食产量是增加了，但是农民的粮食消费也增加了，而且也不急于出卖余粮了，因此，商品率反而下降。在这样的情况下，粮食商人和别的行业的商人就囤积粮食，存有余粮的富裕农民等待高价，不卖粮食。很显然，政府为了掌握必需数量的粮食来保证供应，使私商和富裕农民不能够操纵粮食市场，就必须实行粮食统购统销政策。我们认为粮食统购统销政策，不但有利于粮食消费者，同时，因为收购价格是合理的，对于全体出卖粮食的农民也是有利无损的，因此是有利于国家和人民的。过去我们是这样做的，今后仍然需要这样做。

我们认为，政府只管城市的粮食供应，不去供应农村，让农民中的缺粮户和余粮户自行调剂，这样一个办法，目前在我国普遍实行是有害的。黑龙江和内蒙古的一部分地区，大体上是实行这个办法，因为那里每个农民平均约有十二亩耕地，家家有余粮，又没有大量种植经济作物的农户需要供应粮食。但是，我国绝大部分农村的情况并不是这样。全国有一亿几千万的农村人口每年或多或少要买一些粮食，这就是：三四千万种植经济作物的农民，四千万左右遭受不同程度的各种灾害的农民，五千万人口的缺粮户。除此以外，还有渔民、牧民、盐民、林民和船民约一千二百万人左右。所有这些人，都需要粮食供应。在粮食够吃够用的农民中，也有很大的一部分，他们有一定数量的周转粮食需要进行卖买，例如，卖出麦子，买进杂粮，或者先卖出一部分口粮作为某项开支，有了钱再买回口粮，等等。全国卖买周转粮的农户没有统计，各地情况也不同，但估计可能不低于农业人口的百分之二十，即一亿人口。这样，农村中需要买进粮食和卖买周转粮的农业人口就有二亿以上。如果对这二亿多人口的粮食供应和周转粮的卖买，政府不去管，听任私商、富裕农民去操纵，那末，使广大农民倾家荡产的资本主义就必然在农村中泛滥起来，国家关于各种作物面积按比例播种的计划就必然要被破坏。随之而来的，首先是集镇和小城市的粮价，接着就是中等城市和大城市的粮价发生波动，全国物价也就不能稳定。我们不应该采取这种办法，道理是很清楚的。

要根本改善我国的粮食状况，当然必须增加粮食的产量。我们在粮食战线上的任务，就是一方面要搞好生产，一方面要搞好供应。发展生产才能够保证供应。同时，合理地解决供应问题，又能反过来促进生产。我们必须懂得这两个方面的相互关系。我们发展农业，大量增产粮食，主要是靠农业的合作化。

就是说，应该积极而稳步地发展农业生产合作社，把一亿一千万农户组织到生产合作社里来。到那个时候，我们的粮食产量就会大大增加起来，向农业生产合作社进行统购统销的工作，也要容易得多，合理得多。那个时候，农业生产合作社就可以用整个合作社的力量来保证每个农民的正常的粮食需要，农民就会感觉到有不可比拟的雄厚力量作为自己的粮食后备。但是应该看到，我们不可能一下子就把全国农民都组织到农业生产合作社中去。到现在，还只有六十五万个农业生产合作社，参加的农户约一千七百万左右。按照第一个五年计划〔186〕，到一九五七年，合作化的农户也还只占总农户数的三分之一左右。我们面对着这样为数众多的个体农户，在粮食的统购方面和统销方面，是遇到了困难的。困难不单来自我们对于统购统销缺少经验，主要的是对这样众多的农户，要估实产量，分清余缺及其数量，很不容易。但是我们必须做好这项工作。我们认为，政府必须坚持粮食统购统销政策，同时逐步地改进工作，采取一些必要的措施来和农民成立协定，以便进一步地巩固和加强工农联盟。

关于定产、定购、定销的政策和办法〔208〕，就是我们和农民成立协定的基础。

“三定”的办法主要是如下几条：

第一，规定一九五五年七月到一九五六年六月这个粮食年度〔170〕，连征带购粮食的数字是八百六十五亿斤，这个总数三年不变。

第二，要求各地方政府对于粮食产量必须估得确实，定产不准超过实际产量；按照各地现有的消费水平规定留粮标准，留粮必须留够；不购买农民的全部余粮，使农民在国家统购以后，还能保有一定数量的余粮；力求消灭购“过头粮”的现象。

第三，把农村的余粮户、自给户、缺粮户划分清楚。允许自给户、缺粮户将卖出的周转粮，照数买回去。这些周转粮，以后将从统购统销的总数内扣除，不列入统购统销的数字以内。对于自给户和缺粮户收公粮代金〔209〕的办法，今年先在每个省的几个县试行，在湖北全省试行。所有这些，都是为了划清余粮户、自给户和真正缺粮户的界限，减少一些人为的缺粮户，使每个乡村能够弄清楚真正缺粮户的确实数字。由于生产的发展，缺粮户是要逐渐减少的，自给户也可能变成为余粮户。每个乡村都应在一定时间内注意这种变化。

第四，改善购粮证和粮票的管理制度，消灭舞弊行为。改善粮食的储运工作，减少损耗。

第五，在城市中采取必要的严格措施，切实整顿粮食的统销工作，反对浪费，压缩一切不应销的粮食。同时，必须保证城市居民必需的粮食消费。

“三定”的办法获得了广大农民群众的拥护。有了“三定”，他们心中有底，就能够更好地筹划自己的生产和安排自己的生活。有的农民说“三定是四定”，意思就是，有了定产、定购、定销这三项办法，心也就定下来了。显然，“三定”的办法促进了农民生产的积极性，增加了今年粮食增产的可能性，而且将要大大地改善我们的统购统销工作。

几年以来，我们曾经努力把工业品供应给农民。做好工业品的供应，对粮食的统购统销有很大的意义。我们必须注意把工业品的供应和“三定”的办法更好地结合起来。五年计划已经规定，国家发展工业生产的计划，将尽可能地照顾到农民对生产资料和生活资料的需要。

除做好“三定”以外，国家在统购统销的工作中，还必须加强对粮食市场的领导。

今年春天有些地方的农民叫喊缺粮的时候，曾经出现了一些错误的议论，他们认为粮食工作搞得很不好，农业生产合作社的工作也搞得不好，等等。我们批驳了这种看法，认为这种看法是错误的。我们在粮食工作、发展农业生产合作社的工作和农村的其他工作方面，缺点和错误是有的，但是应该说基本上是好的。全国人民代表大会的代表和各省市的人民代表，大多数都到过农村和城市作了实地的考察，大家可以清楚地看到，农村的情况并不像有些人所议论的那样不好。我们粮食工作中有缺点和错误，例如对有些缺粮户没有及时足够的供应，有些地区因为留的饲料少了一些，猪和大牲口有一些减少。在农业生产合作社发展中也有缺点和错误，例如在若干地方因为没有注意掌握自愿互利的原则，有一小部分的社没有搞好。这些缺点和错误，有的已经纠正，有的正在纠正中。现在农民的生产情绪很高，到处在积肥买肥，庄稼种得很好，麦子已经丰收（只有山东、陕西两省因旱略有减产），秋庄稼一般也长得很健壮，大量农民要求组织农业生产合作社。这说明，全体农民的生产积极性是高的，农民不满意的只是一时一事，而且是少数。那些发表错误议论的人不看到工作的成绩方面、主要方面、总的方面，只看到某些工作的错误方面、次要方面、一个方面，也就是说，只看到树木，不看到森林。在这些人中间，有各种不同的情况。有些人是站在他们原来的地主、富农阶级的立场上来观察问题的，只愿意讲坏的方面的材料，不愿意讲好的方面的材料。特别是有些地主阶级的代表人物，对农民和人民政府存在着报复心理，故意捏造材料，散布谬论。在那些叫喊中间，也混有一些反革命分子的叫声，他们是反对人民、反对人民政府的，政府的一切工作缺点，他们都想利用来进行反革命的阴谋活动。绝大多数人则是另外的情况，他们有的是共产党人，有的是其他党派的民主人士，有的是劳动者，有的是小资产阶级的知识分子，有的是其他阶层的人士，他们的出发点是好的，希望政府把事情办好。他们的错误在于，听了叫喊，没有分析。就是说，没有把错误的、不好的事情和正确的、好的事情加以比较和分析，对于错误的事情也没有对它的范围和程度加以比较和分析。我们对于善意的人们，听取他们的意见，接受他们的正确的批评，指出他们错误的看法，说明情况，弄清问题，以便共同努力改进工作。我们对于地主、富农阶级分子的叫嚣，给予驳斥。我们对于反革命分子的阴谋活动，则必须号召全国人民提高警惕，加以揭露和制止。

资本主义工商业改造的新形势和新任务*

（一九五五年十一月十六日）

今天，我讲一讲资本主义工商业改造的问题。

几年来，资本主义工商业的改造是有很大进展的。

在工业方面，实行加工订货的，在大型企业（使用机器的工业是十六个工人以上，手工业是三十一个工人以上）中已占了百分之九十三，较大的厂差不多都实行加工订货了。到一九五五年六月底止，已经实行公私合营的工厂有一千九百多个，其产值相当于资本主义工业总产值的百分之五十八。

在商业方面，社会主义成分和国家资本主义成分也大大增加了。在三十二个大、中城市中，国营商业和合作社营商业在商品零售总额中的比重，已达百分之五十二左右，国家资本主义形式的经销、代销的比重，已达百分之二十二左右，纯粹私营的商业只占百分之二十五左右。就是说，四分之三是社会主义和半社会主义的，纯粹私营的只有四分之一。在农村集镇中，国营和合作社营商业已占零售总额的百分之六十一，经

---

* 这是陈云同志在中共中央召开的关于资本主义工商业社会主义改造问题会议上的报告。

销、代销占百分之十，农民贸易占百分之十一，纯粹私营的只占百分之十八，较城市的比重更小。批发商业的比重，国营和合作社营已占了百分之九十一，私营只占百分之九。

现在，全国不少地方出现了许多全行业合营的新情况，整个行业，几十家、几百家工厂一起实行公私合营。上海市有八个行业实行全行业合营，就是：棉纺业、毛纺业、麻纺业、面粉业、碾米业、造纸业、卷烟业、搪瓷业。北京市的面粉厂、机电厂和棉布店也都实行了全行业合营。天津市有一部分粮食代销店直接转变为国营粮食店。

现在可以讲，我们已经用各种国家资本主义的方法，把资本主义工业纳入了国家计划的轨道，消除了生产无政府状态。同样，在国营商业掌握了货源的主要行业，已经把私商纳入了国家资本主义或者合作化的轨道，制止了私商的投机倒把。

新的情况，要求现存的资本主义工业的生产关系向着社会主义更进一步的转变。这个问题，可以从两方面来说。

一方面，我们从今年一月开始，在全国范围内，对各行各业的私营工业进行全行业的生产安排。这是正确的，有成效的。但是，在一个行业里面，有某些小的、设备落后的工厂，并不能完全安排好，其原因，或者是分配它的生产任务担负不了，或者是成本太高，品种规格不合需要。上海、天津等沿海的大城市，由于历史的原因，某些行业现在生产能力过剩了，这些行业也还没有安排好。另外，大厂容易安排，小厂不容易安排。因此，在大小之间、地区之间（如沿海与内地），都必须要有进一步的改组，否则是安排不好的。

另一方面，就是那些安排了的、生产正常的私营企业也有问题。如果继续长期停留在现在加工订货的办法上，就不能进一步提高生产。这是因为，加工订货，原料是我们给他，资本家拿加工费，加工费则是按照他的成本计算利润的。假定成本是一百五十元，他的利润是百分之十，便是十五元；如果成本降低到一百元，利润只有十元。这样，资本家就不愿意降低成本，降低成本就降低了他的利润。资本家也不愿节约原料，他节约公家原料，对他并没有好处，用料少了，货色不好，还要退货。资本家还会用增加工资的办法来增加开支，提高成本。总之，资本家在加工订货中是要用各种方法提高成本、增加利润的。这样下去，生产的进一步发展是不可能的。采取加工订货、支付工缴费〔119〕的办法，比之过去是前进了一步，这是因为开始改变了生产无政府状态，制止了资本家牟取暴利。但是，这只是一种过渡的办法，长期停留在这种办法上面，是不适当的。现在的问题，就是要前进一步。

下面，我就资本主义工商业社会主义改造问题，提出六点意见。

第一，要对各行各业的生产进行全国范围的统筹安排。统筹安排就是全面计划。如果只是国营这一部分有计划，私营部分没有计划，那就不能说是有了全面的计划。而且国营这一部分的计划，最后也要被生产无政府、无计划的私营那一部分冲破。历次调整工商业〔94〕，调节公私关系，总是要把我们的生产和经营，让出一部分给私营，来维持它们，这不就是变动了国营的计划吗？所以，不预先安排好，不可能实行全面的计划。在资本主义国家，是不可能统筹安排的。只有在社会主义国家，才能实行统筹安排，不但是有问题的行业需要安排，就是现在正常生产的行业也要安排。现在的情况是，我们很被动，人家有问题找到我们了才去安排，还不是我们主动地去安排。全行业安排，开国初期是搞对国计民生最要紧的几个行业，头一个是纱布〔5〕，以后是粮食，慢慢地又到其他行业。今后安排的行业势必增多，样样都要安排。

要进行统筹安排，就要看大局，纠正各式各样的本位主义和局部观点。现在我们的本位主义和局部观点表现在哪里呢？一种是只顾发展，不加管理。困难的行业是管的，但是发展的行业管得少。在过去一年中，那些发生困难的行业，统统是经过了一个盲目发展的阶段。经验告诉我们，发展不加管理，就会发生问题。还有一种局部观点，就是只注意到国营工业，没有把私营工业的生产能力列入各个部的计划以内，只计划国营的，没有注意计划私营的。必须看到，私营企业迟早都是国家的，如果早一点管，国家的投资可以少一点，混乱也可以少一些。还有一种本位主义和局部观点，就是只注意本地，不注意别的地区。这在工业中是个内地与沿海的关系问题。沿海城市是历史上工业发展早的地方，现在内地也要发展，要开工厂，但是沿海城市的生产能力有余，内地工厂建立起来之后，沿海城市就会发生困难。当然，工厂统统都摆在上海等沿海城市，原料却在内地，消费也在内地，这也是不行的。我们应该根据原料、生产、销售和运输的情况，进行综合研究，确定哪些工厂应在沿海，哪些工厂应在内地。在手工业中间也有这种情况，就是农村中间发展手工业，常常没有考虑到是不是会使城市里的手工业工人失业。

统筹安排的范围是很广的。国营与私营之间，私营与私营之间，工业与手工业之间，地区之间，行业之间，今天与明天之间，都需要统筹安排。应该看到，要对全国私营工商业进行社会主义改造，必须统筹安排生产，否则改造是无法进行的。

第二，各个行业内部，必须有或大或小的改组。我们是在有资本主义工业的情况下进行统筹安排的。资本主义工业，一般说来是分散的，小厂、落后厂占大多数。全国的私营工厂约有十三万户，已实行公私合营的一千九百多个工厂，产值占百分之五十八，其余的十二万多户只占百分之四十二。这十二万多户绝大多数是小的、落后的工厂，它们同国营商业部门没有加工订货的关系，因为做出来的东西不合规格，没有人要。要国营让出生产任务来给它，那就等于把先进工厂的任务让给落后工厂，这在经济上是很不合理的。因此，改组非常必要，不改组就不能安排。现在已经有了很好的典型经验，上海三笔（金笔、钢笔、铅笔）公司[210]的经验就是这种典型之一。三笔公司今年要减少生产任务百分之四十左右，按照这个计算，它多余了二千五百个工人，需要转业。但是，后来在整个行业中进行改组，问题就解决了。改组大体采取两种办法：一种是并，小的并到大的里面，大的带小的，几个小的合起来变成为一个大的；一种是淘汰，有的工厂设备很落后就不要了，把工人、实职人员安插到先进的大的工厂里面去。结果一百八十六家变成了九十八家，减少了几乎一半，多余的二千五百个职工都包了下来。这些工厂有三种情况：一种是可以赚钱；一种是暂时可以保本，将来可以赚钱；一种是略微把职工的工资降低一些，就可以维持生产。三笔公司的这种改组办法，上海、天津和北京的合营工厂有，其他地方的工厂也有，商店也有。大厂对小厂、先进厂对落后厂有一种责任，就是要把小厂这个包袱背起来，或者把它带起来。这是对国家的一种责任。不仅是私营工厂的大厂、先进厂有这种责任，国营工厂也有这种责任。我们解决工业中生产过剩的问题，解决先进厂与落后厂之间的关系问题，决不能够采取资本主义的办法。资本主义的办法是"大鱼吃小鱼"，大企业吃小企业，对失业工人根本不管。我们是以大带小，以先进带落后，即按社会主义的原则来处理这个问题。

第三，实行全行业的公私合营，这在目前是合适的，必要的。这并不是哪个人空想出来的，是经济发展的结果。现在既然按整个行业来安排生产、实行改组，那末，整个行业的公私合营也就是不可避免的。如果不实行全行业的合营，就无法安排生产，也无法进行改组。现在，如果还是一个厂一个厂地搞公私合营，十几万个工厂，要搞到哪一年呢？当然，在实行全行业合营时，下面两种方式还是应该允许的。一种是基本上全行业合营，就是这个行业里头大部分合营了，但有一小部分的工厂或商店暂时还不愿意合营，那就可以等一下。另一种是，某个地方只有一个特别大的工厂，它没有什么同行同业，那这个工厂实行合营就是了。

全行业合营比之单个工厂合营，是公私合营的高级形式，不仅合营的速度快，而且质量高。所以说质量高，就是全行业合营打破了厂与厂的界限，这是一个进步。这样做，不仅可以提高生产力，而且便于过渡到完全的社会主义所有制。列宁说过，托拉斯是资产阶级给我们准备好了的，将来实行社会主义把它没收就是了。〔211〕实行全行业合营，将来转变到全民所有制也就容易了。当然，全行业合营里面还有公私关系，仍然需要有适当的处理。

原有工厂和店铺的招牌是不是需要改掉？我看最好把它保存下来。如果统统改掉，编成号头，使人搞不清楚，还不如"瑞蚨祥"〔212〕、"全聚德"〔213〕等各种各样的牌子挂着好一点。这样资本家也舒服，牌子是祖宗传下来的，把牌子搞掉，他们是会心痛的。

所有的资方实职人员，应该全部安置。里面有反革命分子怎么办？那是另外一种性质的问题，可以另作处理。都安置起来，就要给他们饭吃。他们过去没有吃艾森豪威尔〔164〕的饭，是吃的中国饭，而且就是吃他那个铺子里面的，还让他吃下去，我们并没有增加别的东西给他。他们的工资怎么办？一般地（不是所有的人）不降低。资方人员现在认为职业是有了，就怕降低工资，将来定息〔214〕没有了，如果工资也少了，那是左右打耳光，两面夹攻。我们不能这样做，应该"网开一面"。我认为，现在首先要把定息、专业公司这样要紧的问题定下来，至于工资，给他保存一下，影响不大。他们的工资比国营企业的标准高怎么办？可以采取暂时保留工资的办法，也可以想其他办法保证资本家的收入。

不应该让有经营能力的资方实职人员坐"冷板凳"，而要尽可能地使用他们。资本家中间有各种各样的人，大少爷虽不少，精明强干的也相当多。我们现在对精明强干的资本家不大欢喜用，这样不好。我们有的同志怕这些人精明强干，搞不赢他。我看不要怕，公私合营以后，一切都是按照社会主义企业的章程办事，上有国家计划委员会、中央各部，下有工人群众，中间夹着资本家，怕什么？在工厂管理中，可以实行竞赛，只要我们不犯大错误，不是糊里糊涂，那末，社会主义方法是一定可以战胜资本主义方法的，这有什么可怕呢？我们不但不要怕，而且应该让资本家好好工作。公私合营企业里面的公股代表，要提高本领，不懂就要学习，否则就站不住脚。首先要把生产抓好，特别要抓好降低成本，提高质量。只要生产搞得比资本家好，资本家的嘴巴就被封起来了，工人也信任你了，你说话也就响亮了。

第四，应该推广定息的办法。定息就是把原来分给资本家的利润，改变为按照固定资产价值付给定额利息。现在有两种分配利润的办法：一种叫做“四马分肥”〔215〕，这种办法同志们都是知道的；另一种是定息的办法，这种办法在工业、邮电等行业中都有实行的例子。全国的公私合营银行，大体都是实行定息的。上海还保存了几家私营银行，还挂原来的牌子，因为它们可以吸收侨汇，有一定的作用。至于其他银行，什么北四行、南四行〔216〕，统统都实行公私合营了，实际上成了人民银行的储蓄处，给国家担负吸收存款的业务。

实行定息有很大好处。实行定息以后，工厂的生产关系有了很大改变，国家对工厂的关系，资本家对工厂的关系，都改变了。定息就是保持私股在一定时期内的定额利润，而企业可以基本上由国家按照社会主义的原则来经营管理。这样，资本家得到了好处，我们得到了更大的好处。资本家暂时保存了他的资产价值，这个资产的所有权还是他的，但是不能变卖，只能拿到定额利息。工厂企业管理的实际权力转到了国家手里。资方人员参加一部分管理，这是一种什么管理呢？他仅是和一个普通的工作人员参加工作一样，不能像从前那样以资本家的身份来管理工厂了。由于生产关系的这种变革，国营企业的经营管理方法全部可以采用。因此，上面所讲的在采用加工订货时还不能避免的那些阻碍进步的因素，就可以消除了。

工商界已经有人提出，定息可以先定得高一点，以后慢慢减下来。我看可以采取这个办法。钱就是这么多，可以先多一点，后少一点。大资本家得的利息很多，怎么办呢？我们手里头的法宝很多，比如征收个人所得税和遗产税等。个人所得税和遗产税，过去我们都没有收，要收的话可以收得很重，把他们限制住，超过一定限度的为国家所得。这样一些办法，都可以成为政府手里的一种约束资本家收入过多和对他们实行社会主义改造的手段。对大的资本家现在搞定息，问题不大，因为他们每年所得的钱很多。小的资本家，情况不同，比如他有五百块钱的资金，年息百分之五，一年只有二十五元，一个月两元，意义不大。资本上万元的中等资本家，现在主要是注意工资的多少，要求安排好他们的职务，保持原工资；至于利息，他们知道靠不住，数量也不多，洋财早就发不了了。全国的资本家一共有多少资本？据估计，工业方面有二十五亿元，商业方面有八亿元，共计三十三亿元。定息百分之五，一年就是一亿六千五百万元。用这点钱，便把中国的资本家统统包下来了。

第五，关于组织专业公司问题。组织各行各业的专业公司，很有必要。为什么呢？因为有几十万户的私营工厂，有几百万户的私营商店，还有几百万户摊贩，只有把他们组织起来，才能把他们纳入计划。专业公司是我们组织私营工商业的一个重要方式。管私营企业的，中央有部，地方有局，但是像上海这样大的地方，十几万家工厂，靠一个局怎么管理？必须把他们组织起来，就是把头发丝编成小辫子，这就容易抓了。为了安排全行业的生产和进行行业内部的改组，以及实行全行业的公私合营，也需要有专业公司。

专业分工可以粗一点，也可以分细一点。有的是一个行业一个公司，有的是几个行业一个公司，主要看工厂多少，铺子多少。如果在小的地方，还可以只搞一个公司，叫企业公司，把各种行业都摆进去。这种专业公司，可以在合营以前组织，也可以在合营以后组织。专业公司有经济任务，也有政治任务。它主要的任务应该是：管理加工订货，管理生产，指导技术改进，负责进行社会主义改造。专业公司里应该设立政治机构，对职工和资本家进行教育。同资本家进行阶级斗争，在新的条件下要用新的方法。

专业公司是什么性质呢？资本家曾经想把专业公司变成私营工厂组织起来的托拉斯，其目的是大厂并小厂，“大鱼吃小鱼”。我们说的公司是领导公私合营工厂和私营工厂的一个机构，应该是国家的公司，不是资本家的托拉斯。为什么说它是国家的呢？因为，它将来要承担对地方国营工厂、公私合营工厂和私营工厂发放原料、分配任务、收购成品的责任。我对工商联〔110〕的人讲，公司掌握的原料都是国家的，资金都是国家的，如果说这不是国家的公司，那是不合乎事实的。

公私合营工厂也有特别大的，如天津永利化学工厂，这样的工厂只能归中央管，不必归地方专业公司管。国家应该委托专业公司，来管理私营工厂。因为加工订货要靠国家，零售店的货源也要靠国家，所以私营工厂虽然没有合营，国家也要管。像上海的申新、永安[217]这样企业的总管理处，一般应该暂时保存，在专业公司底下作为一个分支机构。单独一个厂有总管理处的，应该取消，把人员分到工厂里面去，或者分到专业公司里面来。专业公司都应该设立董事会。董事会开会，反映资方的意见，公方代表也可以参加。还可以安置一些人，有些老弱，当一个董事，可以拿一点钱。同业公会[109]的组织也应该保存，不要一下子取消，取消之后，那些人就没有饭吃了。资方的实职人员（不是挂名不做事情的股东），应该广泛地吸收他们参加各种各样的工作。每个行业的代表人物，都要给他们一定的地位。上海的三笔公司，经理是我们的，副经理一个是吴羹梅，另外一个是汤蒂因，女的，还是全国人民代表大会代表。这种副职将来还可以多设一点。党应该派许多有能力的干部到专业公司里面去工作。在一个时期里，这种公司的重要性并不下于国营企业，因为在那里要跟资本家斗争，既要改造企业，又要改造资本家，使他们从依靠剥削为生变成依靠自己劳动为生。这是很复杂很艰巨的任务。

第六，全面规划，加强领导。首先是要有生产规划，并把私营企业的生产能力和生产设备，列入各行各业的国家计划之内。这件事情，应该以中央有关部门为主，地方为辅。其次，要有社会主义改造的规划。规划应该分行业，分先后缓急，分地区，分进度。这一工作要以地方为主，与中央各有关部门一起合作进行。应该看到，我们在改造中间定出的许多办法，因为是刚刚开始，实行起来会有困难，而且困难还会不少，忽视和轻视这些困难是错误的。应该分期分批，不要一声号令，就立刻全面铺开。

要加强教育工作。对党政干部，私营企业的职工，私营企业的资方人员，都要进行教育。要进行资本主义工商业的社会主义改造，首先我们各个部门的领导干部，包括部长、副部长、局长这样一些人，思想上要搞通，把它看成一件重要的事情，作为自己工作的一个重要部分。同时要看到，这不只是几个领导干部的事情，要对各方面同私营企业接触的政府工作人员，进行广泛的教育。从“三反”〔139〕、“五反”〔150〕以后，我们好多国家工作人员怕和资方接触，怕被资本家腐蚀。当然，现在被腐蚀的也有，但主要的是不敢接触。要找出既不怕被资本家腐蚀，又能够依照党的政策办事的干部作为典型，来进行教育。和资本家混在一起，把自己的立场丢掉了，腐化了，是不对的；不和资本家来往，放弃对资本家的改造和教育，也是不对的。要有来往，又不腐化。天津有一个女老板，她看到公方代表开会回来，忙得很，饭也没有吃，给他煮了一碗面，公方代表就拍桌子说：“你腐蚀我吗？”这就不近人情了。所以，应该对公方人员、党政干部进行教育，要懂得怎么做统战工作。对私营企业的工人和职员，也要进行教育。私营企业改变成为公私合营的企业，这种制度上的变更，不可能不涉及职工的利害关系，所以要进行教育。在北京棉布店合营的时候，有一些工人说，到国营来好，我们是愿意当公家人的，但一怕工作强度大，二怕降低工资，三怕讲了话不算数。解放以后，在私营企业里，是工人讲话算数，资本家只能听，但是到国营企业里就不同了，经理、厂长也是工人阶级，而且是企业里的头头，他讲话才算，你讲话不能完全都算。所以工人觉得他们的地位不如在私营企业里了。但是总的说，他们是愿意来的，因为这个饭碗是"铁"的，给国家做工比给资本家做工好。我们改造私营企业靠什么人？派进去的干部是有限的，主要的是要靠私营企业的工人和职员，要改造企业，必须依靠他们，因此要把他们的思想搞通。还要对资本家本人和资本家家属进行教育。工商联座谈会[218]上反映，好多资本家说："我们通了，但是老婆不通。"也有人讲："两个副总理讲了几个钟头，但是回去还不抵老婆一席话。"所以对资本家家属的教育很重要。

要在党内党外广泛地宣传我们党对资本主义工商业改造的方针、政策。中央各个部的部长、局长，对资本主义工商业改造要自己去抓。在政府各有关部门里，应该设立管理资本主义工商业改造的专门机构。现在我们不是人多吗？可分一部分人出来，专门做资本主义工商业的改造工作。各地方党委和中央有关各部，应该在明年一月底作出一个对本地区本部门的资本主义工商业改造的轮廓计划，规定先改造哪几个行业，后改造哪几个行业，哪一年改造到多少，哪一年完全改造好。中央准备在明年三月，提出一个对资本主义工商业改造的初步规划。

公私合营中应注意的问题*

（一九五六年一月二十五日）

现在各大、中城市都在搞公私合营，有几个问题需要注意。

第一，从北京开始发起全行业合营后，全国各地的私营工商业很快都公私合营了，天天敲锣打鼓，放鞭炮。但是应该看到，现在全行业公私合营的工作仅仅是开始，并不是已经结束了。因为实现公私合营，需要清产核资，安排生产，改组企业，安置人员，组织专业公司，等等，而这些工作都还没有做。我们先批准合营，等于把要做的工作放到后边去做。这是需要注意的。

第二，商店中的大店、小店，连夫妻老婆店，统统合营了。以北京为例，私营商业共二万户，雇店员的不到一万户，百分之五十以上是不用店员的。政府对于不雇店员的商店本来是要采取经销、代销的方式，但是高潮一来，他们天天敲锣打鼓，放鞭炮，递申请书，要求公私合营。没有办法，只好批准。他们人数很多，铺子很多，如果一律采取对待资本主义商业那种方式，对营业是不利的。比如我家对门的一个小

---

* 这是陈云同志在第六次最高国务会议上发言的一部分。

铺子，只能站两个顾客，但是他卖的东西适合那个地方群众的需要，有文房四宝[219]、牙刷牙膏、针头线脑，直至邮票，样样都有。这种小铺子看居民需要什么就卖什么，对群众很方便。他们卖的方法也跟百货公司不同。百货公司的信封，是成扎卖的，他们一个也卖。百货公司的信纸是成本卖的，他们一张也卖。售货时间也不一样，百货公司是八小时工作制，到点关门，他们是晚上十二点敲门也卖东西。这样的铺子居民很需要，所以能够存在下去。如果他们也跟我们一样，干不干二斤半，做不做二尺五[220]，一律三十块、三十五块发工资，我相信品种就不会那么齐了，半夜十二点钟门也敲不开了。全部改变以后，他们的经营积极性就会大为降低，对消费者造成很大的不便。所以，对这些人要继续采取经销、代销的方式。这种小铺子可以向两方面发展，一部分吸收到国营公司里来，或者变成公私合营的商店；还有一部分，在很长时间里要保留单独经营方式。手工业者、摊贩等，更要长期让他们单独经营。比如雕刻，如果这种人也组成合作社，进货是统一的，销路是统一的，那他的手工艺品就做不好。北京的馄饨担怎么办？上海弄堂里的白糖莲心粥怎么办？对他们应该很宽很宽。他要求加入合作社，也只能是挂个牌子，报个名，登记一下就算了。把他们组织起来，每个人要在一个小组，统一进货，统一经营，统一核算，那就有一种危险，即馄饨皮子就不是那么薄，而是厚的了；肉不是鲜的，而是臭的了。所以要长期保留这种单独经营的方式。把他们搞掉了，对人民对国家都是不利的。我们是要改组工商业的，但并不是每个小厂统统需要改组，也不是所有的商店都要调整。如果轻率地并厂并店，就会给经济生活带来很多不便。

第三，私营工商业公私合营以后，原有的生产方法，经营方法，应该在一个时期以内，照旧维持不变，以免把以前好的东西也改掉了。不能保持好的品种、好的质量的情况，在统购包销以后就发生了，因为我们没有什么竞争，统统是国家收购的，结果大家愿意生产大路货，不愿意生产数量比较少和质量比较高的东西。公私合营以后，这种情况很可能进一步发展。例如，北京有个“东来顺”〔221〕，涮羊肉很有名，现在不好吃了。为什么呢？就是因为我们轻易地改变了它的规矩。它原先只用三十五斤到四十二斤的小尾巴羊，这种羊，肉相当嫩。我们现在山羊也给它，老绵羊也给它，冻羊肉也给它，涮羊肉怎么能好吃？羊肉价钱原来一斤是一块二角八，合营以后要它和一般铺子一样，统统减到一块零八，说是为人民服务，为消费者服务。这样它就把那些本来不该拿来做涮羊肉的也拿来用了，于是羊肉就老了。本来一个人一天切三十斤羊肉，切得很薄，合营后要求提高劳动效率，规定每天切五十斤，结果只好切得厚一些。羊肉老了厚了，当然就不如原来的好吃了。又如北京“全聚德”〔213〕用的鸭子，原来从小喂起，大概要喂一百天左右，饲料主要是绿豆和小米，粮食统购统销以后，给它劳改农场养的老鸭子，烤的鸭子就不好吃了。

上述情况，我们一定要严重注意。不论工业、商业，都要想尽一切办法保持原来好的品种和质量。公私合营后，企业的资方经理或副经理应该有一个人专门负责品种和质量。他专门做这个事情，就是看质量降低了没有，品种减少了没有。发现问题，及时向企业提出来，向专业公司提出来。专业公司不解决，就直接报告中央人民政府。国家今后要颁发奖励优良品种和质量的办法。

公私合营后一些问题的解决办法*

（一九五六年三月三十日）

我要讲的，是资本主义工商业改造后，与全国工商界有关的一些事情，一共五点。

第一点，大部不变，小部调整。

公私合营以后，要进行企业改组。企业改组并不是都要并厂并店。从今年一月发起全行业公私合营以来，并厂并店的很不少。有些工厂和商店并得对，应该并。但也有很多是并得不对的，其中数量最大的是手工业，因为他们没有什么机器，门面不大，并起来很方便，就并了。例如北京脚踏车很多，解放初十八万辆，现在有四五十万辆，那时修理脚踏车的也很多，每条马路都有，可以就地修理，很方便。后来认为一家一家干是低级的，合起来才是高级的，统统合并起来，高级化了，结果找半天才能找到修理的地方，老百姓很不方便。又如，城市里的剃头担子，在马路上、在工作场所、在家里给人剃头，对群众很方便。公私合营、合作化以后，有些地方把剃头担子都合到理

* 这是陈云同志在全国工商业者家属和女工商业者代表会议上的讲话，原载一九五六年三月三十一日《人民日报》。

发铺子去了。本来理发铺子就不多，再把剃头担子并掉，对群众特别是码头工人和郊区农民更不方便。这种合并是不合理的合并，或者叫做盲目的集中，盲目的合并。这样做的原因，一是上面所讲的，认为集中是高级，单干是低级，难以到社会主义。更重要的一点，是我们做管理工作的人，只考虑管理工作的方便，强调合在一起容易管理，而没有考虑应不应该合并，能不能合并。这种错误做法的责任在哪里呢？有人说责任在下级干部，这不对。主要责任是在领导干部，首先我要负责任。有人说，北京的话好听，下面的话不好听；上面好，下面坏；上面的经是好经，就是小和尚念坏了，小和尚的嘴是歪的，歪嘴和尚念不出好经。这种说法是不对的。下面干部有错误，责任也在我们，因为我们没有向他们讲清楚。国务院没有下过修理脚踏车铺和剃头担不要合起来的命令。

并错了的怎么办呢？要分开来，退回去。今年年初以来得到了一条经验，就是公私合营以后，工厂和商店不能大合并，只能在原有的基础上稍微加以改造，稍微加以合并。也就是说，大部不变，小部调整。这样做比较好。小调整，也不一定都合并。有的增加工人，有的减少工人，或这个工厂与那个工厂并，这个商店与那个商店并。有些店生意不好，可以把人抽出来，调到大店去。大部不变，不等于原封不动。因为：第一，从前是私营工厂、私营商店，现在变为公私合营了。第二，从前零零星星，各管各的，现在由专业公司统一领导，统一管理起来了。大部不变，小部调整，不是短时期的，在十年以至十多年中，这种局面要维持下去。

现在全国还有很多行业没有改组，很多工商业者还在等待。我在这里告诉大家，百分之七八十的企业不会合并，合并的只是少数，大家可以安心工作，不必等待。

第二点，提高质量，增加品种。

公私合营以后，应不应该比以前办得好一点？我看应该办得好一点。因为合营后职工比私营时积极性更高了。大多数工商业者对公私合营也是积极的。专业公司实行统一管理，也比分散管理更合理，更进一步了。这说明有办好的条件。但也不能太乐观，说一定能办好。现在有些企业已经出现比合营前质量降低、品种减少、管理马虎的情况。这种情况虽然是少数，但如不注意，还会发展。为什么会降低质量、减少品种？一是工厂都愿意生产得多，生产得快，如果产品的样式多，经常换机器、原料，生产的就会少，就会慢。所以，有些工厂总是怕麻烦，只生产大路货，只管自己生产的方便，不顾消费者的需要。二是没有利润的刺激了，东西造好了是这样，造不好也是这样。质量降低、品种减少的情况，从一九五三年统购包销后就开始了。统购包销是为了稳定物价，防止投机倒把，这很必要。但也有一点毛病，就是产品都由政府包下来了，结果大家都不大注意提高质量、增加品种。

现在要请全国工商界的人，全国做经济工作的人注意，合营后一定要把企业办得比合营前更好。这主要是以下三件事：一是提高产品质量，造出来的东西要好，不要造次品坏货。二是在原料、销路有可能的条件下，提高产量。不是样样东西都可以多生产，要不要多生产，要看原料够不够，销路有没有，有原料、有销路的才能多生产。三是商店不要减少商品品种。

用什么方法提高质量、增加品种？我想可以采取下面一些办法：

一、对有些商品，如百货中的一部分，国家不再统购包销。好的，国家要；不好的，就不要。这叫“将”你一“军”。不好的不要，就要跌价，跌价工厂就要亏本。一亏本，工资都发不出，管理人员就要动脑筋，想办法提高质量，增加品种。这要有步骤有计划分批地进行。

二、对商品的设计人员，像工厂的工程师，时装店的设计师，要给予奖金。上海有一家皮鞋店，对设计师设计的皮鞋，每卖出一双就给五分钱奖励。如果每年卖一万双，除工资外，就可以得五百元。这个办法很好，可以起到鼓励的作用。其他商品也都应该建立奖励制度。

三、优质优价。好货好价钱，质量好的价高，不好的价低。现在是好货、坏货价钱差不多，这个办法不好。过去稳定物价是一个很大的成就，但是做得过分了些，就是好货不能提价，坏货不能降价，现在应该改变。

四、要设专人负责。这事由工厂、商店的经理或副经理来担任，并且大体上可以由工商界原来负责这一工作的人来担任，因为他们比政府干部懂得多，是内行。

五、要给好的原料。没有好的原料，造不出好东西。如去年纸烟不好，就是因为没有好烟叶。别的东西也一样。

第三点，资方人员的安排。

合营以后，各地对资方人员与工人干部安排的情况不一律。已经改组了的工厂、商店，资方人员原担任经理的，绝大部分现在仍担任经理或副经理，只是提拔了部分工人干部担任领导工作。已经组织了专业公司的，吸收了一部分资方人员担任领导工作。没有正式组织专业公司的,也吸收了一些资方人员参加筹备工作,但没有正式职务。现在小城市大部分改组了,大、中城市大多数没有改组,专业公司一般还没有组织好,因而大部分资方人员还没有安排。

工人干部安排的情况也差不多。政府的政策是要提拔一部分工人干部为企业的领导人。现在因为大部分企业没有改组,因而许多工人干部也还没有安排。完全不安排工人干部,工厂、商店里的工作也不好做。

把资方人员安排在原企业当经理,这是政府的政策。但工人可能会不满意,说从前他当厂长、经理,合营后还是他;资本主义是他,社会主义还是他。你们要有思想准备,听了这些话之后,不能生气。因为过去工人与资方长期是对立的,这种对立情绪不是一下子能改变的。正如两个人打了架,要一下子就坐在一起有说有笑是不可能的。政府可以向工人讲清楚,资本家愿意公私合营,不要他们,他们没有饭吃,这不好。现在资本家与过去有所不同,过去为利润工作,现在为国家工作。他们中有的人有技术,有业务经验,国家也需要他们。工人是讲道理的,是会认识到应该团结资方的。工商业者自己也要改变对工人的态度,改变对工作的态度。

现在资方很多人还放不下心,不知道能不能当经理,当了经理是不是长久。有人认为共产党先甜后辣,他是资本家,今天安排了,以后会不要他。他们考虑,一是安排不安排,二是能不能长久,三是安排得高不高。这些问题,全国工商业者都很关心。

政府的看法是,工商业者的绝大部分是懂技术的,有业务经验的。不懂的也有，但是极少数。他们的技术和业务经验，对人民、对国家、对社会主义建设是很有用的。国家需要这些懂技术懂业务的人。国家对待资本家与对待地主是不同的。地主对发展社会生产有害无益。资本家懂得技术，能管理工厂，组织生产。政府安排资本家并不是对资本家特别好，而是因为这对国家对人民都有好处。工商界不要担心得不到安排。对资本家也要进行改造，把他们改造成为自食其力的劳动者，改造成为社会主义企业的干部。

是不是今天安排，将来就踢开了?不是这样的。今天安排，将来也要安排。因为你们在解放后，拥护人民政府，拥护土地改革〔85〕，支援抗美援朝〔111〕，接受“五反”〔150〕教育，最近又积极参加全行业公私合营，这些都是好事。共产党是讲道理的。你们好事做得愈多，得到的好处也愈多，结果也愈好。

职务的高低，将根据每个人的技术、经验、能力等情况作适当安排，尽可能安排得合理。但只有这一条还不够，说老实话，还要有第二条，就是工商界自己的工作态度好不好，积极不积极。这一条是更重要的。可能有人安排得不适当，能力高安排得低了，这是因为政府对他还不了解，不熟悉。这种情况在我们共产党内分配干部工作时也有。如果安排低了，只要工作做得好，以后会提高的。反过来，如果安排得高了，工作不积极，成绩不好，群众就会不满意，结果还得降低。因而只要工作态度好，有本领，不怕安排低，低了将来会纠正的。一般说来，对国家对人民贡献的大小与职务的高低应该成正比例，低了应该纠正。没有这一条，就是不公平。

我有责任提醒大家，你们虽有技术和经验，但是现在环境变了,资本主义企业变成了社会主义企业,不能完全用原来那一套经营管理办法来管理企业了。因而工商界现在有一个任务,这就是要学习。现在工商界在民建〔222〕、工商联〔110〕领导下学习,家属也参加学习,这很好。将来除了学习政治外,还要学习业务,提高自己的本领,适应社会主义建设的需要。

第四点,资方人员的工资。

工资问题是工商界都很关心的。因为大家都知道,现在虽然有定息〔214〕,但迟早每个人都要靠工资生活。有些公私合营企业中资方人员的工资,比国营企业同一级干部的工资高,他们怕要降下来。又要社会主义改造,又要降低工资,两路夹攻可受不了。请大家不要担心,政府的政策是不降低你们的工资。全国几十万资方从业人员中,可能降低工资的只是极少数,因为这些人的工资很不合理,降低了,生活也不会发生问题,他自己也会同意降低的。在小城市中,有些资方人员与国营企业干部的职务相同,但是工资较低,怎么办?政府的政策是暂时不提高,因为大部分小工厂、小商店的工人、店员的工资也比国营企业职工低,将来职工的工资提高了,资方人员的工资再跟着提高。

在资方人员中,有几种情况:一种是定息后收入比过去"四马分肥"〔215〕时的利润多了。在这里边有一部分人,原来生意很不好,收入很少,自己家里吃饭都很勉强,合营后定息了,不管亏本不亏本,企业开支都由政府负担,收入比合营前有保证了。第二种是合营前与合营后收入大体相同。这些人一般是原来企业的利润不多,合营后的工资收入差不多。第三种是合营后比合营前的收入减少了。这并不是现在的工资低,而是过去的利润比现在的定息高。同时，过去在工厂、商店中可以“长支”[223]，现在按照国营企业的规则办事不能“长支”了。这种人中，有一部分虽然收入减少了，但家里人少，生活不成问题；有一部分家庭人口很多，生活有困难。后一种人，大多数是经营小厂小店的，政府对他们是要给以帮助的。办法就是，资方家属原来在企业中参加辅助劳动的，现在企业要尽量录用，用不了的由专业公司想办法，组织厂外加工或做一些临时工作。如果还不能解决，政府应与工商联、专业公司一起共同商量，找出办法，专门进行救济，解决困难，不能让小孩子没有饭吃。我对你们的生活问题比较乐观，认为是可以解决的。开支大的主要原因是人口多，而人口多又主要是小孩子多。小孩子是年年长大的，等到你们的孩子长大了，不管男孩、女孩都可能找到职业，都有出路，都有事做，那时家庭负担就减轻了。

说到工商界的困难，我附带谈一个问题，就是在今年一二月敲锣打鼓全行业公私合营中，有些工商业者和家属，把家里的黄金、美钞、人民币、宝石戒指、金刚钻、房产都拿出来增加资金，这是好事，是进步的表现。因为定息了，增资就等于是捐献。但是，如果提倡得不适当，就会发生偏差，好事会变成坏事。当时我们对这种捐献活动，没有让报纸宣传，有些工商业者不满意，认为做了好事不表扬。但这是表扬不得的，如在报上宣传了，就会形成一种空气，一种压力，发生强迫命令的现象，使不能或者不愿意增资的人也增资了。这种现象，一定要加以避免和纠正。全行业公私合营，政府不是想要你们增资，这次开会也不是想要你们增资。你们增资一两千万，数目就不小了，但是对政府的帮助并不大，反而给你们自己造成困难。

大家愿意捐献，心是好的，但是政府希望你们最好不要捐献。已经捐献而造成困难的，要赶快退回去。没有东西捐献的，不要认为不光彩。政府不是希望你们再拿钱出来，而是希望你们与政府同心协力，做好工作，办好企业，建设社会主义。过去有些工商界人士，愿意放弃定息，我希望你们不要提倡。因为有的人有条件放弃，有的人家里人多需要定息，不能放弃。一般说，小户中愿意放弃定息的多些，大户中愿意捐献的多些，但大户小户都不要这样做。

第五点，夫妻店公私合营以后，为什么要采取经销、代销的办法？

夫妻店就是不用店员、学徒，而由家里的男、女、老、少照顾的商店。夫妻店分两种：一种是可以合并的，如北京卖打字机、计算机、照像机的，店很少，与老百姓的关系不大，可以把十几家合并为三四家。合并后，可以给定息，发工资。另一种是不能合并的，只能经销、代销，拿手续费。这些店分散在居民区，分布相当均匀，主要的行业是小杂货，油盐酱醋，与老百姓的关系很密切。对这些店铺，不能搞定息和发工资。他们每天卖多少钱你不知道，又不能每户派一个公方干部去，无法定息。可不可以合并呢？也不能。合并了，有一些店就要关门，对老百姓很不方便，群众不会赞成。夫妻店经营的商品品种很多，生活日用品应有尽有，适合老百姓日常生活的需要，你什么时候用东西，用多少，就近就可以买到。如果大家什么东西都到王府井〔224〕去买，那就不得了。最近北京有个居民区的老百姓，还要求政府允许开新的夫妻店。

夫妻店不能发固定工资。如果按月发工资，那末，半夜敲门买东西，他就不会开门了，一定会说："睡觉了，明天来吧。"因为反正他按月拿工资，他省心了，但对老百姓就不方便了。不仅夫妻店不能发固定工资，摊贩也不能发固定工资。如北京卖蔬菜的，过去推车到胡同去叫卖，现在组成了联营小组，发固定工资，他就不到胡同里去叫卖了，老百姓很不满意。这说明，对他们只能采取经销、代销的方式。

从夫妻店本身来说，搞经销、代销也有好处，因为丈夫出去了，妻子可以做生意，妻子出去了，老人、小孩也可以做生意。如果发工资，怎么个发法？全家人都发，国家负担不了，每个店只给一个人发，他就不够开支。

夫妻店担心进不了社会主义，我看到了社会主义社会，长时期内还需要夫妻店。因为老百姓还要买小杂货、油盐酱醋，还要吃大饼、油条、馄饨、汤团。夫妻店因为门面不好，资金少，货物少，不够开支，是有困难的。政府要帮助他们解决，多给他们货，特别困难的可以多给些手续费。

最后，我还要讲几句。我国一百多年以来，受帝国主义的欺侮，上海、天津等大城市都有租界。帝国主义不但是欺侮中国的劳动人民，而且压制中国的工商业，欺侮中国的工商业者。清朝，北洋军阀[103]，以至蒋介石统治的二十二年，他们都没有进行什么建设，钱都到帝国主义、官僚资产阶级、地主阶级的腰包里去了。现在我们正在进行几千年来所没有的大规模的建设。一九五五年全国基本建设投资总额达九十三亿元，相当于私营工商业全部资本三十三亿元的将近三倍。为什么有那么多的钱？就是因为工人、农民辛勤劳动，工商界也积极支援国家的建设。我们国家的财富，不是哪一个人的，是全国人民的，并且为了全国人民的利益，把它集中使用在建设上。这正是社会主义制度优越性的表现。我们的国家很大，有六亿人，应该把它建设成为一个富强的兴旺的国家。只有在社会主义制度下，才有大家富裕的可能。在从前的剥削制度下，多数人贫穷，少数人发财，国家是没有出路的。我们过去受帝国主义欺侮，难道再让我们的子孙受帝国主义的欺侮吗？再不能了。在这个基本点上，劳动人民和工商界的利益是一致的。我们要有志气，要同心协力，完成第一个五年计划〔186〕、第二个五年计划，以至第五个五年计划、第十个五年计划，到本世纪末把我国建设成为一个强盛的社会主义国家。当然，到那时，我们也不能骄傲，不能作帝国主义，去欺侮别人。

在第一届全国人民代表大会第三次会议上的发言*

（一九五六年六月十八日）

今年一月，全国各地私营工商业和手工业的社会主义改造运动达到了高潮。到目前为止，除了少数边疆地区以外，全部资本主义工商业都实行了公私合营；手工业一般地也都实现了各种不同程度的合作化；私营运输业或则实行了公私合营，或则实现了合作化。小商店和摊贩的改造有下列的几种不同形式：有百分之十五左右的小商店参加了定息〔214〕形式的公私合营；有百分之二十五左右联合起几户或者几十户组成了统一经营、共负盈亏的合作商店；有百分之六十左右已经或者正在替国营商业和供销合作社代购代销，或者在代销以外自己经营一部分国营商业和供销合作社没有经营的货物。

工商业、手工业、运输业由资本主义的或者个体的生产经营制度，转变为公私合营，转变为社会主义性质的合作社，这是一种带根本性质的改变。过去六年来人民政府和全国人民作了重大的努力，为这样的改变准备了充分的条件。企业的私

---

* 本文原载一九五六年六月十九日《人民日报》，题为《关于私营工商业的社会主义改造问题》。

有制向社会主义所有制的改变，这在世界上早已出现过，但是采用这样一种和平方法使全国工商界如此兴高采烈地来接受这种改变，则是史无前例的。应该说，我们国家对私营工商业、手工业、私营运输业的社会主义改造，已经获得了伟大的胜利。这是社会主义的胜利。这是我们国家和全国人民走向繁荣、富强、幸福生活的胜利。全国人民应该像庆祝全国农业合作化一样，热烈地庆祝这个胜利。

但是能否说，私营工商业、手工业、运输业的社会主义改造已经完成了呢？能否说改造中已经不存在问题了呢？能否说改造中没有缺点和错误呢？不能。一次批准公私合营和合作化，并不是改造已经完成。在这个改造中还存在着许多问题，要求我们逐个地加以解决。为了使我们能够从容地分期分批地解决这些问题，今年二月八日，国务院作了决定〔225〕，要所有私营企业和手工业在批准公私合营和合作化以后，一律照旧经营，半年不动。应该承认，这样一种广泛、迅速而缺乏经验的改变，工作中不可能没有缺点和错误。应该说，缺点和错误是不少的，国务院的决定使我们有可能尽量地减少并且迅速地加以纠正。

现在我要讲下面五个问题。

一、关于一部分小商店、摊贩、挑贩的生活困难和业务安排的问题。

小商贩是商业中的独立劳动者，在全国约有近三百万户，从业人员近四百万人。前面说过，其中一部分参加了公私合营商店和合作商店；一部分替国营商业和供销合作社代购代销或部分自销。前者的营业额比之单独经营的时候是大大地增加了，他们的营业没有困难；现在有困难的是后者的一部分，他们的户数占整个小商贩的百分之二十五左右，少数地方有占百分之五十的。这些小商贩的困难来自两方面：一方面因为公私合营商店和合作商店的营业额的扩大，不仅包括了本年度比上一年度社会零售额增加了的部分和国营商业、供销合作社让出的部分，而且包括了那些从代购代销的小商贩营业额中挤出来的部分。另一方面是因为国营商业、供销合作社在这次社会主义改造的高潮中对小商贩的营业没有很好的照顾，缺乏全面安排，而且在小商贩的营业额开始下降的时候，也没有引起足够的重视，及时加以解决。

在没有参加公私合营商店和合作商店的小商贩中，有很多人提出了四个要求：一是提供货源，二是借贷资金，三是简化税制，四是进入社会主义。我们认为这些要求都是合理的，是应该逐步加以解决的。

现在政府准备采取一种办法，来解决他们的生活困难和业务安排的问题。这个办法就是在自愿的原则下，分期分批、分行分业地把他们组成分散经营、各负盈亏的合作小组。同时由各地商业部门在现有的国营商店、供销合作社和公私合营商店中指定一个商店，作为合作小组的批发店。这种批发店的任务，一是给合作小组供应商品，寻找货源；二是替合作小组向银行借款，解决资金困难；三是汇集合作小组每个成员应缴的税款，代向税局缴纳。这种税款今后应该由税局实行严格的、一年不变的、定期定额的收税办法。这种批发店的开支，全部由国营商业或供销合作社支付，不由小商贩负担。商业部和供销合作社应该负起责任，按照各地小商贩不同的收入情况，区别小商贩中以商业为主要收入或以商业为辅助收入的不同情况，采取各种办法，使各地的各类小商贩都能获得必需的收入。同时，要把安排小商贩，作为安排全部商业工作的重要部分。

有人问：为什么政府不把全部小商贩都组成公私合营商店，或组成合作商店？大家知道，小商店、摊贩、挑贩中的广大部分是散布在居民区中间的。这些分散在居民区中的小商贩是我国商业中今后长期需要的一种经营服务形式。如果把它们统统收缩起来，合并组成集中的公私合营商店和合作商店，那就不便于居民的消费。如果仍让他们分散经营，而由国家给以固定工资，那就不能保持他们经营的积极性。同时，还有一部分小商贩，他们现在的收入高于公私合营商店和合作商店的从业人员的收入，当他们不愿意参加的时候，也不能勉强地把他们合并到公私合营商店和合作商店中来。因此，安排这些小商贩的正确原则是，既要照顾居民消费的方便，又要保持小商贩经营的积极性，使他们获得适当的收入。我们认为政府现在准备采取的办法，就是当前实现这个原则的最好办法，同时，也是今后相当时期内实现小商贩的社会主义要求的合理办法。采取这种办法，可以使广大的分散的小商贩，经过批发店领导合作小组的形式，同社会主义经济密切联系起来，并且使小商贩从国营商业、供销合作社领取计件工资性质的、代购代销的手续费。这样，就能够使这些小商贩逐步地成为社会主义商业的一个组成部分。

二、关于适当解决小业主方面所存在的问题。

我国的工厂、商店、运输企业有大的，也有小的。大的资本主义企业在生产和业务上占有特别重要的地位，这是很明显的，但是，雇佣少量职工的小企业的数量，远远多于大的企业。目前，不仅大企业实行了公私合营，而且小企业也实行了公私合营。这就是说，大量的小业主参加了公私合营。小业主的地位，在解放以前是极不稳定的，在资本主义的“大鱼吃小鱼”的竞争中，小企业时刻遭受着破产的威胁，小业主随时存在着失业的危险。那时小业主中有为数不小的一部分人，不但没有可靠的利润收入，而且常常得不到正常的工资。解放以后，小企业的业务得到了政府的安排，“大鱼吃小鱼”的威胁早已不存在。公私合营以后，他们可以得到定息的收入，而且只要好好地工作，他们再也没有失业的威胁了。正因为这样，全国的小业主热烈地欢迎公私合营。但是，小业主的定息收入不多，工资也不算高，因此，政府业务部门对于那些与小业主生活密切有关的问题，应该给以妥善的解决。

房屋是小业主生活资料中的主要部分。在国务院一九五六年二月八日对公私合营企业财产清理估价问题的规定〔226〕中，曾经指出：凡属家店不分或者家厂不分的小企业的房屋处置问题，应该按照业主的意见办理。现在应该再具体规定，凡属家店、家厂相连的企业，除了原有的铺面、厂房、栈房作为合营资财以外，其他的房屋都应该作为生活资料归业主所有。凡属处理房屋方面有不妥当的地方，必须切实改正。此外，许多小业主的家属，原来参加企业辅助劳动的，公私合营后应该照旧吸收他们参加辅助劳动，或作其他的适当安排。

三、关于公私合营企业的定息问题和公私关系问题。

在国务院一九五六年二月八日关于公私合营企业实行定

息办法[227]中，曾经规定息率由一厘到六厘，即年息百分之一到百分之六，并且指出在不同地区、不同行业以至同一行业的不同企业中，可以采取不同的息率。五个月来，许多方面的意见都认为在规定息率的时候，需要简单一些和放宽一些。我们认为这种意见是正确的、可行的。在息率方面，我们认为可以不分工商、不分大小、不分盈余户亏损户、不分地区、不分行业，统一规定为年息五厘，即年息百分之五。个别需要提高息率的企业，仍然可以超过五厘。过去早已公私合营，但是采取按比例办法分配利润的企业，同新合营的企业一样定息五厘。过去早已公私合营，并且已经采取定息办法的企业，如果超过五厘，照旧支付，不予降低；如果不到五厘，提高到五厘。各地公私合营企业和政府的业务部门，应该积极准备，力求在本年七八月间发给利息一次。

全国资本主义工商业实行公私合营以后，在大量的公私合营企业中，公私双方的代表共事得好或者不好的问题，是关联到企业生产经营的一个大问题，也是关联到能否发挥资方人员在生产中的作用和能否有效地把资方人员改造成为劳动者的重要问题。

这个重大问题的解决，目前应该从下列几个方面着手：

首先，应该看到中国私营工商业者对企业的生产技术和经营管理是有经验的，他们对于我国工商业的管理工作是有用处的。对于他们的生产技术和经营管理知识，应该进行分析，凡属不合理的部分，应该逐步加以改变；凡属合理的部分，不但在公私合营企业中应该继续发挥它的作用，而且在国营企业中也应该充分加以运用。我们应该把资本主义工商业、手工业的生产技术和经营管理知识中一切有用的东西，看成是民族遗产，把它保留下来。吸收这些有用的民族遗产是我们的责任，采取否定一切的粗暴态度是错误的。

其次，大量的资本主义工商业在今年一月才转为公私合营，大量的资方人员和公股代表在企业内部都还缺少双方共事的经验。为了使双方共事得好，各地的党政机关应该领导业务部门经常总结这一方面的经验，而且根据这些经验的总结，逐步地定出公私双方共事的制度和办法。上级业务部门规定的业务上的方针、政策和办法，应该使企业中公私双方有关的管理人员，都能熟悉。各地应该召集公股代表和私股代表分别举行会议，收集意见，进行教育，解决他们在处理公私关系中所遇到的困难。有时还应该召集公私代表在一起举行会议，商量问题。中央和省市两级政府工商业务部门的主管人员应该定期地同当地工商联〔110〕、同业公会〔109〕和民建会〔222〕的人员举行座谈会，就公私关系中的有关问题交换意见。

再次，公私合营企业中公私关系的改进，还必须向职工群众进行教育，说明团结资方人员，发挥他们的长处，把他们改造成为劳动者，是有利于工人阶级和全国人民的。同时，也必须使资方人员采取积极态度同公股代表进行合作，同职工群众加强团结。如果职工群众对资方人员过去的行为有不满的地方，资方人员就应该在适当场合主动地恰当地进行自我批评，公股代表也应该协助资方人员在职工中进行解释，使全体职工与公私管理人员团结一致进行生产和经营。应该看到，这种团结要经过一定的过程，这是一个对职工群众、公股代表和资方人员的教育过程，也是把资方人员改造成为劳动者的过程。我们相信，经过各个方面的努力，公私合营企业中的团结，一定可以实现。

四、关于公私合营企业中的职工和私方人员的工资福利问题。

公私合营企业的许多职工写信给有关机关，说他们企业中的工资待遇高低差别太大，说他们的工资比国营企业的工资低，要求政府加以调整。根据现在的初步材料看来，有些公私合营企业职工的工资比同类的国营企业职工的工资标准高，也有些合营企业特别是小工厂和商店，比同类的国营企业职工的工资标准低。大家知道，私营企业之间原来的工资标准是极不一致的，各种待遇也很不相同，要把公私合营企业中过去遗留下来的极不一致的工资待遇，立即统一起来，或者把公私合营企业的工资待遇，立即同国营企业的工资标准统一起来，都是不可能的。全国解放将近七年，国营企业的工资标准也还没有完全统一。我们应该看到，公私合营企业工资标准的逐步调整，需要有几年的时间。至于目前因为企业合并而产生的、同一企业中相同工作的职工所得工资待遇相差过大的问题，这是应该在可能范围内加以调整的。调整的方针应该是，公私合营企业职工的工资同当地同类国营企业职工的工资相比，高了的不降低，低了的根据生产情况和企业的可能，分期地、逐步地增加。中央和地方的有关部门，应该在今年的下半年提出一个方案，经过批准后，予以实行。

许多私营企业的生产安全设备和卫生设备原来是很差的，在合营以后应该逐步加以改进。

手工业生产合作社、运输合作社社员的工资收入，不应该低于他们入社以前的劳动收入，而应该在努力生产、改善经营的基础上，做到比合作化以前的劳动收入有所增加。如果有些手工业生产合作社、运输合作社因为提取公积金过多，而使社员收入比加入合作社以前的劳动所得减少了的话，就应该减少公积金来增加社员的工资。合作商店如果因为提取公积金过多，而使工作人员的工资过低了的话，同样应该减少公积金，把工资增加到适当的程度。

公私合营企业中资方人员的工资，也将根据对职工工资的处理原则来加以调整。

公私合营企业私方人员的疾病医疗，应该加以帮助。企业核定资产在两千元以下的私方人员，本人的疾病医疗和病假期内的工资支付办法，都应该按照本企业职工的待遇同样办理。同时，企业核定资产虽然超过了两千元而有困难的私方人员，本人的疾病医疗和病假期内的工资支付办法，也可以参照本企业职工的待遇办理。

许多工商界人士提议，由有关方面共同协作，筹集一批款项，以便在工商业者发生困难的时候进行救济。我们赞成这个提议。希望全国工商联草拟办法，提出方案，政府方面可以给予协助。

五、关于企业改组方面的问题。

政府对私营工商业社会主义改造的计划，本来是准备用两年时间，在全国各地按行按业、分期分批地来进行的。今年一月工商业社会主义改造高潮到来以后，政府改变了原定计划，在全国各地一次批准了私营工商业、手工业、运输业的社会主义改造。为了适应当时的要求，这种改变是必要的。但是这样迅速的改变，使许多业务部门和许多地区来不及积累全行业公私合营的经验，因此就在敲锣打鼓的那些日子，许多地方有不少的工厂、手工作坊、商店纷纷合并，有些不应该合并的合并了，有些可以合并的也合并得太大了。总之，是并得过多，统一计算盈亏的单位太大。国务院二月八日的决定〔225〕，停止了这种盲目合并的趋势。

私营工商业、手工业社会主义改造中出现的另一个问题，是人为地把工商业原来的供销关系和协作关系割裂了。工业、手工业、商业、运输业的社会主义改造工作，不能由一个部门管理，而只能由各个业务部门分工管理。这种分工管理是必要的，合理的，问题是发生在分工管理的部门之间，缺少工作上的密切配合。同时，有些企业应该隶属哪一个部门管理，也还划分得不适当。因此，工商业原来的供销关系和协作关系出现了割裂的现象。例如，在同一个行业中，过去对于大小企业的生产是一起安排的，它们在业务上是有密切联系的；现在因为四人以上的企业归工业部门改造，三人以下的企业归手工业部门改造，而工业和手工业两个管理部门对他们生产业务的安排，步调常常不一致，因此，他们之间原有的关系被分割了。再如，原来商业中的服装鞋帽店是有固定加工的手工作坊的，在社会主义改造中，服装鞋帽商店归商业部门改造，承制服装鞋帽的手工作坊归手工业部门改造，而不少承制服装鞋帽的手工作坊，又在这次手工业合作化运动中被合并了，这样就使商店和手工作坊之间原有的加工关系中断了。像这样不合理的割裂现象还很多，其中以手工业和各个方面的矛盾为最多。为了改正这种人为的割裂，政府的有关部门正在采取措施，加以调整。

我们认为，企业改组工作不能性急，必须经过充分准备。国务院关于合营企业经营管理制度半年不动的决定，制止了当时的某些混乱，使业务部门有时间来研究和摸索企业改组方面的经验和办法。但是，这不是说半年期满以后，各行各业就都能够进行改组。所有工业、手工业、商业、运输业的企业改组，都不应该受时间的限制，都必须经过充分准备，对各行各业分批分期地逐步改造，并且要结合生产安排，在有利于生产的条件下进行。目前各地和各业务部门的任务是，对于没有改组的企业，准备改组方案；对于合并错了的企业，则应该有准备地逐步进行调整。

改组公私合营企业和安排私方人员，应该注意到这样一个事实，这就是，职工和私方人员对原来私营企业和私方人员的情况要比公股代表熟悉得多，由他们提出的企业改组和人事安排的方案，一般是适当的。因此，一切公私合营企业中的业务改组和私方人事的安排，可以由相应的工商联、同业公会和私方人员先提意见。已经改组了的企业，如果过去没有征求过私方人员的意见，而私方人员又认为业务改组和人员安排方面有不妥当的地方，应该向私方人员重行征求意见，凡是处置不当的，就应该加以改变。同样的，业务改组和人事安排也必须征求职工和技术人员的意见。我们应该吸收各方面的意见，以便把企业改组和人事安排的工作做好。

大家知道，私营工商业、手工业、私营运输业的社会主义改造，是一件复杂的巨大的工作，过去五个月我们的工作已经获得很大的成绩，但是今后还有许多问题要解决，工作要做得更好。我们的社会主义改造工作，必须达到这样的目的：公私合营的企业必须比资本主义的企业办得好，合作社必须比个人经营的企业办得好。对于各种各样的个体经济，都应该按照自愿原则用合作化的形式帮助他们逐步地组织起来。我们对民族资本家接受社会主义改造的愿望和行动，表示热烈的欢迎。我们要认真地帮助他们改造成为社会主义的劳动者。公私合营企业、合作企业的职工和从业人员的劳动收入，不应该比社会主义改造以前降低，而应该在努力生产、改善经营的基础上逐步有所增加。要达到上面所说的目的，需要公私合营企业和合作企业中的全体职工、工程技术人员、公私双方人员共同努力。

克服统购包销中的弊病*

（一九五六年六月三十日）

在这次会议上，有些代表对商业工作中的缺点、错误提出了批评。我们认为，商业工作中的缺点、错误是确实存在的，应该加以纠正。现在我就这些缺点、错误产生的历史条件以及我们曾经设想的改正办法，讲一点意见。

大家知道，我们国家对资本主义工商业，既不采取没收，也不采取让它泛滥、任意剥削人民的政策，而是采取利用、限制、改造的政策。执行国家这个政策的主要业务部门是商业部门。采取的主要措施，是对多数工业品实行加工订货、统购包销，对主要农产品实行统购统销。几年以来，实行上述政策的结果基本上是良好的。由于政府实行了加工订货、统购包销，保证了工业原料和工业产品的合理分配，因此，使大小工厂一般都能正常开工和获利，避免了资本主义"大鱼吃小鱼"的竞争，制止了投机活动，保证了市场物价的稳定。

政府对资本主义工商业的政策，不仅有利用它有利于国

---

* 这是陈云同志在第一届全国人民代表大会第三次会议上关于商业工作与工商关系问题的发言，原载一九五六年七月一日《人民日报》，收入本书时有删节。

计民生的一面，而且也有限制它不利于国计民生的一面。就是说，应该让资本主义工商业得到适当的利润，但是不应该让它们得的过多。我国大部分日用消费品是私营工厂生产的，解放以来，就许多方面说，它们是处在极为有利的条件之下。大家知道，国产的日用消费品是受到国家海关的税收政策和对外贸易管制的保护的。加工订货、统购包销以后，一般地说，私营工厂的生产是上升的。应该看到，我国人民经过了无数牺牲取得革命胜利以后，在人民政权给了私营工业极为有利的条件之下，如果让私营工商业者不适当地得到过多的利润，不但会影响私营工厂工人的生产积极性，而且对全国人民来说，也是不公道的。因此，商业部门把某些商品中没有让资方拿走的那部分利润，上缴国库，用来发展国家的建设事业，这是完全合理的。即使如此，也有不少合营工厂和私营工厂的工缴费〔119〕收入是不低的。据一九五四年底对上海二百四十一户公私合营企业的统计，有盈余的一百七十五户，亏本的三十三户，尚未完成清产核资因而还难于区别盈亏的三十三户。在盈余户中，平均计算，每户盈余额占资本额的百分之二十。在盈余额占资本额百分之二十以上的户数中，超过百分之百的十八户，超过百分之五十到一百的三十八户，超过百分之三十到五十的三十四户。这可能是由于当时公私合营企业分配到的加工订货任务较多，但是，也可以看出，不少企业在加工订货中所得工缴费收入确实是不低的。

我们还必须看到，加工订货、统购包销的办法，在执行中有很多毛病。从工缴费方面来说，虽然国营商业部门不断地调整工缴费用和收购价格，使之逐步走向合理，但仍有不少商品没有给私营工厂以应得的利润。既要给私营工厂以利润，又要把它限制在一定的范围以内，算这个帐是一件非常复杂的事情。原料、管理费用、其他开支、全年生产的均衡程度等等，都可以有不同的计算方法，都可能发生偏差。不少商品没有给私营工厂以应得的利润，就是由于计算偏严而产生的。从加工的计划性方面来说，由于国营商业的批发系统分工不细，管理商品种类太多，经验不够，加上国营商业过去采取自上而下分配商品的制度，所以加工数量时多时少，原料供应不当，某些商品品种减少，花色不合销路等等毛病，确实普遍存在。加工订货、统购包销产生的另一个结果，就是许多工厂由于已经包销，它们就不像自销时那样关心商品的质量。因为加工费是按成本加成的方法来核算的，因此许多工厂不热心于降低成本。六年多的经验告诉我们，加工订货、统购包销的办法，对保证生产、稳定市场，对资本主义工商业社会主义改造，起了巨大的作用，因此它是正确的和必要的。但是，也应该看到，这是在一定历史条件下的一种特殊的管理生产的方法，这只能是一种过渡的暂时的办法。在定息〔214〕形式的全行业公私合营以后，应该考虑采取新的更加完善的办法。对此，政府正在研究。但是改变加工订货、统购包销是一件大事，为了避免生产的混乱，在没有定出妥善办法以前，对原有办法是不应该轻易加以改变的。

为了解决加工订货、统购包销中产生的问题，政府正在研究下列一些办法。

第一，把由商业部门用加工订货、统购包销管理公私合营企业的办法，改变为由工业部门组织专业公司来管理这些企业的生产和购销。这个原则，我在一九五五年十一月一日全国工商联执委会座谈会[218]上已经说过。工业专业公司接替商业部门管理合营企业的生产和购销任务以后，商业部门与国营和公私合营工厂之间的加工订货关系，将采取下列三种形式：一是继续统购包销。人民需要的大宗商品，如布匹、油脂、食糖、纸张、纸烟、火柴等等，这些商品种类虽少，但数量很大，占全部商品产值的大部分，花色品种又比较简单，所以应该也可以采取统购包销办法。二是商业部门按照质量好坏和市场需要情况，对工厂产品进行选购。如毛巾、袜子、香皂、牙膏、搪瓷、陶瓷、玻璃器皿和其他日用百货等零星商品，这些商品在全国商品总值中所占的比重并不大，但是品种十分复杂，共有三万多种，花色也经常变化。所谓货不对路，这里积压，那里脱销，绝大部分是这类商品。三是商业部门选购剩下的商品，工厂可以委托商业部门代销或者自销。商业部门代销时，应该用竞争性的较低的手续费来承担代销工作。不论包销或选购，商业部门只应得到一般的商业利润。工厂从加工订货改变为买进原料、销售成品以后，应该得到较多的工业利润。这种办法是工业生产的正常办法，无疑对发展工业是有利的。同时，实行选购的结果，可以使工厂注意产品质量，关心消费者的需要，减少生产的盲目性。但是，应该注意到，合营企业中的几个工人、十几个工人的小工厂占合营工厂数量的绝大部分，组织这些小工厂进行生产和销售并不容易。因此，刚成立不久的工业专业公司，必须做好准备，才能实行上述办法。

第二，国营商业、供销合作社内部的上下之间、地区之间的业务往来，必须是自下而上的选购关系，而不是自上而下的派货关系。国营批发站除了对一部分各地所争要的好货和某些求过于供的商品，需要按计划分配以外，其他商品都由各地的国营商店、供销合作社、合作商店、合作小组和私商自下而上地自由选购。这样做的结果，可能除了某些下级商店选购不妥，不合人民需要，因而造成积压以外，一般的可以避免货物调拨不对路的现象。因为下级商店在选购以后，可以选择最经济的运输方法，也就可以不受行政地区的限制而避免迂回运输。因为实行了自由选购，好坏商品搭配的办法也就不存在了。

第三，由于降低了商业部门的批发利润，增加了工厂的利润，因此，现在商业部门批发机构的一部分上缴利润指标，应该移交给工业部门的各个工厂来承担。

第四，银行应该改变现金管理和放款、结算中那些繁杂机械的办法，采用我国银行中原有的那些灵活的支付办法。一切国营企业和大的合营企业，必须继续实行现金存入国家银行的规定。

第五，商业部门虽然对工厂实行了选购，但是多数商品仍然是由商业部门买进的。为了防止商业部门在实行选购以后，可能发生不积极进货来供应市场的情况，因此，必须规定，国营商业部门和供销合作社仍然担负着保证城乡供应和稳定市场物价的责任。

第六，除国家统一调拨的原料以外，一切原来由采购部[228]和供销社供应的原料，仍然由它们统一采购和供应。但是，无论农产原料、工厂生产的原料或者进口原料，在数量上都应该根据国家计划委员会规定的计划统一分配。质量方面，除若干供不应求的品种必须按国家计划分配外，其他品种都应该按质论价，由用货部门选购，不准搭配。

第七，国境以内，任何地方都不得采取互相封锁的办法。不得阻止外地商品进入本地，不得阻止当地商业机构向外地采购。应该允许全国任何地方的商品进入别的地方销售。

第八，选购的办法，带有督促落后工厂改进生产的作用，这是必要的。但是又应该规定，暂时不在计划以外增加先进工厂的产量，以便目前在生产上还落后的工厂，在一定时期内，有机会改进生产，降低成本，提高质量。首先是落后工厂有向先进工厂看齐的责任，同时，先进工厂也有帮助落后工厂改进的责任。因此，不论是沿海或内地，工厂增加生产和增加设备，都应该在计划的平衡范围以内进行，而不应盲目从事。

实行这些办法〔229〕是工业生产、商业经营和工商关系上的一种大转变。实行以前，如果没有准备，将会产生很大的混乱。因此，必须对某些商品先行试验，即令试行有了良好结果，其他商品也只能有准备地分期分批地实行。

有人问：实行选购以后，内地的某些落后的工厂是否会被上海、天津等地先进的工厂挤垮？我们认为，只要把上海、天津等地先进工厂的产量限制在国家计划指标以内，那就给了内地落后的工厂以改进生产来推销商品的机会。这样做，并不违背发展和扶持内地工业的方针，而是督促内地落后工厂的进步，这正是为了发展内地工业。当然那些不肯努力改进生产，一扶再扶也扶不起来的落后工厂，就应该淘汰、改组。这种淘汰、改组，对国家和人民是有利的。

有人问：实行选购和工厂自销以后，市场物价是否会波动？我以为，工作做好了是不会的。大家知道，全国资本主义工商业已经实行了公私合营，小商贩大部分实行了各种程度的合作化，社会主义经济已经在市场上占了绝对的领导地位。商业与工业之间，从加工订货改为选购，商业内部从自上而下的派货改为自下而上的选购，这仅仅是社会主义企业内部产销关系的一种改变。一切有关国计民生的商品，像粮食、布匹等等，仍然由国家计划分配。在我们这里没有通货膨胀。所有这些，都说明我们是在巩固的社会主义基础上实行一定程度的自由推销和自由选购，也就是在计划经济许可范围内的自由市场。因此，我认为，实行选购商品的价格，一般会在国家批准的幅度内摆动，不会造成全国物价的波动。

有人问：实行选购以后，落后工厂的产品为了竞争，它们将不顾一切地跌价，这样，国家的企业利润收入是否会减少？回答是这样：如果不采取具体办法，国家的企业利润收入是可能减少的。为了防止这种现象的发生，可采取如下办法：商业部门开列出由商业利润转给工业部门的帐单，列举各个工厂各种商品转移利润的大概数字；财政部设计出一种简单易行的税收办法，把商业部门转给工业部门的利润中的一部分，用适当的税收形式预先在工厂中征收。同时，工厂产品的涨价和跌价，要经过一定的批准手续。这样，暂时减少了的商业利润，绝大部分可以从工业利润和税收中缴回国库。

有人问：如果实行了上述办法，合营企业中公私关系将变坏一些还是更好一些？我们认为，将会更好一些。无论是工业方面或者是商业方面，原来私营企业中许多良好的经营方法，都将更加被重视。私方人员原有的生产技术和经营管理知识中的有用部分，将更快地获得发挥作用的机会。

所有上述意见，都只是一种设想。这种设想还必须在政府内部和工商界内部展开讨论。我们应该努力找到一种尽可能完善的办法。

要使用资方人员*

（一九五六年七月二十一日）

关于社会主义改造中公方和私方的关系问题，最近党中央和国务院有以下几项决定：中央、省市两级政府业务部门和工会，同工商联[110]、民建会[222]定期召开座谈会；中央和地方的各专业公司在各级业务部门的领导下，组织业务改进委员会，吸收资方人员参加；吸收一批资方人员到业务部门担任领导工作；召开公股代表和私股代表的专业会议。

为什么我们要使用资方人员，吸收资方人员参加业务部门的工作呢？这样做的好处有两个：一个是把资本家拉进来"唱对台戏"，一个是可以利用资本家的长处。

毛泽东同志曾经说过，哪里有"唱对台戏"的，哪里有"反对派"，那里的工作就搞得好，否则，工作就搞不好。他说共产党和民主党派"两个万岁"，就有这个意思。有民主人士监督我们，对工作有好处。如果革命胜利以后，长时期没有"反对派"，只有一派人讲话，听不到不同的意见，那末，工作就会出毛病。现在，从中央到地方，业务部门的普遍缺点是，开专业会议时

---

* 这是陈云同志在全国各省、自治区、直辖市商业、农产品采购厅局长和供销合作社主任会议上的讲话。

大体上只找本系统的干部，这只能反映本系统干部的意见，不能反映多方面的意见，所以作出来的决定往往带有片面性。各业务部门应该注意四个方面的意见，即地方党委、业务系统的干部、广大群众以及资本家的意见。现在大多数的业务部门反映意见，跳不出本系统的圈子。这样的例子是不少的。例如，今年粮食供应的情况比去年和前年缓和，粮食部门和地方党委都说没有问题，但人民代表反映有些地方熟食供应紧张，城市职工和学生的口粮也有不够吃的，这说明并不是完全没有问题。江西省省长说，好多事情很怪，为保护农民养猪的利益，我们定出了生猪和猪肉的合理比价，但是业务人员先降价收购生猪，然后涨价卖肉。地方上不反映这些问题，我们就不知道。业务部门的话不能不听，但不能全听。我们不能只听一个方面的话，要听各个方面的话，这样消息灵通，了解的情况就比较全面了。

在最近召开的工商联座谈会〔230〕上，资本家所讲的好多问题，有的部长、局长、经理根本不知道。资本家在座谈会上的谈话，大体是不会造谣的。资本家往往可以迅速地直接地找到我们工作中的错误所在，因为我们好多工作同他们是有利害关系的。他们会"将军"。他们"将军"，我们就得答复。我们要经常准备听"坏话"，但事实上不见得每一个人都有这种精神准备。不信，你们可以开座谈会试一试，当资本家说到你们的缺点、错误时，你们可能会紧张，会不好受的。要同资本家共事，就要准备经常听反对的话。只听顺耳的话，是不能做好工作的。

我们是做官，还是干革命呢？不要官做久了，做大了，忘了干革命。许多事情我们没有做过，不可能都做得对，一点错误不犯是不能设想的。现在，供销合作社系统有一百四十万人，商业部系统有八十多万人，银行系统有二十多万人，农产品采购部〔228〕系统有十几万人，外贸部系统有几万人，共二百好几十万人。这样多的人，怎么能够对政策都掌握得很正确，不犯一点错误呢？如果谁说自己没有错误，那他一定会跌筋斗的。如果听到别人指出自己的错误，脸就红了，那怎么能够做领导工作呢？只要有错，就应该允许别人讲，不论谁讲都有好处。发现错误的一个重要方法，就是找各方面的人来开会。要把资本家请来当“反对派”，专门同我们“抬杠”；越“抬杠”，工作就可能做得越好。

听说有的同志对组织业务改进委员会和召开座谈会都赞成，但主张把资本家都送到中央来，地方不要。这样的“赞成”，实际上是反对。他们不懂得利用资本家的好处。这些敲锣打鼓的“反对派”，世界上是少有的，为什么我们不要呢？

我们所以要吸收资方人员参加业务工作，还因为他们在业务上很有用处。业务部门的同志，有些人认为资本家有本领，应该吸收他们参加工作，但是多数人还有怀疑。如有人说，我们在没有资本家参加而且遭到他们反抗的情况下，已经干了七年，搞出了一套，现在是否有此必要？有人公开这样讲，有人心里这样想。正确认识这个问题，我们一方面要估计一下七年来商业工作的长处和短处，另方面也要估计一下资本家的长处和短处。

过去七年来商业工作是有长处的。如果说没有长处，这不合乎事实，大家当然不服气。长处有以下三个方面。

我们的商业是有计划的。我们国家实行的是计划经济，有五年计划，也有年度计划。商业是计划经济的一部分。资本主义商业不可能有全社会的计划。

我们商业工作的目的是为人民服务，资本主义商业的目的则是为个人赚钱。我们不是看哪种商品销得快，就提高那种商品的价格。我们做的许多事，私商不会去做。四川的粮食赔钱运到上海去，私商不会干。我们的商业也是要赚钱的，但赚钱也是为了人民的利益。

我们国家的和集体的商业工作，得到全党和全国人民的支持。如粮食统购统销，一九五三年十月十日开会，十一月准备，十二月就实行，当时全党动员，全国有一千万人参加这件工作。单靠粮食部门的人，连只做技术性的工作也不够。发油票、布票也要靠居民委员会和派出所。商业任务的完成，要靠全国党政军民的支持，成绩不能都记在商业部门的帐上。

但是，过去七年来商业工作的缺点、错误是很多的，有些还是很严重的。

过去对私营工商业实行利用、限制、改造的政策，商业工作上的许多措施和办法，都是根据这一政策而定的。比如在批发工作上，我们的第一条办法是抓货源，靠加工订货、统购包销，把资本家的原料来源和产品销售这两头切断。其次是实行自上而下的派货，只准各地零售单位在当地进货，不准到上海等地进货。再一个法宝叫做各级市场管理，大、中、小城市和集镇都各有一套办法，而且管理得很严格。比如在价格上，规定资本家收购不能高于牌价，销售不能低于牌价。这些办法都是根据对私营工商业利用、限制、改造的政策而来的。这个政策执行得很好，很有成绩。没有这个政策、这套办法，就不会有今年一月的敲锣打鼓庆祝公私合营的事。但是，现在我们回头来看，这套办法是不是带来一些消极因素呢？应该说是有的。就商业工作来说，有以下四点：

一、实行加工订货、统购包销以后，产品质量普遍下降。道理很简单，因为产品质量好也发不了财，不好你也统购包销，所以就不注意质量了。

二、工业品的品种规格减少。有许多东西减少得很多，只剩下几种大路货。人家说，什么叫社会主义，社会主义就是大路货，许多有特色的东西都没有了。现在大胖子买不到袜子，小孩子买不到皮鞋。难道说社会主义就应该是大路货吗？当然不应该是这样。

三、货不对路。

四、市场卡得太死，没有活动的余地。过去延安的新市场〔231〕，锅、碗、马鞍等什么东西也有卖的。现在专行专业，不许跨行跨业，搞得太死。

有的同志说，资本主义生产处于无政府状态，大范围不合理，但小范围合理；我们现在是大范围合理，小范围不合理。这句话，我觉得有点道理。

现在我们面前出现了许多新情况。实行公私合营以后，所有制发生了根本的变化。在工业方面，资方只得定息〔214〕，利润统由专业公司上缴国库。商业实行全行业公私合营后，受专业公司领导，实际上是受国营商业领导。小商贩组织的合作商店也同自营的时候不同了，现在他们拿工资，只按供销合作社的规定分红，剩下的钱都变成了公积金，只能用来发展合作事业。合作小组的小商贩和准备组织起来的小商贩也和过去不同了，这些人离开我们过不了日子。

情况既然改变了，我们的商业政策就要根据新的情况加以改变。比如加工订货、统购包销的办法要改变，许多商品要采取选购的办法〔229〕，也可以由工业部门自销或委托商业部门代销。在利润分配上，工业利润归工业，商业只得应得的部分。又如批发，过去是自上而下地派货，现在商品按计划下拨，不管下面需要不需要，不分好货坏货都包销，实际也是派货。上级批发机构对小商店派货，基层商店对消费者派货，有派腊肉的，也有派双铧犁的。现在要把派货制度改变为自下而上的选购制度。要把批发机构分细。百货公司的经营机构应该分细一点，地区划大一点，人员可以从原有的私商中去找。外贸部也应如此。订购阿司匹林、仪器、外国杂志，都叫外贸部办不行。要恢复专行专业，可以找原有的对外贸易商来干，一行一业只要两三个人。粮食部、农产品采购部、供销合作总社也是如此，要把小杂粮像红豆、绿豆等，以及中药材和小土产的经营分细，单位分小，但应该是在专业公司统一领导下的分工管理。

对批发商的处理，一九五四年采取了打乱分配的办法。现在看来，如果在实行全行业公私合营时，对批发商原封不动地加以使用，那就比打乱分配好得多。好在这些批发商还没有死，现在可以把他们再找回来。

过去旧商人中，有一种头戴瓜皮帽、手拿水烟袋的，他们专门考虑“战略性问题”，比如什么货缺，应该什么时候进什么货。我们县商店的经理一天忙得要死，晚上还要算帐到十二点，要货时，再开夜车临时凑。看来，我们的县商店，也应该有蹉方步专门考虑“战略性问题”的人。

市场管理办法应该放宽。现在从大城市到小集镇大部分都管得太死，放宽后，害处不大，好处很多。但这并不是说完全不要市场管理，不要社会主义计划经济的领导，而是说要改变过去对资本主义工商业利用、限制、改造的那一套办法。

所以能实行以上这些办法，是因为社会主义成分在工商业方面都占了绝对优势。私营工商业在实行全行业公私合营后，可以说基本上是社会主义的了。

今后重要物资如粮食、布匹，还要统购，实行计划分配。有些供不应求的热销货，也要实行计划分配。其余的可以自由选购。实行这种方法是否会出毛病呢？毛病可能会有一些，因为这是一件新的事情，以前没有实行过。既要实行计划经济，管好市场，反对投机倒把，又不要把市场搞死。不走这条路，我们又找不到其他更好的路。我看要试一下子，摸索一个时期，也许可能从中找出一条好的出路来。

总之，对我们的商业工作应该作这样的估计：七年来很有一些长处，但也有必须改正的错误。这些错误是商业工作上的致命伤，如果不改，就不像做生意的样子。

可不可以从资本家那里找到一些有用的经验，来改进我们的商业工作呢？当然可以。应该说，在资本家的生产技术和经营管理的经验中，有相当一部分是好的。我们要把这部分好的东西当作民族遗产保留下来。

商业资本家在业务方面是否有长处，有本领呢？肯定是有的。他们的长处是：

一、有鉴别商品好坏的能力，并且知道如何使用。例如，食品公司请了许多老的猪经纪，他们一摸就知道猪有多重，大体不差。

二、熟悉商品的产地和销路。

三、能迅速适应市场的需要。市场需要什么，很快就能供应上。上海头天有人排队买东西，第二天就出现租凳子和卖水的。我们的商业工作人员不会去这样做。顾客问什么东西有没有？回答说没有。再问什么时候有，回答是不知道。

四、会运输保管。比如私商运猪死亡率很低，他们知道何时喂水，有的还能给猪治病。现在食品公司也出了几个会养猪的"状元"，但是不如私商多。到内蒙古买马，我们的死亡率是百分之四，他们是百分之一点五。仓库保管东西，我们往往乱摆一气，他们则知道怎样摆好。

五、管理费用能够精打细算。

对于资本家这些长处，能不能否认呢？不能否认。应该说，他们是有许多长处的。

吸收资本家到业务部门工作，肯定会带来一些消极因素。他们会把资产阶级的个人主义，例如打击别人、抬高自己那一套带进来，这是毫无疑问的。他们会把资本主义的经营思想带进来。任何一个商人只要有机会，都会投机倒把，能捞一把就捞一把。在不能投机时，也能规规矩矩老实做生意。他们有两重性。吸收他们参加业务部门工作，这两方面都会表现出来。此外，他们还会贪污盗窃。我们国家工作人员还有贪污的，资方人员一定会有。当然，实行公私合营以后，他们要像以前那样大干是不大可能了。

资本家中间是不是也有没本领的人？肯定有。资本家中有大少爷，靠戴瓜皮帽、拿水烟袋的人吃饭，但这种人是少数。资本家也有政治情况复杂又没有本领的，这些人总要给饭吃。如果不安排，就要靠社会救济。我们还要吸收有劳动能力的资本家的家属。有人说这些人不好安排，安排扫地、烧饭也可以嘛。

现在资本家的态度很明显，他们已经看到接受和平改造比反抗好，所以敲锣打鼓放鞭炮，喊毛主席万岁，怕我们不要。当然也有反抗的，或者表面上拥护而内心不满的。但是总的说来，他们是要走和平改造这一条道路的。

在实行全行业公私合营以后，过去不大听话的资本家，现在容易使用了。资本家究竟是财富还是包袱呢？有两种不同的看法。一部分同志认为把工厂、商店拿过来，不一定把人接过来；一部分同志认为资本家是一笔财富，应该加以利用。资本家有本领，应该说是财富。在中国的封建地主阶级、官僚资产阶级、民族资产阶级、农民阶级和工人阶级中，民族资产阶级是文化程度高，知识分子多的一个阶级。如果解放后资产阶级的工程师都不干了，我们就会经过一个相当时期的混乱。我们对资产阶级采取和平改造的政策，是因为他们有知识，对我们有用处，对发展生产有好处，这种办法比一律打倒好。

我们过去搞手工业，靠两只手，现在是机器生产，技术很重要，没有技术就不能生产。过去苏联出美元和洋房请美国专家。现在我们不需要出美元、洋房，资本家还敲锣打鼓来向我们要求工作，给他们工作就很高兴，我们为什么不用他们？不用他们就是傻瓜，这不能说是懂政治。这笔财富究竟有多大呢？我看至少不低于他们生产资料那一笔财富。吸收资本家参加工作是财富大，包袱小，好处多，坏处少。

小商小贩是不是包袱？有一些是包袱，但这是政府必须背的包袱。小商小贩要安排，要根据不同情况使每人每月的收入在十元左右，二十元左右，三十元左右，四十元左右。这对社会安定很有好处。在长时期内，大部分小商小贩在中国社会里是不可少的。如果没有小商小贩，市场一定会很死，居民就会感到不方便。照我看来，小商小贩也是一笔财富。卖馄饨、卖酸梅汤的小商小贩，如果都取消了，只有“全聚德”〔213〕、“东来顺”〔221〕，老百姓就要反对我们。在胡同里和火车站有卖饮食的，冬天是热的，夏天是凉的，乡下还有送货上门和收购破铜烂铁的，少了这些小商小贩，老百姓也会不满意。

实行全行业公私合营时，对小商小贩，不给定息，不发固定工资，他们说共产党嫌贫爱富。我们说不是这个意思。如果给定息，发固定工资，就会妨碍他们经营的积极性，居民也要感到不方便。有这样一个例子，在商业部一位副部长住的那条街上，菜贩原来都是定时来叫卖的，后来把他们组织起来，每月发四十元工资，他就不叫卖了。因为不管叫不叫，他每月都是拿四十元。这样，那条街上的居民买菜就感到不方便了。

小商小贩是不可少的。要根据不同情况使他们得到不同的收入，来维持生活。在这方面，供销合作社的同志要负责。不这样做，我们在政治上将是被动的。小商小贩是独立劳动者，全国大约有近三百万户。如果对资本家安排了，对小商小贩不安排，我们在政治上就要犯错误。这些人是否会兴风作浪呢？他们的营业额小，是搞不了鬼的。过去有的地方挤小商小贩，现在要保护，不保护，他们就没有饭吃。我们只有两条路：一条是包下来，发工资或发救济费；一条是允许他们继续经营，保证他们有一定的收入。供销合作社和商业厅的同志要注意解决这个问题，不解决不会太平，他们会来要饭吃的。国营商业的营业额少一点没有什么关系，算来算去还不是财政上的一笔帐？包下来发工资，发救济费，或者给他们一点营业额，让他们独立经营，哪一种办法好呢？看来还是后一种办法好。这条搞不好，每年在人代会上我们都要做检讨。

有人会问，使用资本家是否会犯右倾机会主义的错误，是否会丧失立场，是否有被开除党籍的危险？你保险不保险呢？险我是不能保的，因为我不敢保证每一个同志和资本家相处都不犯错误。但是，公私合营，资本家进了我们的门，使用资本家已成为不可改变的事实。除非你不做商业工作，去当小学教员，否则就必须和资本家共事。对资本家不加使用，就不可能把他们改造成为自食其力的劳动者。现在党中央和国务院决定吸收资本家参加业务工作，这是完全正确的，大家不必怕犯右倾机会主义和失掉立场的错误。

和资本家离得远远的，采取“隔离”办法来避免资产阶级思想的侵蚀行不行？不行。资产阶级思想是客观存在，即使所有制改变了，还会长期存在。同资本家相处，当然要提高警惕，因为资产阶级思想是随时可以影响我们的，但不必害怕，害怕是没有用处的。

我说要使用资方人员，这并不是说只要资方人员，不要工人、店员了。今天我们讨论的问题是使用资本家的问题。职工是我们的依靠力量，当然应该提拔。他们当中有很多熟练人员，其中不少是可以培养成为领导干部的。

最后，我还要谈一个重要问题，就是在商业工作的若干主要方面总结经验。现在是商业工作的转变关头，要改变过去的旧办法，建立一套新办法。没有一套新的办法，就不能适应新环境的需要。要找出一套新办法，就要研究过去的办法。开始时可能总结得不完整，但不要紧，可以慢慢完整起来。我们已经做了七年商业工作，有了许多经验，过去的长处和毛病，都显露出来了，现在进行总结是有条件的。

总结的办法，主要是根据我们七年来的经验，同时参考旧商人的经验和外国的经验。

总结的题目很多，我这里只略举一些重要的：价格政策，市场管理，商业计划，财务管理，劳动工资，政治工作。批发、零售、采购、保管运输也都要分别总结。要注意研究社会主义商业和资本主义商业的区别。各行各业如百货、五金器材、纱布〔5〕等都要总结。中央部门要总结，各地也要总结。总结出来，不像样也不要紧。三个臭皮匠，可以顶一个诸葛亮。把各地和中央部门总结的经验集中到一起，加以分析、综合、提高，就可以用来改进我们的工作。

根据过去的经验，找出新的办法，我看这项工作比日常的业务工作更重要。这些问题应该看成是指挥我们商业方面三百万队伍的“步兵操典”和“战斗条令”。中央和各省市的领导人员不总结经验，就带不好这三百万人的队伍。这项工作“脱销”了，政策就“脱销”了，这比任何商品脱销都严重，都坏。总结经验说难也不难，只要下定决心，留出时间就可以做。我们教育干部主要靠这些材料。当然，人民大学的教材还是需要的。有的同志可能怕写错。写错了，重新总结，更正过来，印象更深刻。不这样做，就应付不了新的局面。我们做财政、金融、贸易工作的，往往是辛辛苦苦的官僚主义，因此常常受到批评。总结经验就可以把过去做对了的和做错了的加以分析，使我们头脑清醒，把工作提高一步。不总结没有交代，做了若干年的工作老是糊里糊涂，死了也不好见马克思，后代的人也要责怪我们。这方面是我们的弱点，需要补救。

让我再重复一句：总结经验，提高工作。

注　释

1 一九四九年四月二十一日,中国人民解放军开始横渡长江,向南方尚未解放的广大地区进军。这里所说的南线,指南方前线。——第 1、13 页。

2 这里指当时流通的人民币。中国人民银行自一九五五年三月一日起发行新的人民币,代替原来流通的人民币。新币一元等于旧币一万元。——第 1、29、32、38、51、54、84、94、113、147、158、166、168、190、193、200、212、228、238、260、269 页。

3 西康 是旧省名。一九五〇年该省金沙江以西部分另设昌都地区。一九五五年西康省撤销,所辖地区划归四川省。一九五六年昌都地区划归西藏自治区。——第 1 页。

4 这是当时对解放战争进展的估计。事实上,一九四九年九月五日青海解放,九月二十六日新疆和平解放,十二月九日西康也和平解放。——第 1 页。

5 纱布 指棉纱和棉布。——第 2、12、30、33、54、85、95、105、111、117、125、136、145、168、193、207、227、284、340 页。

6 “应变米”指解放前上海市民为应付物价飞涨和突然事变而储备的大米。——第 3、17 页。

7 中纺 指中国纺织建设公司,是国民党统治时期垄断全国纺织工业的官僚资本企业。一九四五年十二月成立,总公司设在上海。中华人民共和国成立后,该公司及所属企业被收归国有。——第 3 页。

8 私纺 指私营纺织企业。——第 3 页。

9 上海贸易处 指中国人民解放军上海市军事管制委员会财政经济接管委员会贸易处。——第 3 页。

10 前经济合作总署 指一九四八年四月美国政府设立的经济合作总署。它是美国政府为实施“马歇尔计划”而建立的负责援外的主要机构。本书这里所说的七万二千担棉花，是美国经济合作总署援助国民党政府的，中华人民共和国成立后被人民政府接收。——第4页。

11 一九四九年七月中旬，中共中央财政经济部（简称中财部）与华北财政经济委员会合并为中央财政经济委员会，简称中财委。在此基础上，于同年十月二十一日正式成立中央人民政府政务院财政经济委员会，仍简称中财委，统一领导全国财政经济工作。一九五四年撤销。——第4、13、25、30、32、35、41、42、46、54、64、79、99、156、159、166、169、195、202、215、218、223、235页。

12 这里所说的公营企业，意同国营企业，都是指各级政府经营的企业。一九五二年九月以后，按照中央人民政府政务院的规定，不再使用“公营企业”这一名词。——第4、67、70、79、86、93、102、113、152页。

13 浦口轮渡 指浦口、下关之间的长江轮渡。浦口，位于南京西北，长江北岸，与下关隔江相望。一九六八年南京长江大桥建成前，津浦铁路与沪宁铁路靠浦口轮渡相接。——第4页。

14 随着全国解放战争的胜利发展，各解放区的银行和货币发行业务逐渐趋于统一。一九四八年十二月一日，在华北银行、北海银行、西北农民银行的基础上，成立了中国人民银行，发行中国人民银行券（简称人民币），作为华北、华东、西北三大解放区的流通货币。一九四九年三月，中原解放区的中州农民银行改为中国人民银行中原区行。至此，统一关内各解放区的货币工作基本完成。——第5、48页。

15 这里所说的假定其他情况不变，指商品流通过程中所需要的货币量不变。——第6页。

16 上海财经会议期间，中共中央华中局（后改为中南局）曾提出华中地区分两期发行一千六百亿至二千亿元人民币（旧币，参见本书注2）公债的建议。——第6页。

17 大区 指当时在全国划分的华北、东北、西北、华东、中南、西南六大行政区。各大区设有中共中央的代表机关中央局。一九四九年十月，中央人民政府成立后，除华北外，其他五个大区都设有大区一级行政机构，东北称人民政府，西北、华东、中南、西南称军政委员会。一九五二年十一月，各大区行政机构一律改为行政委员会，作为中央人民政府的派出机关，不再是一级地方政府。华北也成立行政委员会。一九五四年四月，中共中央政治局扩大会议决定撤销大区一级党政机构。——第6、16、25、30、32、39、43、48、58、63、133、152、158、191、201、206、221页。

18 银元 也称银洋、白洋、光洋、大洋等，是一种银币。一九三五年，国民党政府推行法币政策，禁止银元流通。抗日战争以后，由于国民党统治区通货恶性膨胀，银元又在市场流通。中华人民共和国成立后，银元由中国人民银行按规定的比价收兑，严禁流通。本书一些地方提到的银元，是借用来说明一定数量的人民币或其他物资的实际价值的。——第6、57、94、116、141、180页。

19 这个数字，不包括东北地区发行的公债。——第7页。

20 指一九四九年三月六日东北行政委员会决定在当年发行的上下两期生产建设实物有奖公债。这次公债发行总额原定一千二百万分(每分值以沈阳市高粱米五市斤、五福布一尺、粒盐五市斤、原煤三十四市斤的市价总合计算)，上下两期各六百万分，年息二厘，另给奖金二厘，分三年还清。上期超额百分之二十五完成，下期没有发行。——第7页。

21 筹码 指手头可以调度的资金数量。——第7、59、212页。

22 指华东地区发行人民公债条例(草案)。这个条例(草案)共十三条，主要内容是：公债之募集及还本付息均以实物为计算标准，发行总额为三千万分，年息四厘，分三年还清；公债之发行及还本付息事宜，指定中国人民银行华东区行及其所属机关办理。——第7页。

23 折实计算 即以一定种类和数量的实物为单位，按其价格折算为货币支付的方法。折实单位的价格，由各地人民银行按日或按旬用当地市场平均批发价格计算，并挂牌公布，称为折实牌价。这是中华人民共和国成立初期，为减轻通货膨胀对国家经济建设和人民生活的影响，采取的一项临时性措施。——第7、36、39、68、73页。

24 这是当时的意见。后来中共中央考虑到资产阶级对购买公债的消极态度，决定将公债推迟到一九五〇年分期发行。——第7页。

25 公粮 即农业税。由于农业税以征收粮食为主，故称公粮。公粮按夏秋两季征收，全年统一结算。在革命战争时期，公粮是人民政权财政收入的主要来源；中华人民共和国成立以后，公粮仍然是人民政府财政收入的一项重要来源。由于这个原因，本书一些地方谈到财政收入时，往往把公粮、税收并列提出。这时所说的税收，指关税、盐税、工商税等，不包括农业税。——第7、18、30、40、48、53、63、70、76、85、90、96、99、113、127、144、179、205页。

26 指一九四六年三月起东北解放区东北银行发行的地方流通券，简称东北币。东北解放战争结束以后，为使东北及早恢复生产，特别是工业生产，减少全国战时财政对东北的影响，中央决定，东北币制暂不与全国统一。一九五一年三月二十日，中央人民政府政务院决定收回东北银行的地方流通券，并责成中国人民银行自四月一日起，按东北币九元五角折合人民币一元的比价收兑。东北银行同时改组为中国人民银行的下级机构。——第8、46、72页。

27 这里所说的十二年战争，指一九三七年七月至一九四五年八月的八年抗日战争和一九四五年八月至一九四九年九月的四年解放战争。——第9、63、78、95、128、140页。

28 银根 指金融市场上货币的供应情况。如果市场上货币供应大于需要，就叫银根松；反之，就叫银根紧。——第10、11、30、32、38、51页。

29 票子下乡 是当时为开展农村金融工作，巩固和扩大人民币阵地，活跃城乡物资交流，所提出的一个口号。——第11、29页。

30 花纱布 指棉花、棉纱和棉布。——第13、39、124页。

31 在抗日战争和解放战争时期，各解放区的财政金融工作，完全分散经营，各设银行，各发货币，各管收支。一九四八年以后，随着解放战争的胜利发展，各解放区逐渐连成一片，中国共产党采取了逐步统一全国财政经济工作的措施，首先是统一货币的发行。——第13页。

32 李烛尘（一八八一——一九六八），湖南永顺人。曾任天津永利碱厂厂长、久大盐业公司总经理。中华人民共和国成立后任中央人民政府委员、华北行政委员会副主席、轻工业部部长、中华全国工商业联合会副主任委员等职。——第14页。

33 一九四八年十一月二日，东北人民解放军攻克沈阳，辽沈战役胜利结束，东北全境解放。——第15、21、26页。

34 根据中共中央指示精神，中央军委于一九四八年十一月一日通令全军进行整编，实行统一的编制和番号。通令规定，中国人民解放军分为野战部队、地方部队和游击部队。野战部队按其所在地区当时分为西北野战军、中原野战军、华东野战军和东北野战军。一九四九年春，西北、中原、华东、东北野战军，依次改编为第一、第二、第三、第四野战军。华北的三个兵团，直属中国人民解放军总部。——第15、58页。

35 四野 是中国人民解放军第四野战军的简称。——第16页。

36 招商局 是一八七二年成立的中国轮船航运企业。当时总局设在上海。该局成立之初为官办，后改为官商合办、官督商办。一九三二年国民党政府将其收归国营，隶属交通部。一九四八年改为股份有限公司。当时共有船舶四百六十余艘，约三十三万吨。一九五〇年一月十五日，香港招商局轮船股份有限公司即招商局香港分公司光荣起义，回归祖国怀抱。——第16页。

37 "踢皮球"、"抢帽子"是旧上海投机市场上的俗语。"踢皮球"指投机者把自己的投机损失转嫁给客户。"抢帽子"指投机者根据证券、商品行市下跌或上涨的估计，进行贱买贵卖，从中获得差价利益。——第17页。

38 平汉线 即北京（当时称北平）到汉口的铁路。——第17页。

39 指一九四六年。——第21页。

40 这里所说的分，指解放初期在部分职工中实行的工资分。工资分是工资折实计算单位（参见本书注23）。一九五〇年九月，全国工资改革准备会议规定，每个工资分所含的实物种类和数量是：粮零点八市斤，布零点二市尺，油零点零五市斤，盐零点零二市斤，煤二市斤。一九五六年全国工资改革后，取消工资分制，实行货币工资制。——第22页。

41 重工业部 于一九四九年十月成立，一九五六年五月撤销。——第25页。

42 一九四六年四月二十八日，哈尔滨解放。当时东北的形势仍然是敌强我弱。——第25页。

43 一九四八年三月十三日，四平解放，东北人民解放军在四平至大石桥和山海关至沈阳的铁路沿线对国民党军发动的冬季攻势胜利结束。这次攻势，共歼敌十五万六千余人，收复城市十八座，并将敌军压缩到长春、沈阳、锦州等几个孤立的城市，改变了东北地区敌强我弱的形势。——第26页。

44 *北满* 指哈尔滨、牡丹江、佳木斯、北安等地区。北满的人到沈阳接收，指一九四八年十月二十七日，中共中央东北局决定，由沈阳特别市军事管制委员会主任陈云率领四千名干部，从北满根据地首府哈尔滨出发，进行接收沈阳等城市的工作。——第26、191页。

45 一九四八年十一月二十九日至一九四九年一月三十一日，中国人民解放军东北野战军和华北两个兵团在西起张家口东至塘沽、唐山地区对国民党军发动了平津战役。一九四九年一月十五日，天津解放，全歼守敌十三万余人。由于我方的努力争取，并经过谈判，北平二十余万守敌，在敌华北"剿总"总司令傅作义率领下，接受人民解放军的改编。一月三十一日，北平宣告和平解放。全战役共歼灭和改编敌军五十二万余人。平津战役的胜利，连同辽沈战役和淮海战役的胜利，消灭了国民党维持反动统治的主要军事力量，全国处于革命胜利的前夜。——第26页。

46 *钱之光*（一九〇〇——一九九四），浙江诸暨人，当时任中央人民政府纺织工业部副部长。——第30页。

47 *平原省* 是旧省名。一九五二年撤销建制，所辖地区分别划归山东、河南两省。——第30、79页。

48 本书中的*贸易部、中贸部、中央贸易部* 都是指一九四九年十月成立的中央人民政府贸易部。当时，贸易部主管国内外贸易。一九五二年八月，贸易部撤销，成立商业部和对外贸易部，分管国内外贸易。——第30、33、39、55、66、71、85、90、124、159页。

49 *冷货呆货* 指销路不畅或销不出去的商品。——第31页。

50 *龙头布* 又称龙头细布，是当时上海第十七棉纺厂生产的一种印有龙头牌商标的棉布。一九五八年这个商标停止使用。从一九七八年起，上海各棉纺厂恢复使用龙头牌商标。——第32页。

51 *金城纱* 是当时上海永安公司各厂生产的一种印有金城牌商标的棉纱。一九六〇年九月棉纱按等级论价后，不再使用金城牌商标。——第32页。

52 见本书《制止物价猛涨》一文（第29—31页）。——第32页。

53 *薄一波*，一九〇八年生，山西定襄人。当时任政务院财政经济委员会副主任兼财政部部长。一九四九年十二月二日，薄一波在中央人民政府委员会第四次会议上作了《一九五〇年度全国财政收支概算草案》的说明。概算草案的基本精神，是保证战争胜利，逐步恢复生产；量出为入和量入为出兼顾，取之合理，用之得当。这个概算草案的实施，对于稳定物价、安定民生起了积极的作用。——第35、54、64页。

54 抗日战争和解放战争的十二年间，国民党政府滥发纸币，通货恶性膨胀，物价飞涨，人民深受其苦。据统计，一九三七年六月至一九四九年五月，国民党统治区的纸币发行量增加了一千四百多亿倍，物价上涨了八万五千多亿倍。——第35、78、85、88、101页。

55 政务院即中央人民政府政务院。一九四九年十月成立。一九五四年九月，根据第一届全国人民代表大会第一次会议通过的《中华人民共和国宪法》，改设中华人民共和国国务院。——第36、38、42、64、69、99、144、166页。

56 一九四九年十二月二日，中央人民政府委员会第四次会议通过了《关于发行人民胜利折实公债的决定》。这次公债发行总额原定二万万分，年息五厘，分五年还清。第一期公债在一九五〇年一月至三月间发行了一万万分。第二期公债因国家财经状况已基本好转，没有发行。这里所说的分，是人民胜利折实公债的单位。每分值以上海、天津、汉口、西安、广州、重庆六大城市的大米（天津为小米）六市斤、面粉一市斤半、白细布四市尺、煤炭十六市斤的平均批发价格的总和计算。——第36、38、55、76、97页。

57 这里所说的概算，指一九四九年十一月二日政务院财政经济委员会提出的并经中央人民政府委员会第四次会议通过的《一九五〇年度全国财政收支概算》。——第40页。

58 抗日战争和解放战争时期，各解放区分别发行币值不同的货币，加上物价不稳，所以预决算和供给标准，均以小米计算。一九四九年开始改用折实计算（参见本书注23），但一般仍保留了用小米计算的习惯。一九五〇年物价稳定以后，逐渐取消小米制，改用人民币计算。——第40、46、53、89、113页。

59 马寅初（一八八二——一九八二），浙江嵊县人。当时任政务院财政经济委员会副主任、华东军政委员会副主席、浙江大学校长。——第42页。

60 原大华民航公司事　指当时上海几个资本家准备投资创办该企业一事。因我国的航空事业均归国营，所以没有实现。——第42页。

61 中国航空公司 原为国民党官僚资本企业，一九二九年成立，总公司设在上海，解放前夕迁香港。当时拥有大小飞机五十多架。一九四九年十一月九日，该公司和原中央航空公司的四千员工光荣起义，脱离国民党统治，接受中央人民政府领导。同年十一月十二日，周恩来总理代表中国政府宣布，该两公司资产为中华人民共和国所有，并对其行使管辖。——第42页。

62 指一九四九年十二月十九日中央人民政府政务院总理周恩来签署发布的《政务院关于生产救灾的指示》。——第42页。

63 这里所说的 公债条例，指《一九五〇年第一期人民胜利折实公债条例》。——第43页。

64 一九五〇年二月十三日至二十五日，政务院财政经济委员会在北京召开全国财政会议。这是新中国成立以后财政经济工作的一次重要的会议。会前，政务院财政经济委员会所管各部举行过一系列专业会议，摸清了基本情况，作了充分准备。会议经过详细讨论，决定节约支出，整顿收入，统一管理全国财政经济工作，以实现国家财政收支平衡、物资供求平衡和金融物价稳定。三月三日，政务院根据这次会议讨论的意见，作出了《关于统一国家财政经济工作的决定》。随后，出现了全国财政收支接近平衡、金融物价趋于稳定的新局面。——第43、54、70、115页。

65 这是当时对召开全国财政会议日期的估计。——第43页。

66 钢铁会议 指一九四九年十二月十六日至二十五日，在政务院财政经济委员会领导下，中央人民政府重工业部在北京召开的全国钢铁会议。这次会议，制订了一九五〇年全国钢铁生产计划，确定了以东北为全国钢铁工业建设的重点，华北、华中等地以恢复为主的方针。会议还讨论了技术人员的培养问题，并对全国钢铁工业技术人员的配备作了通盘筹划。鉴于东北是全国钢铁工业建设的重点，但技术人员最为缺乏，因此会议决定从华北、华东、中南地区抽调大批技术人员赴东北工作。——第45页。

67 本书中的 公粮变卖、公粮实物变款、公粮实物变价 都是指财政部门把公粮交给商业部门在市场上出售所得的收入。——第48、68页。

68 地方税 是地方留用税收的统称。在中央人民政府政务院一九五〇年四月一日发布的《关于统一管理一九五〇年度财政收支的决定》中，将税收划分为中央税收和地方留用税收。各地征收的国家公粮、关税、盐税、货物税和工商业税，均归中央人民政府所有，由中央人民政府财政部指拨。其他税收，如存款利息所得税、印花税、交易税、屠宰税、房产税、地产税、特种消费行为税、车船使用牌照税等，统由中央人民政府财政部根据各大行政区、各中央直辖省(市)人民政府之全年财政预算，划归地方留用；各大行政区所属省(市)人民政府应留用部分，则由各大行政区人民政府财政部根据各省(市)人民政府之全年财政预算予以划分。决定还提出，中央人民政府给各大行政区、省(市)规定的国家公粮及税收任务，必须遵照中央人民政府所规定的政策和税种、税则、税率努力征收；超过部分，公粮按八成留归地方，二成上解中央；税收按七成留归地方，三成上解中央。——第49、58、65、71、158页。

69 货物税 是一九五〇年一月三十一日中央人民政府政务院发布的《全国税政实施要则》中确定的一个税种。政务院同时公布了《货物税暂行条例》。一九五二年十二月三十一日，政务院财政经济委员会颁发的《关于税制若干修正及实行日期的通告》中，对货物税作了修订。一九五八年九月十三日国务院颁发了《工商统一税条例(草案)》，将当时工商税收中的四个主要税种：货物税、商品流通税、营业税、印花税合并简化为工商统一税。——第49、65、178、199页。

70 工商税 即工商业税，是一九五〇年一月三十一日中央人民政府政务院发布的《全国税政实施要则》中确定的一个税种。政务院同时公布了《工商业税暂行条例》。条例规定，工商业税包括营业税和所得税两部分。一九五八年九月推行工商统一税后，所得税部分独立为工商所得税，营业税部分并入工商统一税。——第49、65、96、107、178页。

71 地方附加 是地方随正税征收的、不列入国家预算的部分。正税指列入国家预算的税收。国家对地方附加的比例有严格的限制。例如，农业税地方附加，一般不得超过正税的百分之十五，某些获利大的经济作物区不得超过百分之三十。——第49、65、71、117、158页。

72 这里所说的 厂商，指私营工商企业。——第51页。

73 刘伯承、邓小平等领导的中国人民解放军第二野战军同贺龙、李井泉等领导的中国人民解放军第十八兵团和第一野战军一部，于一九四九年十一月初开始向西南进军。十一月十五日解放贵阳，十一月三十日解放重庆。十二月九日，国民党云南省主席卢汉、西康省主席刘文辉、西南军政长官公署副长官邓锡侯、潘文华等人宣布起义，云南、西康两省和平解放。十二月下旬，进行了成都战役，全部歼灭国民党军胡宗南部，二十七日解放成都。至此，西南全部解放。——第 51、76 页。

74 从一九四九年四月到一九五〇年二月，全国物价先后发生过四次大的波动。第一次，发生在一九四九年四月间，以同年三月份平均物价为基期，物价上涨一点八倍。第二次，发生在七八月间，以同年六月份平均物价为基期，七月份物价上涨一点八倍。十月十五日到十一月二十五日的全国物价大波动，是第三次，也是最大的一次。以同年九月份平均物价为基期，十一月份物价上涨三点五倍。第四次，发生在一九五〇年一二月间，以同年一月上旬平均物价为基期，二月份物价上涨零点九倍。每次物价上涨风，都是从大城市开始，然后波及各地。带头波动的是粮食和纱布。中央财经部门采取了一系列果断措施，使物价在一定幅度内波动，避免发生恶性的通货膨胀。一九五〇年三月以后，全国财政收支接近平衡，市场物价趋于稳定。参见本书《制止物价猛涨》（第 29—31 页）和《控制市场物价的几点意见》（第 32—33 页）两文。——第 51、55、77、113 页。

75 上海第二届各界人民代表会 于一九四九年十二月五日至十一日召开。这次会议，根据中央人民政府委员会第四次会议的精神，着重讨论、研究了上海财政经济的基本情况和克服困难的办法。——第 52 页。

76 荣毅仁，一九一六年生，江苏无锡人。当时任上海申新纺织公司总管理处总经理。——第 52 页。

77 六月银元风潮 指一九四九年五月二十七日上海解放后，金融投机分子掀起的一次银元涨风。从五月二十八日到六月九日的十三天中，每枚银元的黑市价格，由人民币六百多元涨到一千八百多元。银元的暴涨，带动了黄金、外币和整个物价的上涨。针对这种情况，上海市军事管制委员会立即作出了取缔银元、黄金、美钞投机的决定，并于六月十日查封了证券大楼（当时上海银元、黄金、美钞、证券投机的最大场所），处理了一批有严重投机行为的分子。于是，上海市场上的金融投机活动基本肃清。——第 52 页。

78 金圆券 是一九四八年八月十九日起国民党政府发行的一种纸币。当时规定，以一比三百万的比价限期收兑急剧贬值的法币（从一九三五年十一月四日开始由国民党政府的中央、中国、交通三银行后加中国农民银行发行的纸币）。并且，限期收兑民间的金银和外币。至一九四九年五月，即不到十个月，金圆券发行总额由最初规定的二十亿元增加到六十八万亿元，增长约三万四千倍，结果币值猛跌，物价暴涨。中华人民共和国成立后，人民政府以人民币一元兑换金圆券十万元的比价，将金圆券全部收回作废。——第 52 页。

79 三波三稳 指一九四九年四月、七月至八月、十月至十一月全国物价先后出现三次大的波动，以及每次大波动之后，短时期内出现物价暂时比较稳定的状态。——第 52 页。

80 游资 是社会再生产过程中游离出来的一种短期借贷资本。游资如果用于投机买卖，会对社会再生产起破坏作用。——第 55、85、240 页。

81 冀朝鼎（一九〇三——一九六三），山西汾阳人。当时任政务院港九中国伪政府机构接管工作团团长。——第 56 页。

82 伪满时代 指一九三一年日本帝国主义侵占中国东北后制造的傀儡政权“满洲国”的时代。一九四五年八月，随着中国人民抗日战争的胜利，“满洲国”被摧毁。——第 56 页。

83 参见本书《财政经济要统一管理》一文（第 48—50 页）。——第 57 页。

84 在旧社会，春节后商店第一天开张，称为“红盘”。这里是借用旧称。——第 59 页。

85 这里所说的 土地改革，指中华人民共和国成立后，中国共产党领导广大农民废除封建的土地所有制，实现农民的土地所有制的革命运动。一九五〇年六月三十日，中央人民政府颁布《中华人民共和国土地改革法》。同年冬起，在新解放区陆续开展了土地改革运动。到一九五二年冬，除台湾省和一部分少数民族地区外，全国的土地改革基本结束，使三亿多无地或少地的农民（包括老解放区农民在内）分得了约七亿亩土地和其他生产资料。——第 60、90、102、117、129、140、144、148、159、275、303 页。

86 聂荣臻（一八九九——一九九二），四川江津人。当时任中央人民政府人民革命军事委员会副总参谋长兼华北军区司令员、北京市军事管制委员会主任、北京市市长。——第 64 页。

87 杨立三（一九〇〇——一九五四），湖南长沙人。当时任中央人民政府人民革命军事委员会总后勤部部长、中央人民政府政务院财政经济委员会委员、食品工业部部长。——第 64 页。

88 一九四九年十二月五日，中央人民政府人民革命军事委员会主席毛泽东签署的《人民革命军事委员会关于一九五〇年军队参加生产建设工作的指示》指出："根据过去的经验，军队的生产运动，必须严格禁止开商店从事商业行为。干部中如有企图以走私、囤积、投机，希图暴利的思想，或发现此种行为，必须迅速予以纠正和制止。因为这些不仅违背正确的生产方针，搅乱经济秩序，而且势必发生贪污腐化，毁坏自己的同志，为法令所不容许。"——第66页。

89 这里所说的属于 中央人民政府所有 的企业，指中央人民政府各部门投资经营的企业，简称中央投资经营的企业。——第66、71页。

90 一九五一年三月二十九日，中央人民政府政务院颁发的《关于一九五一年度财政收支系统划分的决定》指出，关于国营企业投资和经济建设事业费，暂依一九五〇年度管理情况划分，即属于中央投资经营者，其投资或事业费列入中央预算；属于各级地方投资经营者，其投资或事业费，列入各级地方预算；中央投资委托地方代营者，列入中央预算，地方只负管理、监督、代领转发或核销之责。一九五一年五月二十四日，中央人民政府政务院公布的《关于划分中央与地方在财政经济工作上管理职权的决定》指出，凡属散在各地，但由中央各部、署、行直接管理的企业单位，各大行政区人民政府(军政委员会)均需指定相当的地方当局，加以监督、指导、协助，并领导这些企业中的一切政治工作。这些企业的领导人员，均须按期向相当的地方当局作业务和工作报告。凡属中央委托地方代管的企业和若干地方自管的重要企业，地方当局均应向有关的中央部门作必要的业务和工作报告，并在业务方针和技术上服从后者的指导。地方经营的重要企业的生产计划和基本建设计划，则应经有关的中央部门及政务院财政经济委员会批准。——第67页。

91 中华人民共和国成立后，我国对外汇实行由国家集中管理、统一经营的方针。关于私人请求外汇的办法，当时的规定是，凡居住在中国境内的中国人、外国侨民和无国籍人，如需购买外汇、汇出或者携出境外，可以向当地外汇管理机关申请，经批准后，由中国银行卖给。——第67页。

92 指一九五〇年三月三日中央人民政府政务院第二十二次政务会议通过的《关于统一国家财政经济工作的决定》。见本书《统一财政经济工作》一文(第63—68页)。——第70页。

93 指一九五〇年三月三日中共中央向各级党委发出的《关于统一国家财政经济工作的通知》。通知指出："各地同志对于财政经济工作，在过去长时期内，是习惯于被分割状态下的各自分散处理的，这在当时是完全必要和正确的，并且获得了巨大成绩。但是，现在必须切实地加以转变，如果不加转变，则要犯严重的错误。”——第70页。

94 参见本书《目前经济形势和调整工商业、调整税收的措施》一文（第99—110页）。——第79、114、138、267、283页。

95 辽西 是旧省名。一九五四年撤销建制，所辖地区分别划归辽宁、吉林两省。热河 是旧省名。一九五五年撤销建制，所辖地区分别划归河北、辽宁两省和内蒙古自治区。——第82页。

96 水利工赈粮 指国家为了组织灾区人民进行生产自救，发给灾民作为参加兴修水利工程报酬的一部分救济粮。——第82页。

97 合作投资粮 指国家为扶助灾区发展合作事业而投资的粮食。——第82页。

98 大城市工商局长会议 指一九五〇年五月八日至二十五日政务院财政经济委员会在北京召开的以上海、天津、武汉、广州、北京、重庆、西安七大城市为主的工商局长会议。会议讨论和研究了全国物价趋于稳定之后出现的若干商品滞销、私营工商业停工歇业日多的原因以及解决的办法。会后，开始调整工商业。经过约半年的调整，不仅帮助私营工商业克服了困难，而且使它们得到了发展，并引导它们开始走上了国家资本主义的道路。——第86、88、110、149页。

99 胡宗南（一八九六——一九六二），浙江孝丰（今属安吉县）人。抗日战争时期，任第八战区副司令长官，推行蒋介石消极抗日、积极反共的方针，屯兵西北，封锁陕甘宁边区。解放战争时期，任国民党政府西北军政长官公署副长官兼西安绥靖公署主任。一九四九年其残部被歼后逃往台湾。——第89页。

100 五种经济成分 指当时存在的社会主义性质的国营经济、私人资本主义经济、农民和手工业者的个体经济、半社会主义性质的合作社经济、国家资本和私人资本合作的国家资本主义经济。一九五〇年六月六日，毛泽东在中共七届三中全会上所作的《为争取国家财政经济状况的基本好转而斗争》的报告讲到五种经济成分统筹兼顾，原文是：“在统筹兼顾的方针下，逐步地消灭经济中的盲目性和无政府状态，合理地调整现有工商业，切实而妥善地改善公私关系和劳资关系，使各种社会经济成分，在具有社会主义性质的国营经济领导之下，分工合作，各得其所，以促进整个社会经济的恢复和发展。”——第92、136、148、179、267页。

101 《共同纲领》即一九四九年九月二十九日中国人民政治协商会议第一届全体会议通过的《中国人民政治协商会议共同纲领》。《共同纲领》确定了我国的国家制度和当时我国在政治、军事、经济、文化教育、民族、外交等各个方面的基本政策。它是在中国共产党领导下，各民主党派、各人民团体和各族各界人民的代表共同制订的建国纲领，是全国人民在一定时期内共同的奋斗目标和统一行动的政治基础。一九五四年《中华人民共和国宪法》颁布以前，它起了临时宪法的作用。《共同纲领》第二十六条 的内容是：“中华人民共和国经济建设的根本方针，是以公私兼顾、劳资两利、城乡互助、内外交流的政策，达到发展生产、繁荣经济之目的。国家应在经营范围、原料供给、销售市场、劳动条件、技术设备、财政政策、金融政策等方面，调剂国营经济、合作社经济、农民和手工业者的个体经济、私人资本主义经济和国家资本主义经济，使各种社会经济成分在国营经济领导之下，分工合作，各得其所，以促进整个社会经济的发展。”——第92、100、150、173页。

102 “磨擦”是抗日战争时期流行的一个名词，意指国民党内顽固分子的各种破坏抗日民族统一战线、反对共产党和进步势力的反动行为。这里是借用旧称，意指私人资本主义经济、农民和手工业者的个体经济、国家资本主义经济、合作社经济与国营经济在利害关系上的矛盾。——第92、154页。

103 北洋军阀 是清末袁世凯在北方几省首先建立起来的封建军阀集团。一八九五年清政府命袁世凯在天津小站编练“新建陆军”，归北洋大臣节制。一九〇一年袁世凯任直隶总督兼北洋大臣以后，培植党羽，自成派系。辛亥革命后，袁世凯窃取中华民国临时大总统职务，组织了代表大地主大买办阶级的第一个北洋军阀政府。一九一六年袁死后，这个集团在英、日等帝国主义国家支持下分化为直、皖、奉三系，为争权夺利彼此间进行过多次混战。一九二六年皖系军阀段祺瑞下台，一九二七年直系军阀被国民革命军消灭，一九二八年奉系军阀政府垮台。至此，北洋军阀反动统治时期结束。——第96、127、307页。

104 实行 单一的定额农业税 的办法，后来写进了一九五〇年九月五日中央人民政府公布的《新解放区农业税暂行条例》。增产不增税 的政策，到一九五三年才开始实行。这时，因为抗美援朝战争取得了伟大胜利，国家的财政经济状况已经根本好转，实行稳定农业税征收额、增产不增税的政策具备了条件。这一政策，原来规定稳定三年，即从一九五三年到一九五五年，后来实际一直稳定到一九五七年。这对于调动广大农民的生产积极性，增加农作物的产量，起了促进作用。——第 96 页。

105 交易税 是一九五〇年一月三十一日中央人民政府政务院发布的《全国税政实施要则》中确定的一个税种，但没有公布税法。当时各地征收交易税的范围，主要是粮食、棉花、土布、牲畜、药材等。一九五一年国家规定，对土布改征货物税。一九五二年十二月三十一日，政务院财政经济委员会颁发的《关于税制若干修正及实行日期的通告》规定，粮食交易税改征货物税；棉花交易税并入商品流通税；牲畜交易税由中央人民政府财政部公布征收办法，全国统一执行；各地单行办法一律取消。一九六二年，为加强集市贸易管理，开征集市交易税。——第 96、108 页。

106 参见本书《统一财政经济工作》一文（第 63—68 页）。——第 99、114、122、130、138、194 页。

107 见毛泽东《为争取国家财政经济状况的基本好转而斗争》（一九五〇年六月六日）。——第 102 页。

108 参见毛泽东《为争取国家财政经济状况的基本好转而斗争》（一九五〇年六月六日）。——第 102 页。

109 同业公会 是工商业者所建立的地区性的同行业组织。在旧中国，多为同业内大户或封建把头操纵。中华人民共和国成立后，经过改组，成为工商业联合会领导下的专业性组织。——第 106、151、291、315 页。

110 工商业联合会 简称 工商联，是各类工商业者联合组成的人民团体。一九五二年八月，中央人民政府政务院公布的《工商业联合会组织通则》规定，工商业联合会的基本任务是：领导工商业者遵守《共同纲领》及人民政府的政策法令；指导私营工商业者在国家总的经济计划下，发展生产，改善经营；代表私营工商业者的合法利益，向人民政府或有关机关反映意见，提出建议，并与工会协商有关劳资关系等问题；组织工商业者进行学习、改造思想和参加各种爱国运动。工商联的组织，依照行政区域，在全国、省、市（县）分别建立各级工商业联合会。——第 106、124、147、290、304、315、329 页。

111 一九五〇年六月二十五日朝鲜内战爆发后，美帝国主义随即出兵干涉，发动侵朝战争，同时派军队侵略我国领土台湾。九月十五日又打着联合国军的旗号，派兵在朝鲜西海岸仁川登陆，随后越过“三八线”大举北犯，并且轰炸、扫射中国东北边境城市和村庄，严重威胁中国的安全。为了援助朝鲜人民的抗美救国战争、保卫刚刚诞生的新中国，中国人民响应毛泽东主席发出的抗美援朝、保家卫国的号召，组织了以彭德怀为司令员兼政治委员的中国人民志愿军，在十月二十五日抵达朝鲜前线，同朝鲜人民军并肩作战，抗击美国侵略军。十一月四日，中国各民主党派发表联合宣言，坚决支持志愿军的正义行动。全国人民以增产节约、报名参加志愿军、捐献武器等各种方式全力支援朝鲜前线的作战。在中朝人民军队的沉重打击下，美国侵略军连遭失败，被迫于一九五一年七月十日同中朝方面在开城首次举行停战谈判。但是，美帝国主义对谈判采取拖延和破坏的政策，从此形成谈谈打打的局面。又经过两年多的较量，到一九五三年七月二十七日，终于迫使美帝国主义在朝鲜停战协定上签字，实现了朝鲜停战。至此，中国人民的抗美援朝战争取得了伟大胜利。——第 111、126、142、156、157、194、265、303 页。

112　这里所说的延安、太行山、阜平时代，意指抗日战争时代。哈尔滨、张家口时代，意指解放战争时代。——第 113 页。

113　供给制是革命战争时期和全国解放初期，对党政工作人员和军队指战员，按照大体平均的原则，直接供给最基本生活资料的一种分配制度。一九五〇年以后，大部分供给制改为包干制，即把服装、伙食等一些基本的供给项目折成货币，连同津贴一起，作为生活费，以现金支付。同时，还保留了一部分供给制的项目。到一九五五年，供给制和包干制一律改为工资制。——第 113 页。

114　一九五一年四月，为配合对棉纱实行统购统销，开征棉纱统销税。一九五二年十二月三十一日，政务院财政经济委员会颁发的《关于税制若干修正及实行日期的通告》规定，取消棉纱统销税，并入商品流通税。——第 117、193 页。

115　一九五〇年九月五日，中央人民政府公布的《新解放区农业税暂行条例》规定，农业税地方附加不超过正税的百分之十五。一九五一年六月二十一日，中央人民政府政务院公布的《关于一九五一年农业税收工作的指示》规定，将全国各地区的农业税地方附加提高到不超过正税的百分之二十。——第 118 页。

116 这里所说的征收契税，指在土地改革完成以后颁发土地房屋所有证(或土地证)时所收的一次土地证费。一九五一年二月十二日，中央人民政府政务院作出了《关于土地房产所有证收费的决定》。土地证收费标准，一般分为两类，均以细粮(大米、小米、小麦)计算。甲类：水田及场院、宅基，每市亩收五市斤。乙类：旱地，每市亩收二市斤半。凡已领有土地证的土地房产，如有买卖、典当、赠与或交换，则按一九五〇年四月三日中央人民政府政务院公布的《契税暂行条例》办理领契完税手续。——第118页。

117 《共同纲领》第四十条 中关于财政部分的内容是："建立国家预算决算制度，划分中央和地方的财政范围，厉行精简节约，逐步平衡财政收支，积累国家生产资金。"——第121页。

118 一九五〇年十二月二十五日，中国人民银行制订了《货币管理实施办法》和《货币收支计划编制办法》，其目的是加强现金管理、实行划拨清算、集中短期信用和监督基本建设投资。政务院财政经济委员会研究了这两个办法，准予公布试行。——第123页。

119 工缴费 指企业以原材料或半成品委托其他企业加工产品时所付给的费用，一般包括合理的成本、利润和税金。——第124、161、169、283、322页。

120 零担土产 指委托铁路、公路货运的在数量上装不足一节或一辆货车的土产。——第128页。

121 杜鲁门(一八八四——一九七二)，美国民主党人。当时任美国总统。——第130页。

122 这里所说的"供给制"，指生产不计成本，花钱不讲多少，统统由国家包起来的办法。——第132页。

123 一九四九年十二月至一九五〇年二月，毛泽东主席率领中国政府代表团访问苏联。一月二十日，政务院总理兼外交部长周恩来抵达莫斯科，与毛泽东一起同苏联部长会议主席斯大林、苏联外交部长维辛斯基会谈。二月十四日，两国政府签订了《中苏友好同盟互助条约》、《中苏关于中国长春铁路、旅顺口及大连的协定》和《中苏关于贷款给中华人民共和国的协定》。——第132页。

124 指一九五一年二月政务院财政经济委员会在北京召开的全国财政会议。根据这次会议的讨论，同年三月二十九日中央人民政府政务院颁发了《关于一九五一年度财政收支系统划分的决定》，确定从一九五一年度起，国家财政收支管理划分为中央、大行政区和省（市）三级。——第133页。

125 李先念（一九〇九——一九九二），湖北红安人。当时任中共湖北省委书记、湖北省人民政府主席、湖北军区司令员、湖北财政经济委员会主任等职。——第134页。

126 见毛泽东《中共中央政治局扩大会议决议要点》（一九五一年二月十八日）。原文是："'三年准备、十年计划经济建设'的思想，要使省市级以上干部都明白。"——第134页。

127 镇压反革命 指一九五〇年至一九五三年在全国开展的镇压反革命运动。中华人民共和国成立初期，全国各地残存着大量的土匪、恶霸、美蒋特务、反动党团骨干和反动会道门头子等反革命分子。他们进行各种破坏活动，危害人民的革命和建设事业。为了迅速建立和巩固革命秩序，保障社会主义事业的顺利进行，根据中共中央《关于镇压反革命活动的指示》和中央人民政府公布的《中华人民共和国惩治反革命条例》，全国开展了镇压反革命运动。这次运动沉重打击了反革命残余势力，巩固了人民民主专政。——第135页。

128 小丰满电站 位于松花江上游、吉林市东南。解放战争时期遭到国民党反动派的破坏。中华人民共和国成立后进行了整修和改建，一九五七年竣工。当时的发电装机容量为四十八万千瓦。其中，七点二五万千瓦的四台，六点五万千瓦的二台，六万千瓦的一台。——第135页。

129 一九五二年十一月十五日，中央人民政府委员会第十九次会议通过，成立中央人民政府国家计划委员会。——第137页。

130 一九五二年八月七日，中央人民政府委员会第十七次会议通过，成立中央人民政府地质部。一九八二年五月，改称地质矿产部。——第137页。

131 这里所说的土地改革，指一九四六年五月四日中共中央发布《关于土地问题的指示》以后，各老解放区开展的土地改革运动。——第140页。

132 指一九五一年七月一日陈云为纪念中国共产党成立三十周年而作的《中国共产党领导着国家建设》一文（见《新华月报》1951年7月号，第504—506页）。文章说："随着国家经济的恢复和文化的发展，学生群众中那种'毕业就是失业'的恐慌，已不复存在。高中以上的毕业学生已经不是多余，而是不足；大学、专科的毕业学生，远远低于经济、文教、行政部门的需要，国家可以保证每个大学毕业生的职业。"——第 149 页。

133 旧中国的商会 是商人为维护其营业利益而组织的社会团体。创始于清末，一般由同业公会会员或商号会员组成，常被大商业资本家和地方士绅操纵，有的还有反动武装——商团。中华人民共和国成立后，旧商会被解散，另组工商业联合会。——第 150 页。

134 全国合作总社 指一九五〇年七月成立的中华全国合作社联合总社。中华人民共和国成立后，合作社迅速大量发展，成为全国性的劳动群众自愿联合组成的社会主义集体经济组织。当时组织的县、市以下的基层社，主要有农村供销合作社、城市消费合作社以及手工业生产合作社、渔业生产合作社和运输合作社等。县、市和县、市以上建立联合社和合作总社。——第 151 页。

135 这里所说的 税务会议，指一九五〇年五月二十九日至六月十七日中央人民政府财政部在北京召开的第二次全国税务会议。这次会议，根据财政经济的新形势和调整公私关系的精神，决定对现行的税种、税目、税率以及征收方法作适当的调整。——第 155 页。

136 这里所说的 全国工商界代表会议，后来称为中华全国工商业联合会筹备代表会议，于一九五二年六月二十日至三十日在北京召开。到会的有全国各省、市、内蒙古、西藏的工商界代表四百一十三人。其中，国营企业和合作社的代表七十六人，私营工商业代表三百一十九人，特邀代表十八人。会议产生了以陈叔通为主任委员的中华全国工商业联合会筹备委员会。一九五三年十月二十三日至十一月十二日，在北京召开了中华全国工商业联合会会员代表大会，正式成立全国工商业联合会的组织。——第 156 页。

137 这里所说的全国以四十个省计，是约数，当时实际上为三十九个省、区和地方。即：河北、山西、平原、察哈尔、绥远、陕西、甘肃、宁夏、青海、新疆、辽东、辽西、吉林、松江、黑龙江、热河、山东、浙江、福建、台湾、河南、湖北、湖南、江西、广东、广西、贵州、云南、西康等二十九个省，苏北、苏南、皖北、皖南、川东、川西、川南、川北等八个行署区，以及内蒙古自治区和西藏地方。——第 156 页。

138 依率计征 即按照法律规定的税率征税。——第 158 页。

139 “三反”指一九五一年十二月至一九五二年十月在国家机关、部队和国营企业等单位开展的“反对贪污、反对浪费、反对官僚主义”的斗争。——第158、170、195、200、248、292页。

140 一九五一年四月二十九日，中央人民政府政务院发布的《关于一九五一年国营工业生产建设的决定》提出：“实行 独立会计制度，由中国人民银行集中国营企业的一切信贷，允许各企业有权独立与国家银行发生往来，逐渐发挥银行对企业财务活动的监督作用。责成各企业的领导人，对所管企业的盈亏负完全责任。”——第159页。

141 参见一九五二年三月十二日政务院财政经济委员会发布的《关于一九五二年棉粮比价及棉田的公粮负担的指示》。在这个指示中，对棉田的公粮负担作了如下规定：“凡过去棉田的公粮负担占棉田应产量的平均比例在百分之十一(例如每亩棉田应产皮棉三十斤，负担三点三斤)以上的地区，其负担办法照旧不变；过去棉田的公粮负担占棉田应产量的平均比例不及百分之十一的地区，应把当地棉田的公粮负担的平均比例提高到百分之十一。”——第159页。

142 这里所说的 民主改革，指中华人民共和国成立初期，在工矿、码头等企业中，消灭封建势力和废除压迫工人的包工制、工头制、抄身制等的民主革命性质的社会改革。——第160页。

143 这里所说的 增产节约运动，指一九五二年上半年全国工矿交通企业开展的一次爱国增产节约竞赛运动。——第160页。

144 八级工资制 是全国解放以后国营工矿企业实行的工人工资等级制度。这个制度规定，工人的工资分为八级。——第160页。

145 初步设计 是根据批准的计划任务书对拟建工程进行设计的第一阶段。我国大中型建设项目，一般采用两阶段设计，即初步设计和施工图设计。重大项目或特殊项目，采用三阶段设计，即初步设计、技术设计和施工图设计。初步设计的主要内容，是编制拟建工程的方案图、说明书和概算。——第164页。

146 哈尔滨铝合金加工厂 即今东北轻合金加工厂。——第164页。

147 淄博铝氧厂 即今山东铝厂。——第164页。

148　抚顺制铝厂　即今抚顺铝厂。——第164页。

149　“老虎”是“三反”、“五反”运动中对犯有严重贪污行为的干部和犯有严重行贿、偷税漏税、盗骗国家财产、偷工减料、盗窃经济情报行为的资本家的称呼。揭发和查清他们的问题，叫做“打老虎”。——第167页。

150　“五反”指一九五二年在全国资本主义工商业中开展的“反对行贿、反对偷税漏税、反对盗骗国家财产、反对偷工减料、反对盗窃经济情报”的斗争。——第168、195、201、248、292、303页。

151　曾山（一八九九——一九七二），江西吉安人。当时任华东军政委员会副主席兼财政经济委员会主任。——第168页。

152　王稼祥（一九〇六——一九七四），安徽泾县人。当时任中央人民政府外交部副部长。——第169页。

153　“下楼”指“三反”运动中犯有一些错误的干部，经过坦白交代和检讨，弄清了问题，得到了群众的谅解，恢复了工作。有的干部虽然恢复了工作，但还没有完全得到群众的谅解，人们便称他们是“穿着短裤子勉强‘下楼’”的。——第170页。

154　“五毒”指资本家的行贿、偷税漏税、盗骗国家财产、偷工减料和盗窃经济情报的五种违法行为。——第172、267页。

155　见一九五一年十月二十五日政务院副总理陈云在中国人民政治协商会议第一届全国委员会第三次会议上所作的《关于经济工作和财政工作的报告》。报告中说：“若干种加工订货，按照目前情况，工缴费低了的，应该在照顾工业的合理利润，照顾消费者和销售者的可能性，又照顾稳定市场的原则下，适时地合理地予以提高。某些加工订货，原材料、工缴费规定过高者，也应该按其适当程度加以减低。”——第172页。

156　*414*毛巾　是上海萃众毛巾厂生产的一种印有钟牌414商标的毛巾。——第174页。

157　固本肥皂　是解放前上海五洲大药房股份有限公司肥皂厂生产的一种印有固本牌商标的肥皂。一九六〇年五洲肥皂厂转产，由上海制皂厂继续生产固本牌肥皂。——第174页。

158　世界书局，一九一七年创办于上海，曾是中国三大出版机构（商务印书馆、中华书局、世界书局)之一。中华人民共和国成立后,它作为官僚资本企业被接管,官僚资本部分被国家没收,其印刷厂改为中华印刷厂。——第174页。

159 孔祥熙(一八八〇——一九六七),山西太谷人。曾任国民党政府财政部长、行政院长、中央银行总裁、中国银行总裁等职。这里所说的我们所有的税率都是接收孔祥熙的,指中华人民共和国成立初期的税率,是参照以前国民党政府的税率制定的。——第180页。

160 一九三一年九月十八日,日本驻在中国东北境内的关东军进攻沈阳。随后,向辽宁、吉林、黑龙江三省全面进犯。驻守沈阳和东北其他地方的中国军队(东北军),执行蒋介石的不抵抗的命令,使日军得以迅速占领了东北三省。这次事件被称为九一八事变。——第180、258页。

161 养成工 指旧中国纱厂或某些丝厂招收的主要是女性的童工。入厂时须有铺保和人保。入厂后一般有三至六个月的养成期,在此期间没有工资;期满后须在厂工作三四年,所得工资一般只有正式工的半数。养成工劳动繁重,食宿粗劣,遭受残酷的压迫和剥削。——第189页。

162 还乡团 是地主反动武装。解放战争时期,有些解放区的地主、恶霸逃到国民党统治区,国民党把他们组织成为"还乡队"、"还乡团"等反动武装,随国民党军进攻解放区。他们抢掠烧杀,无恶不作。——第189页。

163 指一九五三年六月至八月中共中央召开的全国财经工作会议。这次会议,着重讨论了如何贯彻执行过渡时期的总路线,提出了我国发展国民经济的第一个五年计划的基本任务。——第191、205页。

164 艾森豪威尔(一八九〇——一九六九),美国共和党人。当时任美国总统。——第194、287页。

165 一九五二年六月,中国人民银行总行指示全国各分行,在本月份内将现行存、放款利率分别降低百分之二十至五十。同时,停办保本保值存款和折实存款。这次降低存、放款利率,是为了适应市场物价出现全面稳定的新情况,也是为了降低工商业成本,开展农村信用,进一步发展生产,活跃市场,迎接新的建设高潮。——第195页。

166 一九五二年十一月十五日,中共中央发出《关于调整商业的指示》。指示提出，在国营经济和合作社巩固了主要阵地的前提之下，应容许私人资本经营零售业务和贩运业务。并且，规定了相应的措施。主要是：一、调整批零差价、地区差价和季节差价。日用品批零差价一般扩大到百分之十至十八。二、划分公私间的经营范围。国营商业在大城市的零售店，要加以缩减；县镇的国营商店要适当地收缩零售业务，多做批发；城市国营商店和合作社要减少次要商品的经营；农村供销合作社所要收购的，应是粮食、主要经济作物和若干种主要出口物资，其他的次要土产，应让给私商经营。对于粮食和主要经济作物的收购，也保留百分之二十至三十给私商经营。在零售方面，全国公私商业的比重，仍按一九五二年六月中央财政会议所规定的百分之二十五和七十五的比例。到一九五四年七月，由于情况的变化，上述措施停止采用。参见本书《加强市场管理和改造私营商业》一文（第 246—254 页）。——第 196、249 页。

167 本书中的 修正税制、新税制 都是指一九五二年十二月三十一日政务院财政经济委员会颁发的《关于税制若干修正及实行日期的通告》。——第 197、199、209 页。

168 参见一九五二年十二月三十一日《人民日报》社论《努力推行修正了的税制》。社论说："修正了的税制继续保持 公私一律 平等纳税的原则。""依照政务院财政经济委员会通告，对于加工、调拨、代购、代销或包销课税规定的修订，毫无疑问，这将是主要地增加了国营商业及合作社的税收负担。同时，通告中又规定，今后取消合作社成立第一年免纳所得税及对合作社减征营业税百分之二十的优待。这样便使得国营商业、合作社与私商完全处在同等待遇之下。"——第 198 页。

169 指一九五二年四月十九日政务院副总理陈云在中央人民政府委员会第十五次会议上所作的《关于财政经济问题》的报告。报告中说："明年要把四级财政体制全部建立起来。一九五〇年只有中央一级，去年大行政区建立了地方财政，省级财政还没有完全建立好。今年下半年要把省级财政完全建立好，并且要准备明年把县级财政也建立起来。"——第 201 页。

170 粮食年度 指在流通领域中计算粮食的购、销、调、存所使用的全国统一的年度。当时规定的粮食年度，是从本年七月一日起到下年六月底止。后来改为从本年四月一日起到下年三月底止。——第 206、277 页。

171 死角粮 指存放地点偏僻，根本运不出来的粮食；或者能够运出，但估计运出后按发粮地成本计算,亏损百分之百以上的粮食。一九五三年一月二十九日,中央人民政府粮食部规定,凡属死角粮,均可由“库存商品”科目转到“呆滞商品”科目。——第206页。

172 小平 即邓小平,一九〇四年生,四川广安人。当时任中央人民政府政务院副总理。——第211页。

173 参见本书《粮食要统筹统支》一文(第191—192页)。——第216页。

174 中华人民共和国成立后,全国人民在中国共产党的领导下,经过三年的努力,迅速恢复了被长期战争和国民党反动统治严重破坏的国民经济。这一时期,称为 国民经济恢复时期。到一九五二年底,全国工农业总产值比一九四九年增长百分之七十七点五。其中,工业总产值增长百分之一百四十五,农业总产值增长百分之四十八点五。钢、煤、电力、原油、水泥、粮食、棉花、棉纱等工农业主要产品产量均已超过历史的最高水平。这为一九五三年开始有计划地进行大规模的经济建设打下了基础。——第218、246页。

175 这里所说的 胡麻,即油用亚麻。油用亚麻在我国西北、内蒙古一带为主要油料作物。——第220页。

176 猪丹毒 俗称“打火印”,是猪的一种急性败血性传染病。——第224页。

177 囊包虫 是猪的一种寄生虫。——第225页。

178 绥远 是旧省名。一九五四年撤销建制,所辖地区划归内蒙古自治区。——第225页。

179 指北京、天津、上海、沈阳、旅大、鞍山、抚顺、本溪、长春、哈尔滨、西安、武汉、广州和重庆。——第228页。

180 指山东淄博工矿区、河南焦作工矿区、河北峰峰矿区、绥远石拐沟矿区、松江双鸭山矿区、甘肃玉门油矿区等。——第228页。

181 一九五三年,全国设有三十个省以及内蒙古自治区和西藏地方。其中,除台湾省外,松江、陕西、湖北、广东的省会哈尔滨、西安、武汉、广州为中央直辖市;内蒙古自治区人民政府和绥远省人民政府共驻归绥市(今呼和浩特市)。所以这里讲二十六个省会。——第228页。

182 张国焘(一八九七——一九七九),江西萍乡人。一九二一年参加中国共产党第一次全国代表大会。曾被选为中共中央委员、政治局委员、政治局常委。一九三一年任中共鄂豫皖中央分局书记、中华苏维埃共和国临时中央政府副主席等职。一九三五年六月红军第一、第四方面军在四川懋功地区会师后任红军总政治委员。他反对中央关于红军北上的决定，进行分裂党和红军的活动，另立中央。一九三六年六月被迫取消第二中央，随后与红军第二、第四方面军一起北上，十二月到达陕北。一九三七年九月起，任陕甘宁边区政府副主席、代主席。一九三八年四月，他乘祭黄帝陵之机逃出陕甘宁边区，经西安到武汉，投入国民党特务集团，成为中国革命的叛徒，随即被开除出党。一九七九年死于加拿大。——第230页。

183 四中全会 指一九五四年二月六日至十日在北京召开的中国共产党第七届中央委员会第四次全体会议。刘少奇受中央政治局的委托向全会作了报告，朱德、周恩来、陈云、邓小平等在全会上作了发言。会议揭露和批判了高岗、饶漱石在全国财经会议和组织工作会议期间及其前后进行的反党分裂活动，一致通过了毛泽东建议起草的《关于增强党的团结的决议》。——第230页。

184 瞿秋白（一八九九——一九三五），江苏常州人。一九二二年加入中国共产党，是党的早期领导人之一。在一九二七年大革命失败后的紧要关头，同李维汉主持召开"八七会议"。会后任中共临时中央政治局常委，主持中央工作。一九二七年十一月至一九二八年四月犯过"左"倾盲动主义错误。一九三〇年九月主持召开中共六届三中全会，纠正李立三"左"倾冒险主义的错误。在一九三一年中共六届四中全会上，受到王明"左"倾教条主义、宗派主义分子的打击，被排斥于党的中央领导机关之外。一九三五年二月，在从江西往福建转移途中被国民党逮捕，六月十八日在福建长汀就义。"文化大革命"中被诬为"叛徒"。一九八〇年十月，中共中央为瞿秋白恢复名誉。——第231页。

185 七大 即一九四五年四月二十三日至六月十一日在延安举行的中国共产党第七次全国代表大会。会上，毛泽东作了《论联合政府》的政治报告，朱德作了《论解放区战场》的军事报告，刘少奇作了《关于修改党章的报告》，周恩来作了《论统一战线》的重要发言。大会决定了党的路线，这就是"放手发动群众，壮大人民力量，在我党的领导下，打败日本侵略者，解放全国人民，建立一个新民主主义的中国"。大会通过了新党章，选举了新的中央委员会。新党章规定以马克思列宁主义理论与中国革命的实践之统一的思想——毛泽东思想，作为中国共产党的一切工作的指针。这次大会是一次团结的大会、胜利的大会。——第233页。

186 第一个五年计划 是一九五三年到一九五七年中华人民共和国发展国民经济的第一个五年计划的简称。这一计划，从一九五一年开始准备，经过五次编制，到一九五五年七月经第一届全国人民代表大会第二次会议正式通过。这是一个成功的计划，执行的结果是，到一九五六年，基本上完成了对农业、手工业和私营工商业的社会主义改造；计划规定的各项建设任务，到一九五七年底，也胜利实现，许多指标超额完成，这就为国家工业化打下了初步基础，同时人民生活也得到了很大改善。——第235、256、269、277、308页。

187 间接计划 是有别于指令性计划的一种计划管理方法。这种方法，不是国家直接向企业单位下达计划指标，而是通过颁布有关的政策法令，利用经济杠杆，使其适应国家计划的要求。——第235页。

188 这是当时的计划数字，后来调整为百分之十四点七，执行结果达到百分之十八。——第235页。

189 这是当时的计划数字，后来增加到一百五十六个项目。——第236页。

190 这是当时的计划数字，后来增加到六百九十四个项目。限额以上的项目，指在基本建设项目中，不论新建、改建或恢复，全部投资等于或大于国家规定限额的建设单位。这类建设单位的设计任务书由中央审批。小于限额的，称为限额以下的项目，其设计任务书由地方审批。这是第一个五年计划期间国家管理和掌握基本建设项目的方法。当时，国家规定：钢铁工业和汽车、拖拉机、船舶、机车车辆等制造工业的投资限额为一千万元，有色金属、化学和水泥等工业的投资限额为六百万元，煤炭、石油和纺织等工业的投资限额为五百万元，橡胶、造纸、制糖、卷烟和医药等工业的投资限额为四百万元，等等。限额以上的项目，一般为国家重点建设的项目。——第236页。

191 这是当时的计划数字，后来调整为百分之四点三，执行结果达到百分之四点五。——第236页。

192 这是当时的计划数字，后来调整为三十二亿六千万元，占五年内经济建设支出的百分之七点六。实际完成的投资为四十一亿九千万元，由于国家投资总额增加，所以仍占百分之七点六。——第239页。

193　这是当时的计划数字，后来调整为百分之十一点二比百分之八十八点八，执行结果是百分之十五比百分之八十五。——第 239 页。

194　第一机械工业部和第二机械工业部　于一九五二年八月成立。一九五八年二月，第一机械工业部、第二机械工业部和电机制造工业部合并为第一机械工业部。一九八二年五月，第一机械工业部与农业机械部、国家仪器仪表工业总局、国家机械设备成套总局合并为机械工业部。——第 242 页。

195　这是当时的计划数字，后来调整为二百四十八亿五千万元，执行结果是二百五十亿三千万元。——第 243 页。

196　这是当时的计划数字，后来调整为四百九十八亿元左右，执行结果达到五百二十一亿五千万元。一九五七年社会商品购买力为四百八十八亿二千万元。——第 244 页。

197　这里所说的　公营商业，是国营商业和合作社营商业的统称。——第 248 页。

198　一九五二年九月以后，毛泽东曾多次讲到党在过渡时期总路线的问题。为了更好地向全国人民进行关于总路线的宣传，一九五三年十二月二十八日，中共中央批准并转发了经毛泽东修改过的中共中央宣传部编写的《为动员一切力量把我国建设成为一个伟大的社会主义国家而斗争——关于党在过渡时期总路线的学习和宣传提纲》。这个提纲形成了对过渡时期总路线的准确表述，即："从中华人民共和国成立，到社会主义改造基本完成，这是一个过渡时期。党在这个过渡时期的总路线和总任务，是要在一个相当长的时期内，逐步实现国家的社会主义工业化，并逐步实现国家对农业、对手工业和对资本主义工商业的社会主义改造。这条总路线是照耀我们各项工作的灯塔，各项工作离开它，就要犯右倾或'左'倾的错误。"——第 248、267 页。

199　这是当时的情况。后来，市镇居民的口粮，全部实行定量分配。参见一九五五年八月二十五日中华人民共和国国务院发布的《市镇粮食定量供应暂行办法》。——第 261 页。

200　一九八三年十一月四日，国务院根据近几年纺织品货源日益充裕的情况，决定从一九八三年十二月一日起全国临时免收布票，一九八四年不发布票。——第 261 页。

201　这是当时的情况。后来，在全国经济发生严重困难，或者有些地方的肉类和动物油的供应不能满足需要的时候，就采取定量分配的办法。——第261页。

202 这是当时市制中的重量单位，一斤为十六两。——第263页。

203 地方工业部 于一九五四年九月成立，一九五六年五月撤销。——第266页。

204 批购户 指用现款从国营商业成批进货，然后按规定的牌价或核定的价格零售，获取批零差价的私营零售商。经营这种批销业务的私营零售商，同时也允许向自由市场采购同类商品，自行销售。这是我国对资本主义商业实行社会主义改造所采取的一种国家资本主义的初级形式。非批购户 指不是从国营商业成批进货的私营零售商。——第270页。

205 燃料工业部 于一九四九年十月成立，一九五五年七月撤销。——第271页。

206 这里所说的 第三机械工业部，于一九五五年四月成立，一九五六年五月撤销。——第271页。

207 这里所说的"一条鞭"，指国营工商业部门分行业对私营工业的供产销实行统一管理。这是当时国家管理私营工业的一种办法。——第271页。

208 参见一九五五年八月二十五日中华人民共和国国务院发布的《农村粮食统购统销暂行办法》。——第277页。

209 公粮代金 指对于缺少粮食和粮食只能自给的纳税人，可以缴纳货币的一种征税办法。——第278页。

210 上海三笔公司 即上海制笔工业公司，是一九五五年三月按行业成立的一个专业公司。下半年，全行业进行改组。一九五六年一月，被批准全行业公私合营。——第285页。

211 参见列宁《布尔什维克能保持国家政权吗?》(《列宁全集》第32卷，人民出版社1985年版，第299—302页)。——第286页。

212 "瑞蚨祥"指北京瑞蚨祥绸布店。一八七〇年前后开业。——第287页。

213 "全聚德"指北京全聚德烤鸭店。一八六四年开业。——第287、296、338页。

214 定息 是我国在资本主义工商业实行全行业公私合营后，对民族资本家的生产资料进行赎买的一种形式，即不论企业盈亏，统一由国家每年按照合营时清产核资确定的私股股额，发给资本家固定的利息(一般是年息百分之五)。

从一九五六年开始支付定息。一九六六年九月停止支付。——第287、304、309、323、333页。

215 一九五三年国家规定，私营企业所得利润，按国家所得税金、企业公积金、职工福利奖金、资方的股息红利等四个方面进行分配，称为“四马分肥”。国家所得税采取累进税率，一般占利润总额的百分之三十左右；企业公积金一般占百分之十至三十；职工福利奖金一般占百分之五至十五；股息红利（包括董、监事和经理、厂长的酬劳金）一般占百分之二十五左右。这是初级和中级形式的国家资本主义企业利润分配的办法。一九五六年实行全行业公私合营后，资方的股息红利被定息所代替。——第288、304页。

216 北四行 指盐业银行、金城银行、大陆银行和中南银行，是旧中国北方的金融资本集团之一。南四行 指浙江兴业银行、浙江实业银行、上海商业储蓄银行和新华信托储蓄银行，是旧中国南方的金融资本集团之一。一九五二年，北四行、南四行分别同其他行庄合并组成在中国人民银行领导下的公私合营银行。——第288页。

217 申新、永安 是上海两个私营纺织公司。一九五五年十月实行公私合营。——第291页。

218 指一九五五年十一月一日至二十一日在北京召开的全国工商联第一届执行委员会第二次会议。国务院副总理陈云和陈毅到会讲了话。这次会议是进一步推动全国工商业者接受社会主义改造的一次会议。——第293、324页。

219 文房四宝 是对笔、墨、纸、砚四种书房文具的统称。——第295页。

220 二斤半 指供给制时期每人每天的伙食标准（包括主食和副食）是二斤半小米。二尺五 指穿的衣服（上身）是二尺五长。这里借用来说明，平均主义的做法是不行的。——第295页。

221 “东来顺”指北京东来顺饭庄。一九〇三年开业。——第296、338页。

222 民建 是中国民主建国会的简称。一九四五年十二月成立，主要由民族工商业者和一部分与工商界有联系的知识分子组成。一九四八年响应中国共产党提出的召开“新政协”的号召。一九四九年派代表参加中国人民政治协商会议第一届全体会议。中华人民共和国成立后，拥护中国共产党的领导，是参加社会主义革命和社会主义建设的民主党派之一。——第304、315、329页。

223 这里所说的“长支”，指资方人员在公私合营前可以随时在本企业预支，到年终结算。——第305页。

224 王府井 是北京王府井大街的简称。这里是北京最繁华的商业区。——第306页。

225 指一九五六年二月八日国务院全体会议第二十四次会议通过的《国务院关于目前私营工商业和手工业的社会主义改造中若干事项的决定》。——第310、318页。

226 指一九五六年二月八日国务院全体会议第二十四次会议通过的《国务院关于私营企业实行公私合营的时候对财产清理估价几项主要问题的规定》。——第313页。

227 指一九五六年二月八日国务院全体会议第二十四次会议通过的《国务院关于在公私合营企业中推行定息办法的规定》。——第314页。

228 采购部 即中华人民共和国农产品采购部。一九五五年七月成立，一九五六年十一月撤销。——第325、331页。

229 这里所说的选购办法，在当时由于可供的商品较少，还只是个设想，实际上并没有做到。在商品供应比较充裕，消费者有较多的选择余地时，对一部分商品实行选购就有了可能。——第326、334页。

230 指一九五六年七月六日至九日国务院第四办公室、第五办公室和第八办公室联合召开的有中华全国工商业联合会、中国民主建国会和政府有关部门负责人参加的座谈会。会上，工商界代表就公私关系、人事安排、工资待遇、定股定息以及小商小贩的安排等有关私营工商业改造方面的问题，反映了很多情况，并提出了不少的批评和建议。政府有关部门的负责人对一些重要的意见作了答复。最后，国务院副总理陈云着重对搞好公私关系问题讲了话。——第330页。

231 延安新市场 指抗日战争时期设在延安南门外的贸易市场。——第333页。

图书在版编目(CIP)数据

陈云文选　第二卷/陈云著.－2版.
-北京:人民出版社,1995.5(2015.5重印)
ISBN 978－7－01－002195－9

Ⅰ.陈…
Ⅱ.陈…
Ⅲ.陈云-1949～1956-选集
Ⅳ.D2－0

陈 云 文 选

CHEN YUN WENXUAN

第　二　卷

人民出版社 出版发行
(100706　北京市东城区隆福寺街99号)

北京新华印刷有限公司印刷　新华书店经销

1984年7月第1版　1995年5月第2版
2015年5月北京第2次印刷
开本:635毫米×927毫米 1/16　印张:24
字数:252千字　印数:2,001—5,000册

ISBN 978－7－01－002195－9　定价:58.00元

邮购地址 100706　北京市东城区隆福寺街99号
人民东方图书销售中心　电话 (010)65250042　65289539